国家社会科学研究基金资助项目
江苏高校优势学科建设工程资助项目
"十三五"江苏省重点学科建设项目

均衡博弈
青少年体质健康促进的生态竞争模式及其实践

史曙生 ◎ 著

河海大学出版社
HOHAI UNIVERSITY PRESS

·南京·

内 容 提 要

本书从利益竞争的视角对青少年的健康行为开展理论分析,将博弈学理论引入健康促进研究中,构建了青少年体质健康促进的生态竞争模式,对青少年健康促进政策治理中不同的博弈类型开展建模分析,并依此对"江苏省学生体质健康促进工程"这一省域青少年体质健康促进模式开展实证考察,在此基础上提出了增强青少年体质健康政策治理成效的若干对策。

图书在版编目(CIP)数据

均衡博弈:青少年体质健康促进的生态竞争模式及其实践 / 史曙生著. --南京:河海大学出版社,2019.6
 ISBN 978-7-5630-6035-1

Ⅰ.①均… Ⅱ.①史… Ⅲ.①青少年—体质—健康教育—研究—中国 Ⅳ.①G479

中国版本图书馆 CIP 数据核字(2019)第 129105 号

书　　名	均衡博弈:青少年体质健康促进的生态竞争模式及其实践
书　　号	ISBN 978-7-5630-6035-1
策划编辑	杨　曦
责任编辑	陈丽茹
特约校对	吴　春
封面设计	徐娟娟
出版发行	河海大学出版社
地　　址	南京市西康路1号(邮编:210098)
网　　址	http://www.hhup.com
电　　话	(025)83737852(总编室)　(025)83722833(营销部)
经　　销	江苏省新华发行集团有限公司
排　　版	南京布克文化发展有限公司
印　　刷	虎彩印艺股份有限公司
开　　本	787毫米×960毫米　1/16
印　　张	19
字　　数	287千字
版　　次	2019年6月第1版　2019年6月第1次印刷
定　　价	88.00元

序
PREFACE

中华人民共和国成立以来,党和政府对青少年体质健康问题一直非常重视。从《准备劳动与卫国体育制度暂行条例》(以下简称《劳卫制》)到《国家学生体质健康标准》,从《中共中央国务院关于加强青少年体育增强青少年体质的意见》到"健康中国2030"规划纲要》,中央和地方先后出台了大量政策措施来推进青少年体质健康促进工作。然而严峻的事实却是,改革开放以来近40年间,我国学生体质健康整体水平一直处于持续下滑状态,政策治理效果并不理想。青少年体质健康问题已经成为国家治理中的难题。青少年体质健康促进政策效果不理想,一方面是健康促进相关理论没有被充分运用到实践中,另一方面与理论本身的不足有密切关联。对于中国青少年体质健康促进实践中的现象和存在的问题,需要更多的理论阐释和适合国情的实践模式。

健康促进的主要目的是建立健康行为,健康行为的生态学理论认为,行为是生态系统中各种因素相互作用的结果。而"竞争"关系普遍存在于健康促进生态系统中各要素之间,竞争的结果决定了人们健康方面的行为选择。竞争的本质是利益之争,围绕着利益所进行的复杂博弈则最终决定着人们的健康行为选择和健康促进政策的效果。现有的健康促进理论对生态竞争其背后的利益博弈严重缺乏关注,导致实践指导效能不足。当下,"健康第一"理念下的青少年体质健康促进实践常常忽视了现实中的多元利益诉求,使得青少年体质健康促进工作往往陷入难解的利益博弈困局,导致青少年体质健康促进工作实效性较差。

政策治理是现代国家治理的主要方式之一。"将健康融入所有政策",制定科学的公共政策是现代健康促进的首要策略。中国的国家治理体系和特点决定了青少年体质健康促进工作主要是一项公共政策过程。公共政策所体现的意志的背后乃是各种利益集团的博弈。不同时期的青少年体质健康促进政策反映出具有时代特征的国家利益诉求。为此,需要从政策学的视角对我国青少年体质健康促进政策进行历史梳理,对我国青少年体质健康促进政策过程进行深入剖析,对我国青少年体质健康促进的政策渠道进行翔实考察,以全面了解我国青少年体质健康促进政策治理情况,明晰其中存在的问题和不足。

健康促进生态系统中各主体间错综的利益竞争引发了更为复杂的利益博弈行为,在青少年健康促进生态系统中形成了"囚徒困境""智猪博弈"等多种类型的复杂博弈格局。青少年体质健康促进作为一种政策过程,从本质上来说就是一个利益博弈过程。利益博弈伴随着青少年体质健康促进政策的全过程,决定着政策治理效果。将现代博弈理论与方法运用于健康促进理论之中,创建青少年体质健康促进的生态竞争模式理论,对健康促进政策过程中不同博弈类型开展理论建模分析,可以有效实现均衡博弈,优化青少年体质健康促进生态结构,提高青少年体质健康促进工作的实效性。

省域治理是我国国家治理的主要途径。省域内开展青少年体质健康促进可以最大程度平衡各方利益。以省级行政区域为范畴和边界,实施政策和机制创新,通过合理配置资源,平衡各方利益,形成具有地方传统与特色的省域青少年体质健康促进模式,将成为中国特色的青少年体质健康促进实践模式。过去数十年间,我国各省都在探索青少年体质健康促进工作创新。其中江苏省的"学生体质健康促进工程"是省域青少年体质健康促进模式成功运用的典范,该工程充分践行健康促进的生态观,重视调和各方利益,注重发挥政策优势,创新制度手段,通过扎实推进,取得了丰硕成果,有力地验证了青少年体质健康促进生态竞争模式理论的科学性。

面对青少年体质健康问题的艰巨性和复杂性,需要更高的治理智慧和治理能力。一方面要加强健康促进理论知识的运用,用理论提升实践水平;另一方面还需要积极开展理论创新和实践创新,以此推进青少年体质健康促进工作高质量发展。当下迫切需要重视青少年体质健康促进工作中的利益问题,要综合运用健康生态学、政策学、博弈论等理论,处理好多元主体之间利益竞争关系,均衡各方的利益博弈,不断提高政策治理的科学性,积极发掘现有政策渠道,同时创建具有特色的省域青少年体质健康促进模式,使得各方利益得到合理关照,切实提升学生体质健康促进工作的实效性。

目录
CONTENTS

第一章 囚徒困境：青少年体质健康促进理论的现实挑战 …………… 001
  第一节 竞争：被忽视的行为解释 ………………………… 003
    一、健康行为：健康促进的理论基点 ……………………… 003
    二、行为抉择：基于生态竞争的视角 ……………………… 009
  第二节 健康政策：健康促进理论的实践转化 …………… 011
    一、健康入万策：政策的健康促进力量 …………………… 011
    二、政策治理：健康促进的中国方式 ……………………… 014
  第三节 利益博弈：并非"健康第一" ……………………… 016
    一、利益：竞争的驱力 ……………………………………… 017
    二、公共政策：公众利益协调者 …………………………… 019
    三、博弈：行为背后的行为 ………………………………… 025

第二章 政策学考察：作为政策治理的青少年体质健康促进 …………… 030
  第一节 我国青少年体质健康促进政策的变迁 …………… 031
    一、起步发展期：1949—1956 年 …………………………… 032
    二、扭曲发展期：1957—1977 年 …………………………… 037
    三、恢复重启期：1978—1992 年 …………………………… 041
    四、稳步加速期：1993—2005 年 …………………………… 048
    五、快速推进期：2006—2018 年 …………………………… 051

第二节　我国青少年体质健康促进的政策过程 …………………… 057
　一、青少年体质健康促进政策的制定 ………………………… 058
　二、青少年体质健康促进政策的执行 ………………………… 067
　三、青少年体质健康促进政策的评估 ………………………… 074

第三章　路径分析:我国青少年体质健康促进的政策途径 ………… 086
　第一节　传统渠道:学校健康教育 ……………………………… 086
　　一、知识守护生命:健康教育的基本理念 …………………… 087
　　二、纳入国民教育:健康教育的实践推进 …………………… 095
　　三、实行学科渗透:健康教育的开展模式 …………………… 097
　第二节　核心抓手:"健康第一"理念下的体育课程改革 ……… 099
　　一、生命在于运动:体育独特的健康促进功能 ……………… 099
　　二、从增强体质到健康第一:学校体育的变迁 ……………… 101
　　三、健康第一:体育课程的改革举措 ………………………… 104
　第三节　评价强化:国家学生体质健康监测 …………………… 107
　　一、以评促建:从《劳卫制》到《国家学生体质健康标准》 … 108
　　二、诊断引导:全国学生体质健康调研 ……………………… 110
　　三、倒逼治理:《国家学生体质健康标准》上报数据抽查复核 … 112
　第四节　国际接轨:健康促进学校创建 ………………………… 115
　　一、健康促进学校的理念及发展 ……………………………… 115
　　二、我国健康促进学校的创建实践 …………………………… 118
　　三、我国健康促进学校创建的内容及特色 …………………… 120
　第五节　项目推进:阳光体育运动与校园足球 ………………… 122
　　一、阳光体育运动:环境营造 ………………………………… 123
　　二、校园足球活动:项目撬动 ………………………………… 127

第四章　利益博弈:青少年体质健康促进的生态竞争模式 ………… 130
　第一节　青少年体质健康促进:充满竞争的生态系统 ………… 130

一、生态学模式：健康促进行为的多维度考察 …………………… 130
　　二、生态竞争：系统要素间的相互作用机制 …………………… 136
第二节　利益驱动：青少年体质健康促进生态系统中的利益之争 …… 142
　　一、多元冲突与整合：生态系统中的利益关系 ………………… 143
　　二、核心利益最大化：健康政策中的利益抉择 ………………… 145
第三节　利益博弈：青少年体质健康促进生态系统的现实存在 ……… 149
　　一、最优化抉择：博弈的基本理路 ……………………………… 150
　　二、多元博弈：健康促进中的利益博弈 ………………………… 152

第五章　生态优化：青少年体质健康促进政策博弈的建模分析 ………… 173
第一节　"上有政策，下有对策"：中央与地方间的博弈 …………… 174
　　一、上下级政府间的博弈模型 …………………………………… 175
　　二、中央与地方政府间的博弈策略 ……………………………… 179
第二节　"囚徒困境"模型：个体理性与集体理性的均衡 …………… 181
　　一、"囚徒困境"博弈模型解析 ………………………………… 181
　　二、化解"囚徒困境"的博弈策略 ……………………………… 184
第三节　"竞争-合作"模型：部门间的协调配合 …………………… 186
　　一、"竞争-合作"关系模型构建 ………………………………… 187
　　二、"竞争-合作"关系的实现策略 ……………………………… 189
第四节　"委托-代理"关系：治理体系的优化 ……………………… 191
　　一、"委托-代理"关系原理 ……………………………………… 191
　　二、"委托-代理"关系模型 ……………………………………… 192
　　三、"委托-代理"关系再设计 …………………………………… 194

第六章　创新实践：省域青少年体质健康促进模式 …………………… 198
第一节　省域治理：中国国家治理的主要途径 ……………………… 199
　　一、省域治理的概念 ……………………………………………… 199
　　二、省域治理的地位 ……………………………………………… 200

  三、省域治理的特点 ………………………………………………… 203

 第二节 青少年体质健康促进:省域治理的重要内容 ……………… 204

  一、省域青少年体质健康促进概况 …………………………………… 204

  二、省域青少年体质健康促进的优势 ………………………………… 208

 第三节 省域青少年体质健康促进模式的构建 ……………………… 212

  一、省域青少年体质健康促进模式的概念 …………………………… 213

  二、省域青少年体质健康促进模式的组织架构 ……………………… 218

  三、省域青少年体质健康促进模式的流程机制 ……………………… 221

  四、省域青少年体质健康促进模式的构建原则 ……………………… 227

第七章 实证分析:江苏省学生体质健康促进工程 ……………………… 229

 第一节 江苏省学生体质健康促进工程的实施背景 ………………… 230

  一、国内:中国学生体质水平持续下滑 ………………………………… 230

  二、国际:全球青少年体能水平普遍退化 ……………………………… 232

  三、江苏:学生健康状况与江苏地位不符 ……………………………… 233

 第二节 江苏省学生体质健康促进工程的实践举措 ………………… 234

  一、人大立法,部门联动,规划制定 …………………………………… 235

  二、强化监测,社会公告,倒逼治理 …………………………………… 238

  三、提升师资,改善条件,资源配给 …………………………………… 242

  四、搭建平台,科研引领,专项推进 …………………………………… 244

 第三节 江苏省学生体质健康促进工程的经验启示 ………………… 248

  一、工程统筹、全员参与,注重健康促进的生态观 …………………… 248

  二、顶层设计、高位推动,充分发挥政策治理优势 …………………… 250

  三、资源配给、奖惩并举,主动关照各方利益诉求 …………………… 252

  四、创新机制、优化体制,不断提升社会治理能力 …………………… 253

  五、聚焦体测、项目引领,积极创新健康促进手段 …………………… 254

第八章　均衡博弈：青少年体质健康促进的有效对策 ... 256

第一节　平衡多元利益，创新政策治理 ... 256
  一、重视利益问题，提高政策制定的科学性 ... 256
  二、关注博弈行为，提高政策执行的实效性 ... 260

第二节　完善政策途径，积极挖掘潜力 ... 263
  一、推动学校体育与学校健康教育协同发展 ... 263
  二、强化体力活动干预，推进校园强度体育 ... 266
  三、改革体质监测制度，反哺学校健康促进 ... 268
  四、优化资源配给，完善校园足球和阳光体育 ... 270
  五、深入推进健康促进学校创建 ... 271

第三节　发挥省域优势，开展特色治理 ... 272
  一、科学制定省域青少年体质健康促进政策 ... 272
  二、开发具有省域特色的体质健康促进项目 ... 274

第四节　加强理论研究，提升能力建设 ... 276
  一、强化健康促进理论知识的运用和研究 ... 276
  二、创新青少年体质健康促进工作机制体制 ... 277

参考文献 ... 280

第一章 囚徒困境：
青少年体质健康促进理论的现实挑战

健康促进的目的在于增强人们对于健康决定因素的控制能力，最终改善其健康水平。有效的健康促进取决于在特定情境下运用恰当的理论和实践策略。理论通常被定义为"在某一活动领域中联系实际推演出来的概念或原理，或经过对事物的长期观察与总结，对某一事物过程中的关键因素的提取而形成的一套简化的描述事物演变过程的模型"[①]。事实上，理论的定义有很多，但几乎所有的定义都表明：理论建立事实间的概念联系。理论进化过程中，受到真实世界的严格限制，人们不能随心所欲地建立一个理论模型，不能离开事实来构造理论。健康促进理论通常被认为是研究人们如何控制和提高自身健康的实践而提炼的理性知识，是解释健康行为和指导健康促进实践的系统方法。健康促进工作的特定内容与方法决定了其理论基础必然涉及诸多学科领域，如行为学、社会学、传播学、教育学及政治学等，尤其是行为学和社会学是其主要的学科基础，是其主要理论来源。此外，一些健康促进理论还借助于心理学、人类学、消费行为及市场学等理论来进行构建。近半个世纪以来，人们借助多学科理论，对健康促进实践经验和知识进行总结提炼，形成了诸多健康促进理论，人们运用这些理论来解释一些健康相关行为，或制定改变不健康行为的实践策略

---

① 郑频频，史慧静.健康促进理论与实践[M].上海：复旦大学出版社，2011.

或建议。根据理论的侧重点不同,现有的健康促进理论可分为健康促进的解释理论和健康促进的改变理论。健康促进的解释理论着重问题产生的原因,帮助人们理解目标人群中为何存在问题行为,预测目标行为在一定条件下发生的可能性有多大,如知信行理论、生态学理论等。健康促进的改变理论则主要用以指导制定干预策略,如格林模式。实际上这种区分是相对的,大多数理论既可以解释行为的发生原因,也可以提出改变行为的策略。借助于多学科理论构建的多种健康促进理论成功解释了实践中的健康行为问题,并提出了富有成效的干预策略,取得了较好的实践效果,尤其是近些年被普遍认可的健康促进生态学理论,在实践中取得较大成功。但这并不意味着现有的健康促进理论是完美的。就理论基础而言,目前的健康促进理论是借助多学科理论来构建的,许多其他学科的理论还没有被引入健康促进理论中,同时现在依靠的理论也未被充分发掘。此外,现有健康促进理论还未能很好地解释当前健康促进实践中的现象和一些突出问题。

中华人民共和国成立以来,从中央到地方,从《中共中央 国务院关于加强青少年体育增强青少年体质的意见》(中央7号文件)到《"健康中国2030"规划纲要》,从《劳卫制》到阳光体育活动乃至校园足球,无论是宏观政策层面还是具体干预措施层面,都出台了大量文件。可以说,中国在青少年体质健康方面制定的政策措施在世界范围内是最多的。然而严峻的事实却是,自1985年以来的30多年间,我国学生体质健康整体水平一直处于持续下滑状态,政策效果并不理想。"上有政策,下有对策",政策过程中的"囚徒困境"现象普遍存在。健康促进政策效果不理想,一方面是现有的健康促进理论没有被充分运用到健康促进实践中;另一方面与理论本身的不足有密切关联,对于学生体质健康持续下滑的现象,健康促进的很多理论都可以进行一定的解释,但都有一定的局限性。健康促进理论是对健康促进经验和知识的总结和提炼,对于中国青少年体质健康促进实践中的现象和存在的问题,需要更多的理论解释。

第一节　竞争：被忽视的行为解释

一、健康行为：健康促进的理论基点

健康促进的最终目的是要人们采取健康的行为，建立健康的生活方式。现有的研究表明，几乎所有的人类行为都与健康有关，人类的行为既是健康状态的反映，同时又对人类的健康产生巨大影响。无论哪种健康促进理论都回避不了对行为的探讨。特别是当代流行病学研究表明，人类的疾病谱已经发生重大变化，传统的传染性疾病已让位于非传染性疾病如糖尿病、心脑血管疾病、癌症等，而这些疾病与不健康的行为与生活方式高度相关。现代健康促进理论都把行为作为理论的核心研究点，与其说健康促进理论关注的是健康，不如说关注更多的是健康行为。

健康促进是在健康教育的基础上产生的，健康教育着眼于知识、态度等对于行为的主要影响，因而主要采取教育的方式来改变人们的行为。后来人们逐渐发现环境在行为改变中的重要性，没有环境的支持，很多行为难以改变，或者改变难以持续，于是将创建合适的环境作为改变行为的主要手段，这直接导致了从健康教育到健康促进的转变，同时也促使了许多健康促进理论的出现。

（一）健康行为的认知类理论阐释

基于认知理论及其延伸理论对健康行为进行解释是目前大多数健康促进理论特别是个体层面和微观层面健康促进理论的核心。认知行为理论认为，认知在行为、情绪和认知三者中起到调节作用。认知对个人的行为起到关键作用，它直接影响着个体最终是否采取行动。"自动化思考"机制对认知的形成产生影响。自动化思考是指经过长时间的累积而形成的相对固化的思考和行为模式，行动产生和发出已经可以完全按照既有的模式产生，不需要经过大脑的指派，这就是我们通常意义上说的"不假思索的行动"。正因为行动是不假思索的，也导致个人错误的思考、不理性的想法、荒谬和不完整的认知等,存在于个人意识之外。所以,为了改变这种情况,就需要将这些由"自动化思考"机制产生的行动重新带回到个人的思考范围之中,协助个人在理性层面上改变那些不想要的行为。简言之,认知理论认为当人们有错误的认知时,他们的情绪和行为就可能发生错误;当人们有正确的认知时,他们的情绪和行为表现都是正常的。认知行为理论非常强调在解决问题过程中认知所发挥的作用,强调内在认知与外在环境之间的互动,认为外在的行为改变与内在的认知改变都会最终影响个人行为的改变。借助认知理论,人们创建了多种健康促进理论来解释和改变健康行为。

"知、信、行"模式(KABP)将知识作为行为的决定因素,认为健康知识是人们采纳健康行为的基础,信念和态度是行为改变的动力。该理论认为知识、信念、态度和行为实施之间呈现递进关系,即知识—信念—态度—行为实施,青少年之所以不采纳健康促进行为如锻炼身体等,是因为缺乏知识所致。"知识就是力量",此类理论注重通过传播方式特别是教育方式来促进人们的健康行为。显然,这种知识决定论在现实中很脆弱,知行不一致的现象普遍存在,人们往往对危险行为视而不见,往往"明知山有虎,偏向虎山行",明知吸烟有害而仍然吸烟的大有人在。该理论对知识获得与行为实施这一过程的解释过于简单化,知识是表面的而信念是内在的,知识不等于信念,知识和信念之间可能存在不协调现象。改变行为不仅要获取知识,更要对知识进行"同化"和"内化",并将有关观念整合到个人价值体系中。影响个人信念的因素是多方面的,包括家庭背景、社会规范、政策环境等,知识和教育只是其中一个方面。建立在单向线性思维基础上的"知、信、行"理论对健康行为解释的无力性使得其逐渐淡出西方健康促进领域,而在我国的健康教育和促进领域中却被广泛使用,这可能与国内灌输式的教育传统有关。

基于知行理论的局限,人们在"知、信、行"模式的基础上建立了"健康信念"模式(HBM),该理论模型认为健康信念是人们采纳健康行为的基础和动因,人们如果拥有正确的疾病、健康相关信息,他们就会采纳和坚持健康行为,改变危害健康的行为。例如某人相信久坐不动会导致肥胖或心血管疾病等,而且认为肥胖会对人的健康危害很大,那么他就会主动去参加体育锻炼。信念被认为是认知、情感和意志的统一体,是人们在一定的认识基础上确立的对某种思想或事物坚信不疑并身体力行的心理态度和精神状态。信念具有稳定性、过滤性和动力性。信念一旦形成,往往保持终身;信念选择外界事物,并赋予主观色彩;信念的形成会给人的行为带来巨大动力和约束力。该模式认为,健康信念对健康行为的产生是至关重要的前提。个体是否采取健康行为,取决于:①认识到自己面临产生某个负面健康结果的较高风险,该负面结果对自己的健康和利益具有严重威胁。②产生一个正向的期望,即希望能够避免负面健康结果产生的信念。③相信实施专业机构或人士推荐的某种行为,将能避免负面健康结果。④具有较高的自我效能,坚持采纳所推荐的行为。健康信念模式是至今较为成功的健康行为理论,但因为人作为一个社会存在物,其行为受诸多社会因素的影响,如社会风俗、法律等,仅从个体上分析行为影响因素难免偏颇。

计划行为理论(TRA)推定人的行为实施是以其所认定的"合理"的思考为基础的,人的行为是其主体意识支配下出现的,各种行为发生前要实施信息加工、分析和思考,一系列的缘由决定了人们实施行为的动机。该理论认为,行为意向是直接决定行为的重要因素,行为意向又由行为态度和主观规范来决定。行为态度又取决于行为信念和行为评价结果,如果一个人对行为结果有阳性的信念,其对行为会有一个阳性的态度。主观规范则由规范信念和遵从动机决定,个体如果认为某些对他有影响的人认为他应该实行该行为,并且他有满足他们期望的动机,该个体将有阳性的主观规范。此外,该理论还考虑到个体不可能完全用意志控制行为的情形,而引入感知行为控制要素。感知行为控制由控制信念和知觉力决定。感知行为控制不仅可以与行为意向一起共同影响行为,也可以调整行为意向对行为的效果。计划行为理论通过主观规范考虑了社会因素的影响,对健康行为具有良好的解释力和预测力,特别是针对具体的行为和特定目标群体。此外还可以协助确定干预的对象和识别有说服力的劝导信息。该理论模型的局限在于,它忽略了情境、个人行为标准、习惯、行为承诺、责任等在行为发生、维持和消退中的作用,特别是在中国社会中,人的行为选择不仅受"理"的影响,也受"情"的影响,此外该理论中主要要素的概念缺乏统一认识,导致研究中的变量操作存在困难,影响了研究结果的准确性。

阶段变化理论(TTM)认为,人的行为变化不是一次性的事件,而是一个渐进的和连续的过程。任何一个单一的理论无法解释行为干预的复杂性,应该使用综合的理论模式来进行行为干预。该理论认为,人的行为改变必须经过几个阶段,这是一个完整的心理发展过程。处于不同的行为改变阶段,人们有着不同的心理需求,根据需求来确定相匹配的策略,以使行为向下一个阶段转化。阶段变化理论将行为变化分为五个阶段:无打算阶段、打算阶段、准备阶段、行动阶段和维持阶段,对每一个阶段的行为心理特点和需求进行分析,在此基础上,对各行为阶段变化中的心理变化过程进行了划分,即行为变化过程。该理论针对行为变化过程提出了十个步骤和方法,以帮助人们从不同的行为阶段过渡。此外,该理论强调决策权衡和自我效能在行为转变中的强化作用。决策权衡是指个体对行为改变的利益和代价的比较,如果前者大于后者就会对行为改变有正强化作用。自我效能指成功地实施和完成某个行为目标或应对某种困境能力的信念,是人们采取行为的信心和抵制诱惑的控制力,包括自信心和诱惑。自我效能反映人体对自身潜能的影响,增强自我效能能强化行为干预的效果。阶段变化理论将传统的一次性行为事件干预模式改为分阶段干预模式,并根据行为改变者的需求提供针对性的支持技术,取得了较好的实践效果,特别是在个体层面上描述、解释和预测行为的改变方面,该模式已经在至少 48 种行为的改变和不同国家人群中得到了广泛应用。但这种模式也同样存在局限,首先是该模式只是针对个体行为本身进行教育,而忽略了个体行为教育与群体行为教育的结合,对社会环境影响作用考虑不够;其次对个体行为变化仅限于描述性解释,而非原因性解释。此外,侧重于注意行为的自然特征,而没有关注行为的社会文化特征,在群体健康促进中的作用有限。

健康行为作为一种特殊的行为类型,同样也能被诸多普适性的行为理论所解释。在健康行为研究中,社会认知理论(SCT)很自然地被引入。班杜拉等建立的社会认知理论假定,人们具有能够通过观察别人的行为及其带来的后果进行学习的能力,他认为人类不是受内在环境刺激所驱动的或被动地受外部环境影响的,人类在其发展和行为改变中发挥着自我调节、自我反省、自我组织和主动参与的作用。社会认知理论同时考虑了个体因素和环境因素对行为的影响,而且考虑了行为、个体和个体所处环境三者之间的交互作用,是一个较为全面的行为改变理论。其中,自我效能被班杜拉认为是最为主要的认知性要素,能决定一个人改变行为的努力程度。在健康行为研究中,自我效能被认为对健康行为的影响起决定作用,不仅决定着健康行为的选择,同时也对健康行为的实施和坚持起关键作用。社会认知理论不仅解释了个体行为改变的机制,也为设计影响行为改变的策略、措施提供了指导。以此理论指导健康促进实践得到了较好的成效。

与其他以认知为基础的理论一样,社会认知理论过度强调认知因素(尤其是自我效能)在人类行为改变中的作用,而实际上,行为的改变必须同时涉及多种影响行为的变量,自我效能不是影响行为改变的唯一因素,还需要考虑自我控制、环境、生物学因素等重要概念在改变人类行为中的作用。此外,社会认知理论作为学习理论,更适合儿童健康行为的改变,对于成人健康行为的解释和干预效果相对较差,同时社会认知理论对于行为解释的概念过多,实践中很难在一个项目中全部具体化,影响了其操作性。

(二) 健康行为的社会生态学诠释

以认知为基础的行为理论主要在个体层面对人的健康行为进行解释或干预,部分理论也涉及群体(人际或组织层面),同时部分理论也把环境因素纳入其中,但总的来讲,这类理论仍是以认知为中心,对于环境等因素的考虑也是为认知服务的,强调个体特征。生态学理论的出现,跳出了以认知为中心的行为改变理论模式,人们越来越认识到,对行为的研究,单纯强调内在因素(心理、认知和意志等),忽略复杂的物质和社会环境显然是不合适的。物质环境和社会环境交互影响着人们的行为。

在心理学领域,勒温(Lewin)最早提出了生态心理学概念,勒温在其著名的"场论"(field theory)中,把人的行为描述为人与环境的函数,人的行为既与个人特征有关,也与其所处的环境有关。但勒温还是认为,外在客观环境必须通过人的意识和认知从而间接地影响行为。Bargh则主张"自主论",认为在很多情况下,环境对行为的影响是不需要通过意识控制的。B. F. Skinner则认为行为是在与环境的相互作用中产生的,他的ABC(antecedent-behavior-consequence)理论认为,环境中的前提促使了行为的发生,行为的结果又强化了这种行为,提高了这种行为在今后发生的概率。这一理论与"意识决定行为"的认知心理学理论明显不同。Rodger Barker 通过长期观察性研究提出了场合(behavioral setting)概念,创建了环境心理(environmental psychology),该理论认为行为必须在一定的行为场合才能发生,人类行为的发生更多地取决于场合,而不是心理和认知的个体特征。行为与行为场合之间有相互作用的关系。社会认知理论(social cognitive theory)同样也注意到了环境对行为的重要影响,Albert Bandura 认为人类行为受到个体因素和环境因素尤其是社会环境的共同影响。

生态学理论的进一步发展则为人们探索行为与环境之间的关系提供更厚实的理论支持。健康行为的生态学模式认为环境是影响人们行为的主要因素,并且其影响的是整个人群,而非仅仅是个体。环境因素具有多层次性,环境根据不同标准可划分为多个层次,如微观、中观、宏观系统或个人、组织、社区、社会等,行为是受环境中多因素支配的,这些因素分布在环境中的不同层次。各个因素不是独立的、静止的,它们在动态中相互作用、相互依存,各个因素可以同时影响某一行为,但影响的大小和方向是不同的。环境因素具有多维性,影响行为的环境因素不但存在于环境的不同层面,还存在于环境中的不同方面;行为和环境具有具体性,同一环境对不同行为的影响是不同的,而同一行为在不同环境下会受到不同影响。实施多层面的干预。生态学模型有一个重要假设:建立在环境中多层面的干预会比单层面的干预有效得多。但实现多层面的干预很难,其中一个主要障碍是改变大环境的困难,为克服这一困难,生态学模型主张多学科、多部门、多项目的合作,在环境中的各个层面同时进行干预。与认知心理学的行为理论相比,生态学模式更多地被看成为一种观点、一种思维模式、一种指导行动的宏观模型,或被强调为一种方法,而不是某个具体变量。在实践中,解释或干预某一行为时,通常应运用生态学模型作为大体框架,同时结合使用其他微观、具体的行为理论。这样可以将各种健康行为学理论统合起来,发挥更高的效率。生态学模型正朝着从宏观和微观两个方面分析环境对行为影响的这一方向发展,使其在实践中的影响力逐步超越了其他行为解释理论而被广泛应用采纳。

二、行为抉择：基于生态竞争的视角

健康行为的生态学理论认为行为受到生态系统中多种因素的影响，而这种影响是各要素相互作用的结果。系统中各要素之间存在着复杂的关系，现有的行为解释理论仅仅指出了行为是多种因素相互作用的结果，虽然也认识到环境因素间存在着复杂的、动态的相互作用，但环境中各种因素是如何相互作用而最终影响人类的行为，其作用机制如何，现有的健康促进理论没有更具体和深入的说明。

在生态系统中，竞争是一个普遍存在的现象，生态系统中各种要素之间及各要素内部普遍存在着竞争关系，竞争的结果在一定程度上决定着人们行为的选择。在健康促进的这个大生态系统当中，无论就个体层面、家庭层面、学校层面还是政府层面，都存在一种"竞争"关系，这个"竞争"关系隐藏在健康促进生态系统中的各个层面内部及各层面之间，各要素竞争的结果决定了人们在健康方面的行为选择。例如，健康促进的"知信行理论"指出了知识的获得影响个体观念的形成，而个体的认知和信念则会指导其做出最终的行为选择。这一理论很好地阐述了它们之间的关系，但是却忽略了知识、信念等因素内部之间存在的"竞争"关系。知识存在新旧之分，新旧知识之间也存在竞争的关系，不同的知识相互竞争也会使信念形成差异，而不同的信念之间也会产生竞争从而影响健康促进行为。如人们可能同时获得"生命在于运动"与"生命在于静止"两种认知，这两种认知相互竞争的结果会对人们是否参加体育锻炼产生重要影响。如果"生命在于运动"这种认知在竞争中获胜，这使人们更可能参加体育锻炼，反之，人们锻炼的行为可能减少。

青少年体质健康促进的生态学模式可以被看作是一个包含个体层面、家庭层面、学校层面和政府层面的复杂生态系统，其中每个层面都包含诸多影响因素，影响因素之间相互关联，并且通过相互之间的显性的或隐性的竞争最终影响各个层面的健康促进的行为选择。

个体层面的影响因素主要包括内部和外部因素两个类型。内部因素主要包含自我认知、态度、动机、兴趣、自我效能和价值判断等诸多内容。外部因素主要是指外部环境,如空气质量、气候等自然环境因素,也包括宗教、习俗和文化氛围等人文环境因素。除此之外,个体的行为选择还受到他人行为的影响。个体的健康行为最终取决于各影响因素竞争的结果。比如,就个人而言每个学生的时间是有限的,然而在有限的时间里选择任何一种行为都会对其他行为的选择造成影响,如果把时间花费在学习上,那么用来锻炼的时间就会减少,用于学习的时间和用于运动锻炼的时间存在竞争关系,竞争的结果同样影响着人们的锻炼行为。由于个体认知和价值观念因素的影响,有的人追求健康,便会更多地选择参与体育锻炼,而有的人追求享乐休闲,则会选择游戏或者其他休闲活动。

在家庭层面,不同家庭成员健康认知之间的竞争对家庭健康行为的选择起着重要作用,特别是父母一方在竞争中获胜的认知对于整个家庭健康行为的选择可能起着决定性的作用,如母亲认为锻炼身体很重要,并在竞争中占优势,这有可能会促使家长送孩子去参加体育夏令营。但这仅是一种可能而已,因为这一可能只是认知这一因素内部竞争的结果,家庭行为的最终选择还涉及外部各因素之间的竞争,如认知与经济条件之间的竞争,如家庭经济条件很差,家庭会把资金投入在必要的衣食住行上,而不是在体育夏令营上。最后,孩子最终是否能参加体育夏令营还受到其他因素竞争结果的影响,如家庭层面认知与个体兴趣之间的竞争,若父母认为体育锻炼很重要,但孩子却更喜欢音乐夏令营,而这两个夏令营的时间又有冲突,孩子上哪种类型的夏令营最终决定于多方因素竞争的结果。另外家庭所处的地理位置及周边的环境和建筑等也影响着健康促进行为的选择,周边有公园和健身场所的家庭,健身行为有可能就会增加,如果家庭附近有电影院或者电子游戏厅,相应地家庭健康行为就有可能减少,家庭周边的环境包括建成环境之间的竞争结果对家庭成员的行为有着一定的影响。

在学校层面,竞争关系则更为复杂。认知方面,对于体育与健康认知方面的竞争结果在很大程度上影响了学校在健康促进方面的行为选择。学校体育课在与其他升学考试科目之间的竞争中若处于优势地位,则该校的体育工作能顺利地开展,学生在校体育行为的发生概率更大。学生闲暇时间的课外活动和各种类型的补习班都存在利益竞争关系。此外,还有学校资源的竞争,如用于学校体育与其他教育项目之间的资金之争等。

在政府层面,竞争关系体现在政策的制定、执行和评估等各个过程之中。除此之外,国家给予的资金支持在各地方政府的分配过程中存在竞争。中央政府和地方政府存在竞争关系,各政府部门之间也存在竞争关系。政府层面的健康促进行为同样取决于多种因素相互竞争的结果。

可见,政府层面、学校层面、家庭层面乃至学生个体都存在于满是"竞争"关系的健康促进生态系统当中,健康促进理论不仅要关注"竞争"关系的存在,更要透彻分析这种关系背后的根源。然而,现有的健康促进理论对这些隐匿在健康行为背后的复杂竞争现象缺乏足够的解释和研究,未能为健康促进实践提供足够的理论支持。

第二节 健康政策:健康促进理论的实践转化

一、健康入万策:政策的健康促进力量

生态学模型强调环境在行为改变中的重要性,环境中的诸多因素对人的健康行为产生影响,政策也是其中之一。随着对健康影响因素认识的不断深入,健康促进作为一项社会性的工作,健康促进理论和实践越来越注重政策这一因素的作用。

生态学认为行为是受环境中多因素支配的,这些因素分布在环境中的不同层次,同时环境影响的是整个人群而不仅仅是个体的行为。健康行为的生态学模型将影响人的行为的环境分为四个层次,由小到大依次为个体、人际、组织机构、社区(文化、经济和政策)。在健康行为的生态学模型中政策因素被认为是一个主要的因素。Mcleroy 等提出的健康促进的生态学模式中,将影响人的行为分为四个层次,由小到大依次为个体、人际和小组、组织和机构、社区和政策。生态学模型中政策作为环境中的一个重要因素,通常被置于宏观层次或大的层次上,政策因素通过对其他层次不同因素产生影响,与各层次不同的因素共同

对个体或群体的行为产生作用。

1978年9月,WHO在阿拉木图召开的国际初级卫生保健大会上发表了《阿拉木图宣言》,其中明确指出政府对其人民的健康负有责任,所有政府应制定出国家政策、战略及行动计划,在其他部门的协作下,发起并持续开展作为国家全面卫生制度组成部分之一的初级卫生保健。为此目的,须发挥政府的干预作用,合理调动国家资源及使用外来资源。[①] 政策的作用被提到重要的位置。1986年,第一届国际健康促进大会在渥太华举行,会上发表了著名的《渥太华宪章》,这一宪章为现代健康促进奠定了理论基础。《渥太华宪章》提出了健康促进的五项策略:①制定健康的公共政策;②创造支持性环境;③强化社区行动;④发展个人技能;⑤调整卫生服务方向。在这一被看作健康促进发展史上里程碑式的文件中,政策因素被提到了最重要的位置,而其他四项策略的落脚点仍然还是政策。《渥太华宪章》提出的健康促进五项策略,至今仍是健康促进的核心。1988年,第二届国际健康促进大会在澳大利亚的阿德莱德召开,会议的核心议题就是健康的公共政策,会议进一步深入探讨了健康公共政策,提出了优先制定健康公共政策行动的四个关键领域:维护妇女健康、食品与营养、烟草与酒、创造支持环境。1990年,WHO发表"行动起来"(A Call for Action)文件,对发展中国家开展健康促进活动提出三个主要建议:政策倡导,发展强大的联盟和社会支持系统,提高与改善群众卫生知识、态度和技能。政策再次被作为健康促进的首要策略。[②] "健康新地平线"(New Horizon Health)是世界卫生组织西太区于1996年制定的地区性政策,核心是以健康促进和健康维护为政策基础,提出未来如何确保健康和环境不被经济发展所破坏的根本问题。2005年8月在泰国曼谷召开的第六届健康促进大会上,会议的主题是"政策和行动伙伴关系:处理健康问题决定因素"。政策因素再次被定为健康促进的核心议题。

2010年,阿德莱德世卫会议发布《所有政策中的卫生问题阿德莱德声明:走向共同治理健康和福祉》的会议声明,呼吁所有的政策领域都要关注健康。

[①] 罗鸣春,苏丹.国外健康促进政策对我国心理健康服务体系建设的启示[J].西南大学学报(社会科学版),2008,34(5):48-53.

[②] 喻瑶.高校研究生群体的健康促进研究[D].武汉:武汉大学,2005.

2013年6月第八届国际健康促进大会在芬兰首都赫尔辛基举行,大会的主题是"将健康融入所有政策",WHO对政策的关注从专门的卫生政策(或健康促进政策)拓展到所有的公共政策,将公共政策在健康促进方面的作用提到前所未有的高度。2014年1月WHO又发布了《实施"将健康融入所有政策"的国家行动框架》,再次呼吁各国将健康因素集成到公共政策中,确保公共政策的健康属性,重视公共政策在人类健康促进方面的主导作用。"世界卫生组织推进的'健康寓于万策'为提高人口健康和卫生公平,构建跨部门的公共政策解决方案,系统地考虑了健康和卫生系统的影响决策,寻求协同效应,并避免有害健康影响。"作为世界卫生、健康领域的权威机构,WHO在健康促进中起着主导性作用,它在历届国际健康促进大会上颁布的宣言,成为各国开展健康促进的行动纲领和指导原则,从历届国际健康促进大会的议题来看,政策始终是其中的重要内容,并且对政策因素的重视一直在加强。

政策作为一项重要的健康影响因素同样在国家层面、地区及地方层面受到重视,许多国家(地区、地方)政府都通过制定政策来直接或间接改善健康。以美国为例,早在1948年美国联邦安全局就出台了名为《国民健康》的文件。1974年美国国会通过《家庭健康教育规划和资源法案》,明确规定健康教育为国家优先项目之一。1976年美国国会正式通过《健康资讯与健康促进法案》,成为美国联邦、州和地方政府推动健康促进计划的最高准则。1979年联邦卫生署发表《健康人民:健康促进与疾病预防报告》[①],该报告指出国民健康需要进一步改善,不只是增加医疗服务及经费,还要国家对疾病进行预防、推进健康促进工作,该政策被视为健康促进作为国策的标志。1980年,美国卫生福利部(DHHS)发表《健康人民1990:健康促进与疾病预防》,号召全体国民在1990年努力达到三大类(预防性的健康服务、健康防护与健康促进)、15个优先项目、226个可检测的量化子目标,并以此作为全国、州及地方健康促进政策的依据。1991年,卫生福利部出台《健康人民2000:健康促进与疾病预防国家目标》,该目标包括三个总目标,分为四大类(健康促进、健康防护、预防服务监督与数据

---

① 白健. 美国南达科塔州高中"健康教育标准"研究[D]. 北京:首都师范大学,2006.

系统)、22个优先项目、319个子目标。三个总目标如下：①延长美国人健康年龄的时限；②消除美国各种族间的健康差距；③让所有美国人得到健康预防服务机会。2000年初，美国卫生福利部颁布《健康人民2010：健康促进与疾病预防国家目标》，明确提出2010年国民健康的具体目标，它是全国性的、指导性的目标体系。全美绝大部分州都把它作为本州的健康目标，同时根据各自的实际情况，如地域分布、经济状况、种族构成、文化背景等，对国家目标进行分解与落实，并制定出符合本地区情况的健康目标，如《健康夏威夷人2010》《健康密执安人2010》等。不同部门或组织也根据自己的实际情况制定出各自的健康目标，如《健康学生2010》《健康社区2010》等。2010年10月，美国卫生福利部颁布《健康人民2020》，提出了健康促进与疾病预防新的10年战略目标。除了以上述四个全国性的健康促进政策为代表的综合性健康促进政策，美国还制定了如《健康教育工作者的职责与能力》《健康教育专业的伦理准则》《学校健康教育的国家标准》等众多健康促进方面的政策。政策成为实施健康促进，特别是在政府层面上实施健康促进的主要手段。

二、政策治理：健康促进的中国方式

尽管健康教育与健康促进的相关理论进入我国的时间还相对较短，健康促进的生态学理论也不为政策决策者们所熟悉，但在中国，政策手段一直是开展青少年体质健康促进的最主要的途径和手段。从中华人民共和国成立初期的《准备劳动与卫国体育制度暂行条例》到《中共中央 国务院关于加强青少年体育增强青少年体质的意见》（中央7号文件），以及《国务院办公厅关于强化学校体育促进学生身心健康全面发展的意见》（27号文），直至《"健康中国2030"规划纲要》，我国从中央到地方各部门先后颁布了大量直接或间接与青少年体质健康相关的政策法规文件，从数量上看，我国可称得上是世界上出台青少年体质健康促进政策最多的国家。如果说健康促进是一个动员一切社会力量包括个体、家庭、社会、国家乃至国际社会在内的各种力量和资源来促进人们保持健康的过程，那么在中国，这一过程则主要是通过国家或者政府的政策治理来实现的。在中国，青少年体质健康促进工作可以看成为一个政策治理过程。健康促进的相关理论及人们对于健康的观念等都体现在政策过程之中。政策之所以在青少年体质健康促进中如此重要,以至于青少年体质健康促进本身就是一个公共政策治理过程,这与中国的国家治理制度密切相关。

联合国全球治理委员会将治理定义为"官方的或民间的机构或个人用于管理共同事务所采取的各种手段和措施的总和"①,它包括正式的和非正式的措施。"国家治理就是作为政治统治机器的国家,运用政权的力量来配置和运作公共权力,通过对社会事务的有效管理,进而构建国家与社会关系的理想状态,以促进公共利益的最大化。"②健康促进是一个涵盖社会变迁和政治变革的综合过程,它不仅仅是加强个人的技能和能力,还包括改变社会、环境和经济的条件来减少它们对大众和个人健康的影响。这使得健康促进无论是在全球范围内还是在国家层面上,都成为一个治理过程。要实现这一点,需要充分整合所有的社会力量来进行。目前,中国的治理体系仍然是一个大政府、小社会的结构体系,国家治理主要以政府为主体。尽管改革开放几十年来,市场的作用日益强化,一些非政府组织的力量逐渐显现,但在非经济领域,由于各种社会组织的力量还比较薄弱,所谓的第三部门在国家治理中的能力还很有限,而社区、公众个体等治理主体的力量同样比较薄弱,政府在绝大多数领域的治理中扮演着绝对权威的角色。虽然当前的国家治理体系改革中,我国正在大力构建"执政党-国家-社会-市场"的多中心参与合作治理结构,但短时间内以政府为核心的国家治理结构和特点不会有显著性的改变,特别是像健康促进这类非市场领域。目前,我国的学生体质健康促进工作高度依赖政府。

政策治理是现代国家治理的主要方式之一,政策治理是直接通过政党政策来调节社会生活的治理术。现代政治是政党政治,即实行以政党制度为基础的权力配置与运作机制,政党正是通过将自己的政策上升为国家政策来影响国家事务,从而使其所代表的阶级意志上升为国家意志。"政策是指国家政权机关、

---

① Commission on Global Governance. Our global neighbourhood: the report of the Commission on Global Governance[M]. Oxford: Oxford University Press,1995:19-21.
② 张兴华.当代国家治理:现实困境与治理取向[D].上海:华东师范大学,2014:35.

政党组织和其他社会政治集团为了实现自己所代表的阶级、阶层的利益与意志,以权威形式标准化地规定在一定的历史时期内,应该达到的奋斗目标、遵循的行动原则、完成的明确任务、实行的工作方式、采取的一般步骤和具体措施等","政策是国家机关、政党及其他政治团体在特定时期为实现或服务于一定社会政治、经济、文化目标所采取的政治行为或规定的行为准则,它是一系列谋略、法令、措施、办法、方法、条例等的总称"①。对于政策有多种不同的理解,但当(政策)主体被限定为国家、政府、公共权力机关时,指的都是公共政策。政府作为国家治理的主体,主要是通过政策来实施国家治理的。健康促进策略的核心是形成政府立法倡导、社会支持、公众参与的多主体协同共建共享共治的健康促进系统。这一策略与正在进行的"政府-市场-社会"模式的国家治理改革是一致的。在中国,健康促进中的各种理念、理论和人们的各种愿景都必须融入政策之中方可实施,政策是各种健康促进理论的实践载体和体现,政策治理是开展青少年体质健康促进最主要的方式。在中国,青少年体质健康促进问题可以转化为一个政策问题,关注健康促进,必须对健康促进政策实践进行考察,同时必须借助政策学理论对其开展研究。

第三节 利益博弈:并非"健康第一"

"人们奋斗所争取的一切,都同他们的利益有关。"②在现实生活中,利益问题是人们考察的重要因素。健康促进工作需要学生、家庭、学校和政府多个主体广泛参与,利益是决定这些主体健康促进行为的主要因素,也是各因素之间竞争的驱动力。利益问题,成为各个主体进行健康促进行为选择过程中重要的考察因素。而围绕着利益所进行的复杂的博弈则最终决定着人们的健康行为选择和健康促进政策的效果。

---

① 中国社会科学院语言研究所词典编辑室.现代汉语词典[M].北京:商务印书馆,2002.
② 马克思,恩格斯.马克思恩格斯全集(第1卷)[M].北京:人民出版社,1956:82.

一、利益：竞争的驱力

爱尔维修认为"利益或对于幸福的欲求就是人的行动的唯一动力"[①]。马克思主义认为追求利益的满足，是人的基本特性。在青少年体质健康促进的生态系统中，健康促进行为的选择是各方因素经过激烈竞争后的结果，然而竞争的本质，其实是各方利益之间的相互博弈。

利益是人类出于满足自身欲望的一系列物质和精神需求，例如：金钱、权力、地位、领土乃至于帮助他人所带来的满足感，但凡是能满足人类欲望的事物，均可称为利益。"利益反映出人们对于能够满足自己需要的处于稀缺状态的客观对象的占有程度，人与人之间的利益关系实质上是一种对能够满足自身需要的稀缺的客观对象的占有关系。"[②]也就是说当人们占有与需要有关的稀缺对象越多时，他们所拥有的利益就越大。从行为学视角来说，其实人类行为的动因来自对利益的追求，人们的努力与自身利益的追求有关。健康也是一种利益。就健康促进而言，利益是健康促进主体、主体需要和满足主体需要的资源三者之间在主体行为作用下的有机统一，这种统一在实际工作中表现为现实的社会关系。健康促进中利益主观上表现为健康促进主体需要的满足，客观上表现为主体对所需资源的占有，利益的大小则取决于主体需要的满足程度或主体对所需资源的占有程度。在实际生活中，由于利益的主体和内容的不同，利益的表现形式可以划分为很多种。从内容角度，可分为精神利益和物质利益。从时间角度，可分为暂时利益和长久利益，眼前利益和长远利益；从整体与部分的关系，可分为部分利益和整体利益，局部利益和全局利益，地方利益和国家、民族利益；从个数角度，可分为个人利益和集体利益，特殊利益和共同利益，少数人利益和多数人利益。在这多种多样的利益中，物质利益则是最主要的内容。这是因为，物质利益是人们从事一切社会活动的基本动因，是其他各种类型利益的核心和基础。当然，这些区分是相对的。比如，对于高考成绩，既可以认为

[①] 高鹏程.西方知识史上利益概念的源流[J].天津社会科学，2005(4)：21-27.
[②] 冯国有.利益博弈与公共体育政策[J].体育文化导刊，2007(7)：62-64.

是眼前利益，也可以看作长远利益。将其看作近期利益，是因为一次考试仅能表明当下能获利，未来难以断定；将其看作长远利益，是因为高考的成败为未来奠定了一定基础。不同形式的利益之间存在着矛盾和冲突。不同的社会地位、不同的时间和空间，决定着人们有着不同的利益追求内容。

自古以来，健康一直就是人们追求的利益。青少年健康促进作为一项社会活动或政策过程，其中涉及的利益同样多种多样，其中主要涉及个人利益、集体利益、国家利益三种不同类型的利益。个人利益是个体物质生活和精神生活需要的满足，现代社会中，人们已不仅仅简单地将物质生活满足视为唯一目的，健康涵盖了人的身体、心理、社会适应、精神满足等领域，健康也是个体追求的重要利益；集体利益被视为社会全体成员的共同目标利益，进入21世纪，随着国民经济、文化水平、民主政治的不断发展，我国政府逐渐重视国民健康水平，并提出了"健康中国"的响亮口号，各种健康促进的政策方针不断出台，这符合当今中国社会集体的利益需求。国家利益能够满足国家以生存发展为基础的各方面需要，并且对国家的整体发展有好处，健康作为未来社会发展的通行证，谁拥有健康谁就拥有了继续发展的保障，因此，国民健康已成为当今国际社会普遍认可的国家利益。

健康促进作为一项社会活动或政策过程，是一个获取健康利益的过程，但这个过程涉及多种利益相关者的多种不同利益，形成了错综复杂的社会利益关系，而这种不同利益间的矛盾和斗争，最终对健康促进的效果或者说健康促进行为的选择起着决定性作用。比如，就学生个体而言，花时间和精力在体育锻炼上以增强体质健康与花时间在学习上获取好的文化成绩这两种利益追求是相互冲突的，对学校而言，花更多的物力财力在运动场馆的建设上与在英语多媒体教室的投入上所追求的利益也可能是矛盾的。这些矛盾的利益关系的现实斗争结果决定了学校健康促进的最终状态。青少年健康促进中，同一利益相关者的不同利益、不同利益相关者的不同利益，均需要得到关注和有效调和，否则会导致动力失衡，难以达到效果。

显然，现有的健康促进理论和实践都没有很好地关注到健康促进中各利益相关者的利益。一句"健康第一"的口号变成了体育课程甚至教育的理念，将

"健康"定位于最高的利益,显然漠视了现实中人们的各种利益诉求,在此理念指导下的理论与实践必然会遭遇困境。青少年体质健康理论和实践必须将行为背后的利益作为关注的重要内容。

二、公共政策:公众利益协调者

公共政策既是一定利益的确认形式,也是利益的调整工具和分配方案,政策所体现的意志的背后乃是各种利益集团的博弈。从公共政策过程看,在政策问题构建、政策方案制定、政策内容实施与政策效果评价的全过程中,始终贯穿着利益矛盾。在我国,青少年体质健康促进作为一项政策过程,政府在其中扮演着重要角色,政府在运用各种政策来推进和实施青少年体质健康促进工作时必然涉及各方利益。

政治系统中公共权力的运行,政府在公共领域实施的公共管理,最终的落脚点是作为社会成员的公众利益。任何一个民主社会都承认主权在民,权力的最终来源是社会公众。"公共权力规定和保护着社会公众的权利,借助于公共权力的限制和保护,公众凭借自己的权利来实现自己的权益或利益。"[①]从政治系统的公共权力的角度来看,通过公共政策运行表现出来的公共权力分配与配置总是与公众的利益竞争与协调联系在一起的。健康促进作为公共政策的主要内容,同样关乎公众利益问题。

从政府公共管理的角度来看,以公共政策作为主要手段和途径的政府公共管理,其最终目的是为了调节和平衡社会公众利益。特别是在社会主义国家中,政府是广大人民利益的代表者,其政府公共管理的根本宗旨是为人民服务。因此公共政策的出发点与落脚点都是围绕着公共利益展开的。政府要通过公共政策的制定、执行和评估,来进行利益选择、利益综合、利益分配、利益落实,以达到持续不断地发展公众利益的目的。[②] 任何政策主体制定政策的目的都是要通过政策来调整社会利益关系,以满足它的某种需要,或者说是为了满足政

[①] 牟云磊. 公众利益论[D]. 上海:复旦大学,2013.
[②] 张兴华. 当代国家治理:现实困境与治理取向[D]. 上海:华东师范大学,2014:9.

策主体所代表的那个阶级、阶层或政治团体的利益。在政治系统中，公共政策的运行过程，即政策的规划、分析、决定、调整，都是围绕着不同个人、不同集团的利益来进行的。在这里，公共权力的分配和配置，与个人、集团之间的利益竞争、协调是融合在一起的。政策主体在制定政策的过程中，总是从它所代表的那个阶级、阶层或政治团体的利益出发来选择政策问题、确定政策目标、设计政策方案、提出政策措施。政策的形成，就是政策主体从它所代表的阶级、阶层或政治团体的利益出发，对社会上各种利益集团的利益要求进行整理加工，通过一定的方式，促使一定的利益实现，限制一定的利益满足，或者平衡各种利益追求，减少利益的冲突，使政策对象的社会行为能够按照政策主体的目的去发生、发展，最终实现政策主体的利益目的。从这一点上说，政策的本质就是政策主体对社会利益的权威性分配[①]。青少年体质健康促进相关政策在实现青少年体质健康提升的过程中同样也需要对社会利益进行权威性分配。政策与利益示意图如图1-1所示。

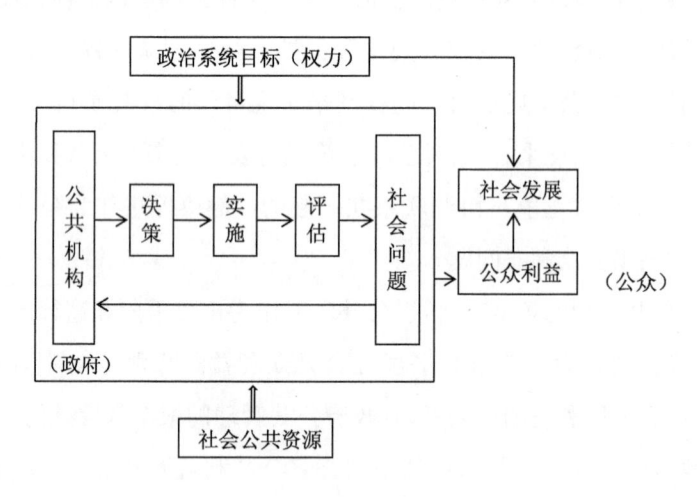

图 1-1 政策与利益[②]

健康促进政策主体对社会利益的权威性分配主要是通过三种形式来实现的：其一，通过鼓励性政策，激励某种行为，加速某项行业（事业）的发展。所谓

---

① 张庆宪.利益在政策制定中的影响作用[J].桂海论丛,2002(3):37-42.
② 牟云磊.公众利益论[D].上海:复旦大学,2013.

鼓励性政策,就是向要激励的行为或要加速发展的行业(事业)进行利益倾斜。如,《教育部等6部门关于加快发展青少年校园足球的实施意见》,就对发展校园足球提供了资金、制度等方面的大力支持。其二,通过限制性政策,控制某种行为或某个行业的发展规模。所谓限制性政策,就是通过利益亏损的形式,对要控制的行为或行业加以限制。如,国务院发布的《关于进一步深化基本医疗保险支付方式改革的指导意见》规定"公共卫生费用、与疾病治疗无直接关系的体育健身或养生保健消费等,不得纳入医保支付范围",对使用医保卡进行健身消费的行为进行限制,限制健身企业通过医保卡消费获利。其三,通过协调性政策,转变社会利益关系失衡、利益结构扭曲的状况。所谓协调性政策,就是通过把某些利益集团占有利益中的一部分转移给另一个利益集团,以达到社会利益结构的合理,使社会利益关系得以调整。[①] 如中考中体育占分比重不断增加,通过提高中考中的占比向学校体育与健康课程进行利益倾斜,从而调整体育学科与其他学科之间的利益关系。

  利益和政策是密不可分的,利益是政策产生的前提和目的,政策则以利益的调整和实现为内容。离开了利益,就无政策可言。离开了政策,利益就无法实现调整和满足。正是公众利益将公共政策、政治系统中的公共权力、政府的公共管理联结在一起。因此,理解公众利益是理解公共政策的重要前提。社会公众具有两方面的含义。一种含义是指具体社会中所有人的集合。在这种含义上,公众利益就是一个集合概念,它指的是与个体利益相对应的全体社会公众的利益或公共利益。另一种含义是指与政府或官方相对应的民众的总称。它是一个非集合概念,可以有公众个体。在这种含义上,公众利益指的是与国家、政府利益相区别的民众的利益,或称为群众利益。现实社会中的公众具有动态性的结构,公众利益具有多层次、多元性的特征。因此,要制定、实施公共政策,就必须对公众的构成加以具体分析,对公众利益的类型加以具体的区分。一项公共政策是否合法,其重要的衡量标准是看绝大多数人满意或不满意,绝大多数人答应或不答应。只有绝大多数人满意的、答应的政策才是可行的。

---

① 张庆宪.利益在政策制定中的影响作用[J].桂海论丛,2002(3):37-42.

现有的部分健康促进理论虽然注意到政策的重要性,但对政策与利益之间的关系少有研究,政策之所以被重视,仅仅是政策背后强大的行政权力被重视,是为了更顺利、更有效地执行政策。纵观目前我国的青少年体质健康促进政策实践,其对健康促进中各方利益的关注还很不够,未能很好地扮演各方利益协调者的角色。

(1) 以"健康第一"的价值取向替代利益诉求,忽视健康促进现实中的利益问题。长期以来,"健康第一"一直是我国青少年体质健康政策理论和实践的指导思想。对于"健康第一"存在多种理解,"健康第一"更多地理解为一种价值取向,以此价值取向来指导青少年体质健康理论研究和实践确实比较合适,甚至以其来指导一切政策的制定也不为过,比如"将健康融入一切政策"的做法,但价值取向终究不能替代现实中不同利益主体的利益诉求。由于现实中"健康第一"思想被反复强调和广泛宣传,导致利益问题要么被忽视,要么利益与其中的价值取向被混为一谈,最终导致健康促进政策效果不理想。"人们奋斗所争取的一切,都同他们的利益有关",在利益面前,"健康第一"的口号在实践中往往很苍白。

(2) "健康第一"的利益定位,忽视了利益重要性的相对性,对利益问题处理简单化。社会生活中,利益是多种多样的,不同利益的重要性也存在差别。马克思认为,物质利益是其中最主要的利益。尽管健康在现代被定义为身体、精神和社会的完满状态,但健康作为一种利益,总体上也属于物质利益,特别是以增强体质为主要目标的青少年体质健康促进中,健康的物质利益属性更加明显。物质利益虽然是人们最重要的利益,但不是绝对的。"生命诚可贵,爱情价更高,若为自由故,二者皆可抛",这一诗句很明确地表明,作为物质利益的健康(生命)不一定是最重要的利益,健康并非"第一"。总体而言,虽然物质利益是最为重要的,但在不同的时空中,不同的利益的重要性是相对的。就物质利益本身而言,不同物质利益之间,对于不同的利益相关者,在不同的时空下,其重要性是不同的。对于一个生命垂危的病人而言,健康的重要性要远远高于房产、金钱的重要性。而在应试教育的环境下,对大多数没有严重疾病威胁的学生而言,考试分数的重要性通常要远远大于健康体质。在此时空环境下,学生最重要的利益是考试分数，或者说考试分数是实现其个人利益最大化最重要的要素，健康并非学生最重要的利益诉求。此外，很多情况下，各利益主体往往会为获得整体利益的最大化，可能会舍弃一些部分利益，比如，学生为了获取更优异的高考分数，可能会牺牲体育锻炼时间、休息时间，其代价可能是短期的体质水平下降或长期的视力损害，这种行为称之为利益博弈。显然，在利益博弈中，能冠之"第一"的不是哪一个或哪一种利益，而是整体利益的最大化。由于不能认识到不同时空情境下人们对于利益重要性的认知差异，青少年体质健康促进政策简单地将"健康"置于人们众多利益中最首要的位置，很难被各种利益相关者所认同和接受，导致现实中的利益冲突无法得到有效调和，最终导致政策效果不理想。

（3）重视以"健康第一"为代表的国家利益，忽视个人利益和集体利益。健康促进政策过程涉及包括学生、家庭、教师、学校、地方政府、中央政府等多个利益相关者，涉及个人利益、集体利益、国家利益等不同利益。"健康"作为一种利益，虽然与学生个人利益、学校集体利益、地方教育行政机构的部门利益以及中央政府的国家利益都有密切的关系，但事实上，"健康第一"更多是站在国家利益的视角来考虑。从长远角度而言，个体健康对国家来讲，意味更少的医疗支出、更强壮的社会生产力、更和谐的社会关系。表面上，从价值取向的视角来看，"健康第一"似乎在为每一个学生个体的利益着想，但正如前面所分析的，"健康"仅是学生不同的物质利益需求中的一种，基于整体的物质利益出发，"健康"很难被学生个体置于最重要的地位。健康促进政策将健康强行置于学生各种利益的首要地位，忽略了学生的多元利益需求和最紧迫的现实需求。现实中的体质健康促进政策往往只见森林，不见树木。如果说，"健康第一"还与学生（包括家长）的切身利益有密切关系的话，那么学生体质健康与学校、地方政府部门的利益并无十分直接的关系，或者说对他们来讲算不上什么重要的利益，现有的健康促进理论和政策都没有很好照顾集体和部门利益。

此外，根据理性经济人的假说，地方政府（包括学校）具有自利性。各级政府都存在着利他和自利的双重动机。利他就是为社会服务，为人民服务。自利就是谋求单位利益、部门利益和个人利益。政府官员和公务员（校长等）为自身的权力、声誉、荣辱、奖惩、升降、福利、待遇等去做事或工作，这里都含有自利的动机，这是政府的本质属性之一。① 政府部门在健康促进政策过程中，同样存在着利他和自利的双重动机，在实现青少年体质健康利益的同时也一定会搭上实现自身某些利益的企图，现有的健康促进理论和政策对这些现实问题严重缺乏关注。

（4）健康促进政策体系较为孤立，破坏了原有的利益平衡，未能调和各方利益。资源稀缺是人类社会普遍存在的客观现实，资源稀缺使人们陷入利益冲突，在资源稀缺这种条件的制约下，人们之间的利益矛盾和利益冲突具有长期性和不可避免性，社会的基本政策安排需要与资源的稀缺性密切联系。一个公共政策的制定往往会牵一发而动全身，有可能打破原有的利益平衡，政策制定部门在制定政策的过程中，要充分考虑到各方的利益，尽可能地把利益主体的利益损失降到最低，对于利益损失的主体对象要通过额外补偿给予抚慰，补偿机制的实施在一定程度上可以起到稳定社会秩序的作用，以保证政治利益的需求得到满足；当政策被制定部门转交于执行部门时，原执行部门的利益格局很可能被新政策打破，对于执行部门，在给予一定的自主权之外还必须加以监督，不然政策在执行过程中由于利益主体的"自利"性会导致执行的变向和扭曲，从而破坏整体利益。而新政策对于政策对象而言，同样原有的利益平衡可能被打破。比如，学校的时间资源是有限的，学校若被要求每天要安排1小时课外体育锻炼，学校的升学率或学生的文化成绩有可能受损。而现有的健康促进政策往往仅从自身出发，忽略其他利益的变化，更缺乏对失衡的利益各方进行有效的调和，最终影响了政策效果。

纵览人类生存和发展的历史，一切活动都可归因于利益及人的逐利行为，"追求利益是人类最一般、最基础的心理特征和行为规律，是一切创造性活动的源泉"②。健康促进活动及其行为同样不能不考虑其中的利益问题。然而，利益分析还没有被纳入现有主流健康促进理论研究之中，因此，目前各种健康促进

---

① 刘畅.从利益角度看我国地方政府间竞争[J].天水行政学院学报，2006(1)：64-67.
② 张文显.法哲学范畴研究[M].北京：中国政法大学出版社，2001：220.

理论对于健康行为的解释还有较大的局限性,尤其对于以政策过程为主要体现的中国青少年体质健康促进实践,其指导能力明显不足。

三、博弈:行为背后的行为

作为政策过程的健康促进实践,必然涉及多个利益主体的不同利益。由于公共政策不可能是完全公平的,必然会使一部分人受益,而另一部分人的利益受损。正因为如此,各个利益集团都会为了本身的利益进行激烈的竞争、冲突。在政策过程中,不同的利益主体——制定主体、执行主体、目标群体等为了各自利益的最大化或者利益损失最小化而在政策的制定、执行和评价等过程中相互博弈。任何政策过程都伴随着各种各样的博弈行为。

政策过程实际上是多个局中人进行博弈的过程,包括公共政策各相关主体(局中人)——政策制定者之间、执行者之间、政策对象之间、制定者与执行者、执行者与政策对象之间复杂的博弈过程。①制定者。公共政策的制定者主要是政府等社会公共权威部门。政府作为公共政策的制定者,它是整个社会利益、政治利益和自己部门利益的代表。从根本上讲,政府无论是作为公众利益的代表还是代表自身的利益,它的一切政策都是以自身利益的最大化为目的的。[①] 现实中,青少年体质健康促进政策的制定者实际是多元的,有中央层面(国务院、党中央)、部门层面(教育部、体育总局、卫计委等)、地方层面(其中又包含各级地方政府、地方部门),就政策制定者内部而言,不同层面的政府、不同部门之间也存在利益上的差异,都有自己的利益诉求。②执行者。执行者是指把政策内容付诸实施的人。在执行过程中,政策执行主体会依据自身实际情况,通过分析自身利益得失而有意识、有目的地通过讨价还价、交易、变通等手段执行政策。所以政策执行者与政策制定者的利益并不总是趋于一致的,甚至有时会背道而驰。青少年体质健康促进政策的执行者也是多元的,有各级地方政府和部门,还有学校,其中,各级地方政府和部门同时还

---

① 申艳. 房地产公共政策制定过程中的利益博弈分析:以重庆房地产利益集团为例[J]. 产业与科技论坛,2009,8(10):191-194.

具有双重身份,既是执行者,也是其地方和部门政策的制定者。③政策对象。公共政策所涉及的对象很多,且十分复杂。针对不同的政策,其受益群体也各不相同。但当一个政策出台时,每一个相关群体都试图使自身成为该政策的最大受益者。青少年体质健康政策的对象主要是学校、学生、家长(家庭)、社区等。同样,针对每一政策,政策对象都会以自身利益最大化作为准则而实施博弈。

利益贯穿整个政策过程,各利益主体都会为各自利益而在政策过程的每一个阶段开展博弈。①政策制定阶段。不同的利益主体为了寻求利益最大化会在政策的制定中相互博弈。由于政府手中控制着最重要的资源,几乎所有的利益主体都希望获得这些资源以实现自己利益的最大化。社会中不同的利益主体,首先都从自身利益出发,来表明自己的立场和态度,而从大量社会问题筛选出的公共政策问题就成为各利益主体实现自己利益的焦点。利益的获得者和利益的失去者会动用各种制度内和制度外的手段来表达自己的意愿,尽可能将自己的利益焦点提到政策议程中。比如,推动"体育进高考"成为政府政策议程的主要是教育(体育)领域人员,因为这与他们的利益密切相关,当体育进高考成为某种政策,意味这些群体将获取更多的资源,包括资金、权利等方面。利益的失去者(如其他科目的相关人员)则会呼吁政府采取作为或者不作为的形式保护自己的利益,而利益未获得者(如学生家长)就成为双方争夺的核心,该政策问题能否提入政策议程与学生家长的利益倾向密切关联。于是,在这一问题还未成为公共政策问题之前,博弈就已经在政策对象内部产生了。而利益获得者为了获得利益,就会向政府决策部门提供有利于自身的情报和资料,如"体育成绩好的学生文化课程成绩也好"的调查材料或者"体质健康水平下降将对GDP产生负面影响"的证据,在政策制定部门获得先机,从而影响政策制定部门的政策制定方向,以获得有利于利益主体的政策方案。而利益失去者为尽可能减少自我损失,则利用手上资源将利益损失降到最低,无形中双方在政策制定部门中博弈关系就此产生。现实中,政策制定者、执行者、政策对象三者之间的利益都不是完全一致或者绝对冲突的,而是部分一致、部分矛盾,因此三者之间的决策博弈行为很少是纯粹的单项博弈形态,而更多的是一种变和、复杂和重复的博弈形态。随着博弈条件的变化,政府部门之间也是出现时而合作、时而竞争的情况。从这一点来看,政策制定过程就是利益表达和利益综合的过程①。在健康促进政策的制定阶段,各方的利益代表把自己的利益要求放进健康促进政策的制定系统,在这个充满竞争的生态环境中,围绕具体的利益安排和利益得失进行针锋相对的讨价还价、交易或妥协,在此基础上所形成的每个健康促进政策方案实际上都是经过激烈竞争后利益均衡的体现。从政治行为过程来看,健康促进政策则是多数群体寻求进入公共权力的相对平衡的结果,利益群体在参与健康促进政策的过程中强烈地要求向公共政策系统表达自己的意愿,使健康促进政策能够更充分地代表自己的利益。②政策执行阶段。政策执行过程也就是政策实施部门具体落实政策方案的过程,此阶段是政策过程的关键环节。这一过程中的博弈主要是在政策实施部门和政策制定部门、政策实施部门和政策对象之间进行,另外也可发生在政策实施部门之间、政策对象之间,此环节的博弈更为复杂。通常情况下,当一个政策进入政策实施部门之后,政策实施部门一般会先对该政策进行利益评估。如果该政策与本部门及部门下属单位的利益无关或者一定程度上会牺牲本部门利益,那么该执行部门则会对该政策进行一定修补,尽可能地在相关领域中提升自身利益的获得或者减少自身利益的损失。政策执行部门内部"自主式"的利益调节手段促使了政策制定部门与实施部门间的博弈发生。这一情况从中央和地方之间的关系可以看出来,中央制定的青少年体质健康促进政策到了地方,往往被执行得"变了形",常常形成"上有政策,下有对策"的格局。追究其原因,主要是由于中央利益和地方利益的博弈造成的。中央制定公共政策,一般是从全国的角度出发考虑问题,制定出的政策可能会与地方利益冲突。当地方利益受损时,地方就会尽可能地抵制该政策,以期减少损失。比如,在地方发展的重点工作上会有意识地偏向于发展经济,而不是工作周期长、效果缓慢的学生体质健康促进,忠实执行体质健康政策不仅会使地方财政支出更多,而且总体政绩不明显,因此,在执行力度上会大打折扣。低级政府部门与高级政府部门之间同样也存在博弈。低级政

---

① 张磊.公共政策制定的利益博弈分析[J].重庆工商大学学报(社会科学版),2008(3):84-87.

府部门(如教育局)通常将升学率作为本部门最主要的利益,若忠实执行青少年体质健康政策,将对其原有利益构成威胁。而在同级政策执行机构(政府、学校等)之间同样存在博弈。同级地方政府、各个学校在执行青少年体质健康促进政策时存在利益竞争关系,都希望实现自身利益的最大化,特别是当自身利益与体质健康促进政策发生利益冲突时,通过牺牲体质健康利益来保护自身利益是他们最本能也是最利己的选择,这就是典型的"囚徒困境"的博弈表现,而"囚徒困境"的结果就是集体利益(高一级政府或社会利益)的受损。除此之外,不管政策执行机构是积极地还是消极地执行政策,政策执行的最终服务主体都是政策对象,由此政策执行部门与政策对象之间的博弈也开始发生。在政策被实施的过程中,政策对象(不管是利益获得者还是利益失去者)并不是被动地接受政策实施所带来的影响,而是积极利用自己手中的资源对政策的执行施加影响,以此来获得一定的收益。此外,政策对象之间也存在相互博弈,如学生之间的"囚徒困境"之类的博弈,这使执行政策的过程成为政策执行部门与政策对象之间、政策实施部门与政策制定部门之间、政策执行部门之间、政策对象之间的复杂的博弈。此外,在现实中,在健康促进政策制定阶段,假如一个利益团体在此阶段的利益没有得到满足,那么他们就会把自己的影响力转向健康促进政策的具体执行过程,围绕具体的利益实现过程,各利益团体会继续进行各种形式的利益博弈,通过改变具体的政策实施手段和策略,在健康促进政策执行过程中使自身利益得到不断满足。这种情况同样还可以延续到政策评估阶段。③ 政策评估阶段。在这一过程中,自身利益是否得到合理的维护、社会公众利益是否得到了公平分配是政策制定部门、政策执行部门和政策对象共同关心的内容。然而不同的利益主场对这一标准的不同理解又产生了不同的博弈过程。然而政策执行阶段的利益博弈也并没有被弱化,反而可能有所加强。政策制定部门所关注的是政策是否得到了有效的执行并获得了预期的效果,如教育部通过抽查复核的方式以一致率的高低来对《国家学生体质健康标准》执行情况进行评价;政策执行部门关心的是在政策实施过程中,政策是否使本部门及本部门所属的领域得到了预期的利益,如各地教育(体育)部门更关心的是《国家学生体质健康标准》实施后社会是否对体育的关注更高,是否因此而获得了更多的经费；而政策对象关心的是自己的利益是否得到了满足，如学生（家长）对于体质健康政策的关注主要是这些政策是否对学业成绩有所帮助。这些标准使政策效果的评估复杂化了，政策评估过程也是一个政府（包括政策制定部门与政策实施部门）与政策对象博弈、政策制定部门与政策实施部门博弈的过程。

在健康促进（政策）实践中，基于利益而开展的博弈行为最终决定了人们健康行为的选择。虽然行为是健康促进理论关注的焦点，但更多注意的是表面的显性行为，即与健康直接或间接相关的行为，而对隐藏在其后的其他行为如利益博弈行为鲜有关注。我国的青少年健康促进工程实际可被视为一个庞大的"生态圈"，存在着各种以追求利益最大化为目的而相互竞争的利益主体，诸如个体层面、家庭层面、学校层面和政府层面等利益主体，其中的利益博弈无处不在。也正是利益问题的存在，使我国青少年体质健康促进长期陷入"囚徒困境"的利益旋涡中。健康促进政策代表着公共利益，贯穿于整个生态系统中，公共利益与生态系统中每一层面、每一层面中的每一子要素的各主体利益都息息相关，每一个利益主体都在"自利"和"他利"的选择中徘徊，又基于博弈主体自利性的本性，当公共利益与个体利益发生冲突时，尽管可能不是最优选择，但出于本能反应，参与主体还是会选择个体利益而放弃公共利益，从而影响整个生态圈的利益收益。当下我国青少年体质健康促进工作效果甚微的现实困境正是各种利益集团相互博弈的结果。从现代公共政策分析方法论看，无论是事实分析、价值分析、规范分析，还是可行性分析，都离不开利益博弈分析。如果不了解利益与健康促进政策文本、利益与健康促进政策实施行为、利益与利益群体之间的关系，我们就无法深刻理解各种健康促进政策在制定、执行与评价的内在机理，若不进行利益博弈分析，我们将很难找出我国青少年体质健康促进政策执行偏差发生的症结及对策，也很难打破青少年体质健康促进"囚徒困境"之类的利益博弈格局。

第二章 政策学考察：
作为政策治理的青少年体质健康促进

我国的青少年体质健康促进工作主要是作为一个政策治理过程而展开的，因此无论是青少年体质健康促进的理论研究还是实践考察都离不开政策学的视角。公共政策虽然在健康促进领域被重视并被广泛应用与实践，但其原因主要是政策背后所隐藏的巨大公权力，健康促进更多的是利用政策所具有的公权力来实现其目标，但健康促进研究领域对政策本身的研究却很薄弱。显然，政策不是万能的，其作用也不如人们所预想的那么强大，几十年来，各类青少年体质健康促进政策未能有效阻止学生体质健康持续下滑的现实说明了这一点。政策的概念有多种定义，其内涵和外延各不相同。从广义上讲，"政策是国家机关、政党及其他政治团体在特定时期为实现或服务于一定社会政治、经济、文化目标所采取的政治行为或规定的行为准则，它是一系列谋略、法令、措施、办法、方法、条例等的总称"[①]。本研究对政策取更宽泛的理解，本研究中的政策还包括国家领导人的讲话、发展规划、政府文件等。青少年体质健康促进政策是指与青少年体质健康促进有关的政策，有专门针对青少年体质健康的，也有仅部分章节涉及青少年体质健康的，甚至有仅仅只言片语提及青少年体质健康的，有卫生方面的，也有体育方面的，这些政策包括党中央、国务院及部委、地方政

---

① 陈振明. 政策科学原理[M]. 厦门：厦门大学出版社，1993.

府和部门颁发的指示、意见、通知、通告、规定、法律条文、措施、办法、决定、条例、发展规划、纲要等,还包括课程大纲、重要会议的报告,以及重要领导人有影响力的讲话、报告、书信等。本研究将根据政策的影响力大小,进行筛选,选取有代表性、影响力较大的政策特别是公共政策对我国的青少年体质健康政策进行考察分析,对我国青少年体质健康促进政策过程进行梳理。

第一节　我国青少年体质健康促进政策的变迁

中华人民共和国成立以来,国家颁布了大量青少年体质健康促进相关政策。从政策主体来看,我国的青少年体质健康相关的政策,有国家层面、地方(省、市、县/区)层面、学校层面的体质健康政策。本文主要研究国家层面的青少年体质健康教育政策。从国家层面来看,颁布的主体不仅有党中央和国务院,还有共青团中央、教育部(原国家教委)、卫计委(原卫生部)、国家体育总局(原国家体委)等机构。根据中华人民共和国成立后中国社会历史发展的基本特征,按照我国青少年体质健康促进政策的变化轨迹,以有关青少年体质健康促进政策标志性文本的出台为切入点,我国青少年体质健康促进政策的变迁历程划分为两个大阶段。以1978年的改革开放作为关键节点,青少年体质健康促进政策演变可分为改革开放前和改革开放后两个阶段。改革开放之前的青少年体质健康促进政策主要分为三个时期:第一时期从中华人民共和国成立前夕政治协商会议召开到1956年8月;第二时期从中共八大的召开到1966年5月;第三时期为遭受"文化大革命"的十年(由于第三个时期是"文革"十年,政策法规基本停滞,故将其并入第二时期)。改革开放之后这一阶段的青少年体质健康促进政策也分为三个时期。第一时期从1978年十一届三中全会到1992年底;第二时期从邓小平的南方谈话至2005年底;第三时期从2006年《关于2005年全国学生体质与健康调研结果公告》的出台到2016年《"健康中国2030"规划纲要》的颁布。不同阶段的政策都是特定历史时期的产物,各阶段政策之间在时间上有一定的纵向连续性,不同政策之间也都存在一定的横向联系。

一、起步发展期:1949—1956 年

  1949 年至 1956 年是中华人民共和国成立初期,中华人民共和国虽然已成立,却面临着严峻的国内形势。一方面,在国外帝国主义的威胁以及国内国民党、地主阶级等残留势力的破坏中,我国政治局面不稳定,时局动乱不安。另一方面,我国国民经济萎靡不振,生产力水平极其落后。在这样的时代背景下,青少年的身体健康状况极差,很多学生因身体原因无法正常完成学业。虽然国家当时将大量的精力投放在国民经济建设中,但还是比较重视青少年体质健康问题,以期通过提高青少年的体质,锻炼强健的体格,从而推动生产力的进步。这也是社会发展的迫切需求。为了增强青少年体质健康,国家出台了一系列政策、文件,同时采取了一系列措施(表 2-1)。

  1949 年 10 月 26 日,朱德在中华全国体育总会筹备会议上指出"体育要为人民服务,为国防和国民健康服务",同时颁布《新民主主义的国民体育》。1950、1951 年毛泽东先后两次给马叙伦写信,提出"健康第一,学习第二"的指导思想。1950 年 8 月,教育部颁布的《小学体育课程暂行标准(草案)》将"小学体育从培养儿童的健康技能、健美体格、运动兴趣和习惯、思想品德出发,发展身心,打好体力基础,为国家建设而战斗和服务"作为小学体育教育的三项指标。1951 年中央人民政府政务院发出《关于改善各级学校学生健康状况的决定》,指出"立即纠正忽视学生健康的思想和对学生不负责任的态度,切实改善各级学校的健康不良状况"。1952 年 6 月 10 日,毛泽东题词"发展体育运动,增强人民体质"。同年由教育部和国家体委联合颁布的《学校体育工作暂行规定》中指出学校体育的基本目的是"促进学生身心发展,增强体质,并对学生进行道德品质教育"。同年,两部一委即高等教育部、中央体委、教育部联合发布了《关于正确发展学校体育运动、防止伤害事故的联合指示》。1953 年 6 月 30 日,毛泽东向青年号召"身体好,学习好,工作好",鼓励青年人注重强身健体,身体与知识同等重要。1954 年 1 月 16 日,贺龙在中央体委会议的《1953 年体育工作报告》中提出:"体育以服务于人民健康、经济建设和国防建设为目的","体育工作必须为国家的总路线服务",其归根结底就是"体育为人民服务"。1954 年,在体育锻

炼标准的基础上，国家体委颁布了《准备劳动与卫国制度暂行条例》，开始在全国范围内推行国家体育锻炼标准制度。该政策是此时期标志性的体质健康促进政策。1955年，高教部参照苏联高等学校体育教学大纲的基本内容，结合我国实际制定出《一般高等学校体育教学大纲》。1956年，教育部和高等教育部相继制定、颁布了《小学体育教学大纲》《中学体育教学大纲》《普通高等学校体育课教学大纲（草案）》，其中前两者代替了《小学体育课程暂行标准》，把学校体育的目的修改为"促进学生成为全面发展的人，为建设社会主义和保卫祖国做好准备"。这一时期涉及青少年体质且有影响力的政策共31项，其中国家领导人及相关部门负责人关于国民体质健康的建议、讲话、报告、书信类的有12项。中共中央、国务院、团中央、各部委以及时政媒体发出的通知、条例、建议、评论类的共有8项。国家体委针对学校体质健康教育系统关切青少年体质健康的通知、办法、意见和规定类的共有2项，具体类政策9项。①

表2-1　1949—1956年间主要青少年体质健康促进相关政策一览表②

序号	名称	发布单位（人）	发布时间	备注
1	《在中华体育总会筹备会议上的讲话》	朱德	1949-10-26	
2	《新民主主义的国民体育》	冯文彬、朱德讲话	1949-10-26	
3	致信马叙伦	毛泽东	1950-06-19	
4	《小学体育课程暂行标准（草案）》	教育部	1950-08-20	
5	第二次致信马叙伦	毛泽东	1951-01-15	
6	《关于1950年全国教育工作总结和1951年全国教育工作的方针和任务的报告》	马叙伦	1951-05-18	
7	《北京市暑期体育锻炼标准》	青年团北京市委和北京体育分会	1951-07-06	
8	《关于改善各级学校学生健康状况的决定》	中央人民政府政务院	1951-08-06	

---

① 党权.我国青少年体质健康促进政策历史变迁研究[D].南京：南京师范大学，2014.
② 同上。

(续表)

序号	名称	发布单位(人)	发布时间	备注
9	《关于改善各级学校学生健康状况的决定》	中央人民政府政务院	1951-08-06	
10	《冬季体育锻炼标准》	天津、上海教育局	1951-12-27	
11	题词"发展体育运动,增强人民体质"	毛泽东	1952-06-10	
12	《中华全国体育总会章程》	中华全国体育总会	1952-06-20	
13	《学校体育工作暂行规定》	教育部和国家体委	1952-07-20	
14	向青年号召"身体好,学习好,工作好"	毛泽东	1953-06-30	高教部、中央体委、教育部
15	《关于正确发展学校体育运动、防止伤害事故的联合指示》	两部一委	1953-10-14	
16	《中共中央批转中央体委党组关于加强人民体育运动工作的报告的指示》	中共中央	1954-01-08	
17	《1953年体育工作报告》	贺龙	1954-01-16	
18	《准备劳动与卫国体育制度暂行条例、暂行项目标准、预备级暂行条例的通知》	国家体委	1954-05-04	
19	《准备劳动与卫国体育制度》预备级暂行条例	国家体委	1954-05-04	
20	《准备劳动与卫国体育制度》暂行条例	国家体委	1954-05-04	
21	《关于在中等以上学校中开展群众性体育运动的联合指示》	三部一委	1954-05-04	高教部、教育部、卫生部、国家体委
22	《关于开展学校保健工作的联合指示》	三部一委	1954-06-11	高教部、教育部、卫生部、中央体委

(续表)

序号	名称	发布单位(人)	发布时间	备注
23	《关于在全国小学中推行少年广播体操的联合指示》	两部一委	1954-08-24	中央体委、教育部、卫生部
24	《中华人民共和国宪法》第94条	全国人大	1954-09-20	
25	《关于在青年中开展国防体育活动的联合指示》	中央体委、原总政治部、青年团中央	1955-07-01	
26	《小学体育教学大纲(草案)》	教育部	1956-03-15	
27	《关于1956—1957学年度在中学、师范学校及高等师范学校推行劳动和卫国体育制度的通知》	教育部	1956-04-03	
28	《中学体育教学大纲(草案)》	教育部	1956-05-16	
29	《关于改进小学体育工作的指示》	教育部	1956-07-12	
30	《小学体育教学大纲》、《中学体育教学大纲》和《普通高等学校体育课教学大纲(草稿)》	教育部、高教部	1956-07-20	
31	《中学暂行教学计划(草案)》《小学体育课程暂行标准(草案)》	教育部	1956-08-12	

1949年至1956年是我国社会主义改造基本完成的七年,这一时期,国家以恢复稳固为基本方针,此时期青少年体质健康促进政策主要的目标如下:将增强青少年体质健康作为国防、经济建设的重要手段;强化人们对于青少年体质健康重要性的认识;将学校体育教育建成为增强青少年体质的主要途径。该时期青少年体质健康促进政策具有浓郁的政治色彩,从公共政策的视角来看,体现出以下特点:①政策目标的军备化,政策目标主要服务于国家利益。由于中华人民共和国成立初期,经历了系列战事,军队的合格人才严重不足,国家把重点转移到青少年身上。一些核心体质健康促进政策与国防密切相关,如《准备劳动与卫国体育制度》《准备劳动与卫国体育制度暂行条例》《关于在青年中开展国防体育活动的联合指示》等,这个时期的组织机构如新民主主义青年团、中央国防体育协会等也都带有军队性质。通过国防体育活

动"锻炼青年成为现代化国防军的后备力量"。虽然这个时期的政策与个人利益密切相关,如"健康第一,学习第二",但个人利益在此时期是远远不及国家利益重要的。②政策侧重于意识教育。中华人民共和国成立初期是新民主主义体育思想的形成时期,这一时期重在让人们认识和接受新体育,青少年体质健康政策主要是为了改变人民对健康的认知和态度,强调体质健康的地位,提出全国青年应响应"身体好,学习好,工作好"的号召,要求"立即纠正忽视学生健康思想",该阶段青少年体质健康促进政策对大众健康思想意识上进行启蒙。为配合上述政策的执行落实,此时期还采取了以下主要政策保障措施:

(1) 建立完善体育与卫生管理机构和组织。1949年10月成立中华全国体育总会筹委会,1952年中华全国体育总会正式成立,并在各地成立分会。1951年教育部成立体育委员会,1952年11月,成立中央人民政府体育运动委员会(简称"中央体委",1954年改为"中华人民共和国体育运动委员会",简称"国家体委"),并陆续建立健全了省、市、自治区和地、县体委。1953年教育部发文要求各省、市教育(文教)厅局应设立体育科或专职体育视导员,指导学校体育健康工作。这些体育机构和组织的设立和完善,对推动、指导实施青少年体质健康政策起了很重要的作用。

(2) 开展学校体育师资培养和培训。教师是执行上级方针政策的基层执行者,1952年至1956年,教育部在中华人民共和国成立前的11个大学体育系基础上又增加了6个大学体育系,还新建华东体育学院、中央体育学院等六所体育专业院校,并聘请苏联专家培养高层次学校体育人才和骨干,到1956年,体育系(科)在校学生从1950年的几十人增加到2000多人,为各级学校输送师资1000多人。① 青少年体质健康政策正是得益于这些师资力量才得以在基层得到贯彻落实,这一措施也为以后中国体质健康教育的发展奠定了重要基础。

(3) 加强体育课程、教材的建设。1950年8月,教育部颁发的《中学暂行教学计划(草案)》,规定体育课每周2课时,并提出体育课和课外活动内容;同年

---

① 李晋裕,滕子敬,李永亮. 学校体育史[M]. 海口:海南出版社,2000.

制定了《小学体育课程暂行标准(草案)》。1951年至1953年,东北师范大学翻译苏联的《体育教育理论》《体育教学法》《运动生理学》等教材,教育部翻译苏联中小学等体育教材大纲;1956年,教育部、高等教育部相继制定、颁布了《小学体育教学大纲》《中学体育教学大纲》《普通高等学校体育课教学大纲(草案)》。这些计划、大纲和教材都是当时青少年体质健康促进政策有力执行的制度保障和标准。

中华人民共和国成立初期国家出台的一系列政策文件,成为青少年体质健康促进工作有力执行的保障,对增进广大中小学生的体质健康水平起到了重要促进作用。比如《劳卫制》政策的试行与推广,《劳卫制》根据当时学生体能、测试技术及我国体育发展情况,分为劳工预备级、《劳卫制》第一级和《劳卫制》第二级。并根据年龄和性别进行分组。测试项目分为必测和选测,包含了速度、力量、耐力、灵敏等多项身体素质。据1955年初不完全统计,全国已有187所中等以上学校试行《劳卫制》一级,参加锻炼的学生达到127 000余人;《劳卫制》预备级已在2 300所学校中推行,有1 159 000余人参加锻炼。至1956年底,各地中等以上学校普遍试行《劳卫制》,有300多万人经常参加锻炼,70万人达到各级标准。《劳卫制》政策在一定程度上有效地提高了学生的体质健康水平。而毛泽东提出的一些口号,如"发展体育活动,增强人民体质""健康第一,学习第二",通过个人影响力来号召青少年积极参与体育活动,也有效地推进了青少年体质健康促进工作。

二、扭曲发展期:1957—1977年

1957年至1977年,是中华人民共和国艰难曲折发展的二十年。在党和国家大力开展社会主义建设时,由于缺少经验,导致了1957年反右扩大化、1958年全面"大跃进"的冒进局面,加之1959年开始的连续三年困难时期、中苏关系恶化等,使得我国政治陷入僵局,经济面临着极大困难。受自然灾害的影响,学生体质下降更加严重,学校体育课暂停,青少年体质健康工作也处在相对停滞的阶段。1962年,随着经济政治形势的好转,体质健康促进工作也有了新发展,但好景不长,1966年我国开始了持续十年的"文化大革命"。

它打乱了国家正常发展的节奏,青少年体质健康促进工作也受到了严重阻碍。在这二十年间,国家也出台了一系列相关政策和文件(表2-2),引导青少年体质健康促进工作艰难前行。

1957年教育部颁发《关于1957年学校体育工作的几点意见通知》,对学校体育工作提出了多项要求;1958年国家体委出台《体育运动十年规划》,规划的初衷是好的,但是在"大跃进"的背景下,其内容违背了体育运动的发展规律,带来了一些消极影响。1960年国家体委在国务院的"调整、巩固、充实、提高"的方针指导下,对体育工作进行了调整,重新审定了"十年计划"、调整体育工作重点;教育部、卫生部颁布《关于在各级学校中大搞爱国卫生运动和加强体育运动的通知》。1960年《中小学体育教学大纲》重新修订,学校体育教学目标调整为"增强学生体质,向学生进行共产主义教育,使他们更好地学习,参加劳动和保卫祖国"。1960年国家体委下达了《关于贯彻中央关于卫生工作的指示精神,大力开展群众体育运动的意见》。1961年教育部发布《教育部直属高等学校暂行工作条例(草案)》《全日制小学暂行工作条例》。1964年,教育部、卫生部、国家体委联合发文强调学校应上好每周两次体育课、坚持两操、安排好两活动(课外体育活动和运动竞赛活动)。同年国务院批转《关于中、小学学生的健康状况和改进学校体育卫生工作的报告》;教育部颁发《关于减轻学生负担保证学生健康问题的报告》以及国家体委党委《关于1966年全国体育工作会议的报告》;1974年国家体委提出《1974年体育工作要点》;1975年,国务院批准试行《国家体育锻炼标准条例》,这是我国第一部专门为儿童和青少年制定的体育锻炼标准制度,是该时期标志性的政策文件。该条例总则中提出"为了鼓励和推动人民群众,特别是儿童、青少年积极参加体育锻炼,增强体质,提高运动技术水平,培养共产主义道德品质,更好地为社会主义现代化建设和保卫祖国服务,制定本办法"。当前在全国大中小学实施的《国家学生体质健康标准》就是在这一条例的基础上演变而来的。本时期共统计出27项相关政策,其中国家领导人及相关部门负责人关于国民体质健康的建议、讲话、报告、书信类的有3项。中共中央、国务院、团中央、各部委以及时政媒体发出的通知、条例、建议、评论类的共有8项。国家体委针对学校体质健康教育系统关切青少年体质健康的通知、办法、意见和规定类的共有 9 项,具体类政策 7 项①。

表 2-2　1957—1977 年主要青少年体质健康促进相关政策一览表②

序号	名称	发布单位(人)	发布时间	备注
1	《关于 1957 年学校体育工作的几点意见的通知》	教育部	1957-03-05	
2	《体育运动十年发展纲要》	国家体委	1958-02-27	
3	《体育运动十年规划》	国家体委	1958 年 9 月③	
4	《劳动卫国体育制度条例》	国务院	1958-10-25	
5	提出"让青少年们用更健壮的体魄迎接六十年代",要求共青团中央和少先队积极推动青少年体育锻炼活动	共青团中央	1958④	
6	《关于更广泛地组织青少年参加体育运动的指示》	共青团中央	1959-08-05	
7	《中共中央卫生工作的指示》	毛泽东	1960-04-01	
8	《关于在各级学校中大搞爱国卫生运动和加强体育运动的通知》	教育部、卫生部	1960-04-06	
9	《关于贯彻中央关于卫生工作的指示精神,大力开展群众体育运动的意见》	国家体委	1960-04-25	
10	《关于保证学生、教师身体健康和劳逸结合问题的指示》	中共中央、国务院	1960-05-01	
11	《关于保证学生、教师身体健康的紧急通知》	中共中央、国务院	1960 年 12 月	
12	《国家体委关于 1961 年体育工作的意见》	国家体委	1961-02-10	
13	《教育部直属高等学校暂行工作条例(草案)》《全日制小学暂行工作条例》	教育部	1961-03-06	
14	《1961 年体育工作会议报告》	国家体委	1962-03-19	

① 党权.我国青少年体质健康促进政策历史变迁研究[D].南京:南京师范大学,2014.
② 同上.
③ 具体日期不详.
④ 具体年月日不详.

(续表)

序号	名称	发布单位(人)	发布时间	备注
15	《全国体育工作会议报告》	国家体委	1962-12-05	
16	《1962年全国体育工作会议纪要》	国家体委	1963-03-12	
17	《教育厅(局)体育干部座谈会纪要》	教育部	1963-08-12	
18	《体育运动委员会关于群众体育工作座谈会的报告》	体育运动委员会	1963-09-12	
19	《1964年全国体育工作会议的报告》	国家体委	1964-04-24	
20	联合发文强调学校应上好每周两课、坚持两操、安排好两活动	教育部、卫生部、国家体委	1964-06-30	
21	《关于中、小学学生的健康状况和改进学校体育卫生工作的报告》	国务院	1964-08-19	
22	《中小学校保护学生视力暂行办法(草案)》	四部一委	1964-09-09	卫生部、教育部、文化部、建筑工程部、国家体育运动委员会
23	写给陆定一的信,简称"七三指示"	毛泽东	1965-07-03	
24	《关于减轻学生负担、保证学生健康问题的报告》	教育部	1965-10-20	
25	《关于1966年全国体育工作会议的报告》	国家体委党委	1966-03-15	
26	《1974年体育工作要点》	国家体委	1974-02-12	
27	《国家体育锻炼标准条例》	国务院	1975-03-26	

该时期,青少年体质健康促进政策体现出以下主要特点:①政治色彩浓厚,个人利益受到严重侵害。1957年的反右扩大化、1958年"大跃进"中"鼓足干劲、力争上游、多快好省地建设社会主义"的冒进路线提出,使国民体育的"大跃进"也随之而来,学校体育大搞"四红""双红"运动,1964年的全国体育工作会议报告提出的任务是"培养一支又红又专的体育队伍",1965年的全国体育工作会议报告中明确指出"各级体育部门必须坚持政治统帅"。人民群众的个人权利、利益受到严重侵害,虽然该时期部分体质健康促进政策关注到了青少年的个人

健康问题,但基本上没有得到有效执行,特别是"文革"时期。②政策严重缺乏科学性。1958年,学校大搞生产劳动,劳动代替体育、军训代替体育的现象普遍,搞突击劳卫制达标,盲目追求高指标、高速度,浮夸风盛行,弄虚作假时有发生;"文革"十年期间,几乎没有关于学校体育的政策文本出台;社会所有领域都要政治挂帅,连体育教材也在各项目内容中穿插语录,突出政治,因此这一时期政策被政治影响严重扭曲。③政策执行尺度模糊。由于当时的经济状况、政治局势很不乐观,该时期青少年体质健康政策在制定时显得有些力不从心,如教育部《关于1957年学校体育工作的几点建议》中"学校体育由教育行政部门统一领导,体委负有指导、配合、监督的责任",三个暂行文件中"体育课的要求应该适当"和"教育行政部门应该积极地有步骤地帮助学校改善体育卫生等方面设备"等政策内容规定得尚不够具体明确,在用词上有很大的伸展空间,不够清晰、坚决、果断,特别是在一些关键性问题上没有制定出切实可行的具体操作措施。这一时期的政策,数字量化的标准较少,加大了政策执行难度,也不利于评估政策产生效果。总的来说,这一时期的青少年体质健康工作是扭曲、畸形的,相关政策的制定、实施总体上都不规范,缺乏科学性,青少年体质健康促进的正常工作秩序遭到严重破坏。

三、恢复重启期:1978—1992年

1978年十一届三中全会的召开,标志着我国进入了改革开放新时期。从十一届三中全会到1992年十四大的召开,我国步入了社会主义现代化建设新时期,这一时期,以邓小平为代表的领导人开始对过去的错误进行纠正,并将社会主义理论与中国国情相结合,制定了具有中国特色的社会主义新路线,全国人民团结协作、稳步前进,社会主义现代化建设取得了重大成就。同时,国家对经济进行较为全面的恢复和调整,通过及时的整顿和治理,经济秩序逐步恢复正常。随着改革的不断深入,1990年我国顺利完成"七五"计划,实现了国民经济的第一个发展目标。另外,经济特区的开放以及国有企业的改革,又为我国经济注入了新的生机和活力。在这样的大背景下,我国青少年体质健康也迎来了新的发展契机,体育事业的不断发展,使得人们开始越来越关注体育活动,人民

体质不断增强。同时学校体育得到大力发展，健康促进工作又重新步入正轨。这一时期，国家对青少年体质健康高度重视，国家领导人及相关部门单位就国民体质健康问题做报告、讲话、提出建议；中共中央、国务院、团中央、各部委以及时政媒体多次发出通知、条例和建议；中国体委针对青少年体质健康颁布了一系列关于青少年体质健康通知、办法和意见的文件。这一时期的政策文件的数量远超过前两个时期。该时期的主要青少年体质健康相关政策共计50项（表2-3），其中国家领导人及相关部门负责人关于国民体质健康的建议、讲话、报告、书信类的有6项。中共中央、国务院、团中央、各部委以及时政媒体发出的通知、条例、建议、评论类的共有16项。国家体委针对学校体质健康教育系统关切青少年体质健康的通知、办法、意见和规定类的共有14项，具体类政策14项。[①]

表2-3　1978—1992年我国青少年体质健康促进相关政策一览表[②]

序号	名称	发布单位（人）	发布时间	备注
1	《1978年全国体育工作会议纪要》	国家体委	1978-01-22	
2	批转《1978年全国体育工作会议纪要》	国务院	1978-05-12	
3	《全日制十年制学校中学校体育教学大纲（试行草案）》	教育部	1978年3月[③]	
4	《十年制小学体育教学大纲》	教育部	1978年3月	
5	《十年制中学体育教学大纲（试行草案）》	教育部	1978年3月	
6	《关于加强学校体育、卫生工作的通知》	两部一委	1978-04-12	
7	批转《1978年全国体育工作会议纪要》	国务院	1978-05-12	
8	《关于进行中国青少年、儿童身体形态、机能、素质调查研究的通知》	两部一委	1978-08-26	教育部、卫生部、国家体委
9	《全日制中学暂行工作条例（试行草案）》	教育部	1978-09-22	
10	《全日制小学暂行工作条例（试行草案）》	教育部	1978-09-22	
11	《全国重点高等学校暂行工作条例》	教育部	1978-09-22	

---

① 党权. 我国青少年体质健康促进政策历史变迁研究[D]. 南京：南京师范大学，2014.
② 同上。
③ 具体日期不详（下同）。

(续表)

序号	名称	发布单位(人)	发布时间	备注
12	《关于加强群体工作的意见》	国家体委	1979-03-20	
13	《关于在学校中进一步试行国家体育锻炼标准的意见》	国家体委、教育部	1979-04-29	
14	《蒋南翔同志在全国学校体育卫生工作经验交流会上的讲话》	蒋南翔	1979-05-22	
15	《全国学校体育、卫生工作经验交流会议纪要》	两部一委、共青团中央	1979-09-25	
16	《高等学校体育工作暂行规定(试行草案)》	国家体委、教育部	1979-10-05	
17	《中、小学体育工作暂行规定(试行草案)》	国家体委、教育部	1979-10-05	
18	《中小学卫生工作暂行规定》	教育部、国家体委	1979-12-06	
19	《关于认真贯彻落实全国学校体育卫生工作经验交流会议精神抓好学校体育工作的意见》	国家体委	1980-02-08	
20	《高等学校卫生工作暂行规定(草案)》	教育部	1980-08-26	
21	《一九八一年全国学校体育卫生工作会议纪要》	教育部	1981-07-11	
22	《保护学生视力工作实施办法(试行)》的联合通知	教育部	1982-01-18	
23	《关于积极推行第六套广播体操的联合通知》	国家体委	1981-08-18	
24	《关于当前中小学教育几个问题的通知》	教育部	1982-01-21	
25	《关于保证中小学生每天有1小时体育活动的通知》	教育部	1982-06-12	
26	《国家体育锻炼标准》	国家体委	1982-08-27	
27	教育部部长何东昌同志的讲话《扎扎实实地抓好学校体育卫生工作》	何东昌	1982-10-12	
28	《李梦华主任在1983年全国体工会议上的报告提纲》	李梦华	1983-03-03	

(续表)

序号	名称	发布单位(人)	发布时间	备注
29	《〈关于进一步加强学校体育工作的意见〉等三个文件的通知》	国家体委	1983-05-15	
30	《国家体委关于进一步开创体育新局面的请示的通知》	国务院	1983-10-28	
31	《国家体委、教育部颁发体育传统项目学校试行办法》	国家体委、教育部	1983-11-09	
32	《关于进一步发展体育运动的通知》	中共中央	1984-10-05	
33	《关于加强县体育工作的意见》	国家体委	1984-12-20	
34	《关于中国学生体质、健康调研工作的若干具体问题的通知》	两部一委	1985-03-02	
35	《转发山西省教育厅〈关于加强学校体育卫生工作的意见〉的通知》	教育部	1985-05-03	
36	《关于采取措施,加强管理,防止学生意外伤亡事故发生的通报》	国家教委	1986-06-09	
37	《加强中小学的体育教育,为提高全民族的健康水平打好基础》	何东昌	1986-08-11	
38	《关于加强视力保护、全面开展学校卫生保健工作的通知》	国家教委、卫生部	1987-07-08	
39	《中小学体育合格标准的试行办法》	国家体委	1987-09-27	
40	《全国第二届体育战略发展研讨会会议报告》	国家体委	1987-08-28	
41	《关于中国学生体质、健康状况调查研究结果和加强学校体育卫生工作的意见的通知》	国家教委、国家体委	1987-12-30	
42	关于实施《中学生体育合格标准的试行办法》的意见	国家教委	1988-01-27	
43	关于发出《中小学学生近视眼防治工作方案(试行)》的通知	国家教委	1988-02-01	
44	《中国学生体质与健康调查研究公报》	国家教委	1988-03-24	

(续表)

序号	名称	发布单位(人)	发布时间	备注
45	《全国学校体育卫生工作会议报告》	国家教委、国家体委、卫生部	1988-08-22	
46	《国家体育锻炼标准施行办法》	国务院	1989-12-09	
47	《学校体育工作条例》	国务院、国家体委、教育部	1990-02-20	
48	《学校卫生工作条例》	国务院、国家教委、卫生部	1990-05-28	
49	《中华人民共和国未成年人保护法》	人大常务委员会	1991-09-04	
50	《全国普通高等学校体育教学指导纲要》	国家教委	1992-08-06	

1978年1月22日全国体育工作会明确提出,在青少年体育发展方向上,要把发展青少年体育作为造就德智体全面发展的人才和从根本上增强人民体质,迅速赶超世界先进水平的战略措施抓紧抓好。同年,教育部颁布的《全日制十年制学校中学校体育教学大纲(试行草案)》以及《十年制小学体育教学大纲》、《十年制中学体育教学大纲》中指出教学目标是"增强学生体质,适应学校教育的要求,是学生将未来能够担负起建设祖国和保卫祖国的光荣任务"。教育部、卫生部以及国家体委还颁发了《关于进行中国青少年、儿童身体形态、机能、素质调查研究的通知》,首次在全国范围内开展青少年体质健康调研,为今后开展学生体质健康调研奠定了政策基础。1978年,教育部还颁布了《高等学校体育工作暂行规定(施行草案)》和《中、小学体育工作暂行规定(试行草案)》。其中《中、小学体育工作暂行规定(试行草案)》总则中明确强调:"中小学体育工作,要为青少年一代身心健康成长,为增强中华民族的体质,为实现四个现代化做出积极贡献。"1982年教育部发布《关于保证中小学每天有1小时体育活动的通知》,这项通知中提出"学校必须保证中小学生每天一小时的体育活动,并且为了促进学生身体的正常发育,保证学习任务完成,每天进行一小时的体育锻炼是完全必要和有益的"。这一政策为今后的阳光体育活动打下了政策基础。1982年国家体委颁布新的《国家体育锻

炼标准》。1986年在成都召开的全国体质健康调查报告会议,将学生体质调研作为一项制度确定下来,建立国家的学生体质与健康的数据库。教育部原部长何东昌的讲话《加强中小学的体育教育,为提高全民族的健康水平打好基础》也为青少年体质健康工作指明了方向。之后教育部、卫生部发布《关于加强视力保护、全面开展学校卫生保健工作的通知》,1987年国家体委推出《中小学体育合格标准的试行办法》。同年教育部颁布了《全日制中小学体育教学大纲》,该大纲提出了很多新的教学理念。如:第一次提出"发展学生个性""培养学生创造力";提出了学校体育与生活、娱乐、心理、终身体育的关系。1990年国务院颁布《国家体育锻炼标准施行办法》,其总则中提出"为鼓舞和推动人民群众,特别是青少年、儿童积极参加体育锻炼,以增强体质"。同年由国务院、国家体委、教育部联合颁发《学校体育工作条例》,指出学校体育工作的基本任务之一是"增强学生身心健康,增强学生体质";同年,由国务院、国家教委和卫生部通过的《学校卫生工作条例》中则明确要求"各级教育行政部门应当把学校卫生工作纳入学校工作计划,作为考评学校工作的一项内容",并要求学校开设健康教育课。1992年,国家教委先后颁发了《中小学健康教育基本要求》《大学生健康教育基本要求》,这两个文件分别对学校健康教育的目标、方法、教学内容、课时、教材编写等做出了明确规定,使我国的学校健康教育有了可遵循的具体政策依据。[①]

改革开放新时期使我国青少年体质健康工作有新的发展方向,和过去的三十年相比,指导思想、工作理念都发生了重大变化,这些都充分体现在相关政策之中。十二大之后,在中国特色社会主义理论指导下,学校体育卫生工作确立了以增强学生体质为主,以普及学校体育为主,以学生经常锻炼为主,卫生工作方面以预防为主的"四个为主"的指导思想,打开了我国学校体育卫生工作新局面。1987年、1988年的中小学生教学大纲在"增强学生体质"的基础上,提出促进学生身体技能、身体素质和基本活动能力的全面发展,陶冶学生美的情操,强调学生锻炼身体和顽强拼搏精神的新内容,首次将体育和培养全面发展人才联

---

① 党权.我国青少年体质健康促进政策历史变迁研究[D].南京:南京师范大学,2014.

系在一起,开始重视体育的心理功能和社会功能。在学校体育教学目的上也由一开始的政治需求向培养学生综合素质转变,更重视学生的主体作用,满足学生的身心发展需要。此外,学校健康教育工作也越来越受到重视。青少年体质健康工作变得更加科学化、人性化,内容也更加全面化。然而随着经济不断地发展,生产方式的改变,人民生活水平不断提高,青少年营养越来越充足,再加上应试教育,导致青少年体力活动越来越少。1985年第二次体质调查研究显示,我国青少年身体素质指标不但增长不明显,一些指标甚至有所下降,例如体重超重比例增长较快,柔韧、耐力等素质均有下降,视力不良的问题越发突出。另外,心理品质方面也出现一些问题,有的学生人际交往能力差,不能正确面对挫折,心理承受能力弱。这些身心问题严重阻碍了青少年体质健康的发展。这一系列的问题引起了社会的高度关注和深思,成为青少年体质健康促进政策面临的新问题。

该时期的政策都更加注重学生的身心健康的全面发展,注重目标实现的具体操作、评估标准,目标定位更易于理解、执行,更加科学化。青少年体质健康促进政策体现出以下特点:①政策体系趋向全面、系统化。1979年、1980年,相继颁布了四个《暂行规定》①,涵盖了总则、体育课教学、课外体育活动、体育场地、器材(后勤工作)、体育教师、组织领导、学校卫生工作要求、学校卫生管理和附录等方面内容,是中华人民共和国成立以来第一个较为系统的学校体育卫生工作的专门法规;在改革、完善和强化科学管理的过程中,一系列的青少年体质健康促进政策出台,政策文本的数量较多,高达51部,且内容和类别也逐步趋向全面。②政策的科学意识初步体现。这一时期出台的政策开始含有具体的、可操作的评估标准,1982年的《全国重点中小学体育、卫生工作检查验收实施方案》开始对学校体育卫生工作提出了明确的量化要求,1990年《学校卫生工作条例》则要求"城市普通中学卫生室,按学生的人数六百比一的比例配备专职的卫生人员"。③政策的理论与实践相协调。拨乱反正之后,体育思想得到大发展,

---

① 四个《暂行规定》即:《中小学体育工作暂行规定(试行草案)》《高等学校体育工作暂行规定(试行草案)》《中、小学卫生工作暂行规定(草案)》《高等学校卫生工作暂行规定(草案)》。

"增强体质为主"、"三化腾飞"、"全面发展教育思想"、"快乐体育思想"和"终身体育思想",均以政策的形式呈现出来。这一时期共有宏观指导方针性综合政策 22 项,具体、专门性的政策也多达 29 项(地方的政策除外)。④政策的发展与时俱进。体育卫生政策的指导思想和培养目标在这一时期也跟随时代特征的改变而做出较大的调整,如剔除了改革开放之前难以开展的一些体育锻炼标准项目,其中有体操、跳高、掷手榴弹、滑冰、爬绳、俯卧撑等,增设了更容易测量打分、更科学、更便于进行日常锻炼、更能体现身体素质的项目。国家政策有 1982 年 7 月 12 日颁布的新的《国家体育锻炼标准》、1987 年发布的《中学生体育合格标准的试行办法》和 1992 年的《小学生体育合格标准试行办法》等。

四、稳步加速期:1993—2005 年

1992 年,邓小平发表南方谈话和中共十四大的召开标志着我国社会主义现代化建设进入新阶段。在邓小平理论、"三个代表"重要思想、科学发展观以及"中国梦"的理论指导下,社会主义现代化建设稳步向前。面对多极化的世界格局,国内积极调整政策,顺应时代发展潮流。经济建设上,明确提出走具有中国特色的社会主义道路,建设社会主义市场经济体制。这一改革目标的确立,使我国经济加速发展,人民生活水平显著提高,综合国力大大提升。经济的迅速增长也带动了文化、教育、科技等各个领域的深入改革。随着教育事业的发展,改革的深化,素质教育的全面推进,以及体育工作指导方针的重大改革,我国学校体育卫生教育的内容不断丰富,功能不断拓展,各项工作走向法治轨道。在这一发展背景下,我国青少年体质健康促进工作进入稳步加速期。本时期,与青少年体质健康促进的相关政策总计 25 项(表 2-4),其中中共中央、国务院、团中央、各部委以及时政媒体发出的通知、条例、建议、评论类的共有 9 项,国家领导人及相关部门负责人的建议、讲话、报告、书信类的共有 5 项。国家体委(1998 年改组为国家体育总局)的通知、办法、意见和规定类的共有 3 项。具体类政策共有 8 项。①

---

① 党权. 我国青少年体质健康促进政策历史变迁研究[D]. 南京:南京师范大学,2014.

表 2-4　1993—2005 年主要青少年体质健康促进相关政策一览表[①]

序号	名称	发布单位(人)	发布时间
1	《第二次全国教育工作会议纪要》	国务院	1994-06-14
2	《全国体委主任会议上的总结讲话》	伍绍祖	1995-03-04
3	《全民健身纲要》	国务院	1995-06-20
4	《国家体委关于贯彻〈全民健身计划纲要〉实施'全民健身一二一工程'意见》	国家体委	1995-06-23
5	《中华人民共和国体育法》	全国人民代表大会常务委员会	1995-08-29
6	《中小学卫生保健机构工作流程》	国家教委	1995-09-07
7	《体育两类课程整体改革方案》	国家教委	1996-01-17
8	《关于加强体育法制建设的决定》	国家体委	1997-01-22
9	《关于深化教育改革全面推进素质教育的决定》	国务院	1999-06-13
10	《2001—2010 年体育改革与发展纲要》	国家体育总局	2000-12-15
11	《国民体质监测工作规定》	国家体育总局	2001-02-12
12	《国务院关于基础教育改革与发展的决定》	国务院	2001-05-29
13	《〈全民健身计划纲要〉第二期工程(2001—2010 年)规划》	国家体育总局	2001-08-14
14	《〈国家学生体质健康标准〉实施办法》	国家体育总局	2002-07-04
15	《中共中央 国务院关于进一步加强和改进新时期体育工作的意见》	国务院	2002-07-22
16	《学生体质健康标准》	国家体育总局	2002-08-19
17	《中国共产党十六次全国代表大会的报告》	全国人民代表大会	2002-11-08
18	《中共中央 国务院关于进一步加强和改进新时期体育工作的意见》	国务院	2002-02-27
19	《李岚清副总理在全国体育工作会议上的发言》	李岚清	2002-08-26
20	《体育与健康课程标准》	教育部	2002-09-01
21	《国家级体育传统项目学校评定办法》	国家体育总局、教育部	2003-04-02

---

① 党权.我国青少年体质健康促进政策历史变迁研究[D].南京:南京师范大学,2014.

(续表)

序号	名称	发布单位(人)	发布时间
22	《关于开展"全国学生体质健康标准推广活动"的通知》	教育部办公厅	2003-06-11
23	《国民体质测定标准施行办法》	国家体育总局	2003-07-04
24	《关于印发〈全国健康教育与健康促进工作规划纲要(2005—2010年)〉的通知》	卫生部	2005-01-12
25	《2005年全国学生体质健康调研研讨培训班会议纪要》	国家体育总局	2005-05-22

1994年春季,国家教委、国家体委、共青团中央联合发出通知,决定在中小学校中开展"到阳光下,到操场上,到大自然中去陶冶身心"的活动。该政策拉开了青少年阳光体育活动的序幕。1994年中共中央、国务院召开的第二次全国教育工作会议中强调要加强学校的卫生工作、农村学校卫生工作、初中毕业生升学体育考试,开展"到阳光下,到操场上,到大自然中去陶冶身心"等活动。同年颁布的《全日制小学、初级中学课程(教学)计划》规定,学校每周应安排0.5课时用于健康教育。之后还颁发了《学校健康教育评估方案》,为我国的学校健康教育建立了检查评估机制。1995年的《九年义务教育体育与健康教育教学大纲》提出"全面锻炼身体,增强体质;学习掌握基础知识、基本技术、发展基本能力;向学生进行思想品德教育"这三个层面的内容。同年全国人民代表大会常务委员会颁发《中华人民共和国体育法》,从法律上出台了"学校必须实施国家体育锻炼标准"等多项青少年体质健康促进方面的规定。1996年国家教委颁布《体育两类课程整体改革方案》,旨在提高体育课程的教学质量,适应我国课程改革和课程建设。国务院颁布《关于深化教育改革全面推进素质教育的决定》,提出"学校教育要树立健康第一的指导思想",虽然此政策文件不是针对青少年体质健康的专门性文件,但该政策为今后的青少年体质健康促进工作指明了方向,"健康第一"由此成为学校体育乃至整个青少年体质健康促进工作的指导思想。该政策成为此时期标志性的政策之一。

2000年12月教育部颁发《九年义务教育全日制中小学体育与健康教学大纲》,提出学校体育目标为"体育与健康的教学以育人为宗旨,与德育、智育和美育相配合;促进少年儿童身心的全面发展"。2001年基础教育《体育(与健康)课程标准》颁布,课程标准将学校体育目标定位为:"增强体能,掌握和应用基本的体育与健康的知识和运动技能;培养运动兴趣和爱好,形成健康锻炼的习惯;具有良好的心理品质,表现出人际交往能力与合作精神;提高对个人健康和群体健康的责任感,形成健康的生活形式;发扬体育精神,形成积极进取、乐观开朗的生活态度。"[1]首次将三位健康观融入学校体育课程目标中。这是本时期另一个标志性的政策,由此拉开学校体育课程改革的序幕,健康促进在学校体育课程中越来越多被重视和吸纳。2001年国家体育总局《2001—2010年体育改革与发展纲要》以及《全民健身计划纲要第二期工程(2001—2010年)规划》、《国家学生体质健康标准实施办法》、《学生体质健康标准》相继颁发;同年教育部、国家体育总局、共青团中央发出《关于开展"全国学生体质健康标准推广活动"的通知》,卫生部发出《关于印发〈全国健康教育与健康促进工作规划纲要(2005—2010年)〉的通知》,中央政治局召开会议研究加强青少年体育工作。

五、快速推进期:2006—2018年

2006年,教育部公布了《关于2005年全国学生体质与健康调研结果公告》,结果显示,我国青少年学生体质健康水平不容乐观,各项指标仍然呈持续下降趋势,面对如此严峻的问题,政府与教育部门投入了空前的人力、物力与财力开始逐步深入、系统地对我国青少年学生体质健康促进工作进行不断完善。同年,教育部、国家体育总局联合发布《关于进一步加强学校体育工作切实提高学生健康素质的意见》;教育部、国家体育总局、共青团中央推出《关于开展全国亿万学生阳光体育运动通知》以及《关于全面启动全国亿万学生阳光体育运动的通知》,2007年教育部在《学生体质健康标准》的基础上对测试项目、评分标准、评定维度等方面进行了完善,将《学生体质健康标准》正式更名为《国家学生体质健康标准》。同年国务院颁布《中共中央 国务院关于加强青少年体育增强青

---

[1] 中华人民共和国教育部.体育(1~6年级)体育与健康(7~12年级)课程标准(实验稿)[M].北京:北京师范大学出版社,2001.

少年体质的意见》(中央 7 号文件),该政策是此时期国家最高行政机构颁布的青少年体质健康促进专门政策,该政策是直至当前实施青少年体质健康促进活动的最高层次的政策,是本时期最具标志性的政策。同年由教育部、国家体育总局、共青团中央推出了《第二届全国亿万学生阳光体育冬季长跑活动方案》;2008 年,教育部颁发了《中小学健康教育指导纲要》,对基础教育健康教育做出了全面规定,对健康教育提出了新的具体工作要求,旨在进一步加强学校健康教育工作,培养学生的健康意识与公共卫生意识,掌握健康知识和技能,促进学生养成健康的行为和生活方式。2009 年,教育部和国家体育总局联合下发《关于开展全国青少年校园足球活动的通知》,在全国范围内开始开展校园足球活动。同时,全国各地区学校健康教育与心理辅导教育工作得到不断发展与完善。2011 年,教育部颁发了《切实保证中小学每天一小时校园体育活动的规定》,意在保证中小学生每天一小时校园体育活动,全面推进素质教育,促进学生健康成长,切实提高学生体质健康水平。

表 2-5　2006—2018 年主要青少年体质健康促进相关政策一览表①

序号	名称	发布单位(人)	发布时间
1	召开会议研究加强青少年体育工作	中央政治局	2006-04-23
2	《体育事业"十一五"规划》	国家体局总局	2006-07-11
3	《教育部关于 2005 年全国学生体质与健康调研结果公告》	教育部	2006-08-31
4	《关于进一步加强学校体育工作切实提高学生健康素质的意见》	教育部、国家体育总局	2006-12-20
5	《关于开展全国亿万学生阳光体育运动的决定》	教育部、国家体育总局	2006-12-21
6	修订《中华人民共和国未成年人保护法》	全国人大常委会	2006-12-29
7	批示:"增进青少年健康成长,是关系国家和民族未来的大事,需要各级党委、政府的高度重视和全社会的关心、支持"	胡锦涛	2007-01-07
8	《中国共产党第十七次全国代表大会上的报告》	中共十七大	2007-10-24

---

① 党权. 我国青少年体质健康促进政策历史变迁研究[D]. 南京:南京师范大学,2014.

(续表)

序号	名称	发布单位(人)	发布时间
9	《中央政治局会议纪要》	胡锦涛	2007-04-23
10	《关于全面启动全国亿万学生阳光体育运动的通知》	教育部	2007-04-29
11	《中共中央 国务院关于加强青少年体育增强青少年体质的意见》	国务院	2007-05-07
12	《阳光体育与奥运同行冬季长跑活动通知》	教育部、国家体育总局	2007-10-18
13	《国家学生体质健康标准》实施办法	教育部、国家体育总局	2008-05-13
14	《第二届全国亿万学生阳光体育冬季长跑活动方案》	教育部、国家体育总局	2008-09-20
15	《中小学健康教育指导纲要》	教育部	2008-12-08
16	《全民健身条例》	国务院	2009-10-01
17	关于实施《国家学生体质健康标准》的通知	教育部、国家体育总局	2010-02-20
18	《体育事业发展"十二五"规划》	国家体育总局	2011-04-01
19	《教育部关于2010年全国学生体质与健康调研结果公告》	教育部	2011-09-02
20	"切实保证中小学生每天一小时校园体育活动"电视电话会议	教育部	2011-09-14
21	《切实保证中小学生每天一小时校园体育活动的规定》	教育部	2011-07-04
22	《学校卫生监督工作规范》	卫生部	2012-09-24
23	《国务院办公厅转发教育部等部门关于进一步加强学校体育工作若干意见的通知（53号文）》	国务院	2012-10-22
24	《中小学心理健康教育指导纲要（2012年修订）》	教育部	2012-12-11
25	《中共中央关于全面深化改革若干重大问题的决定》	国务院	2013-11-15
26	《关于开展2014年全国学生体质与健康调研工作的通知》	教育部	2014-02-27

(续表)

序号	名称	发布单位(人)	发布时间
27	《实施中小学心理健康教育特色学校争创计划》	教育部	2014-03-18
28	《学生体质健康监测评价办法》	教育部	2014-04-21
29	《中小学校体育工作评估办法》	教育部	2014-04-21
30	《学校体育工作年度报告办法》	教育部	2014-04-21
31	《国务院关于进一步加强新时期爱国卫生工作的意见》	国务院	2014-12-23
32	《国务院关于进一步加强新时期爱国卫生工作的意见》的通知	教育部	2015-02-12
33	《中国足球改革发展总体方案》	国务院	2015-03-08
34	《关于加快发展青少年校园足球的实施意见》	教育部	2015-07-27
35	《国务院办公厅关于强化学校体育促进学生身心健康全面发展的意见》(27号文)	国务院	2016-04-21
36	《2016年全国青少年体育活动计划》	国家体育总局、教育部	2016-04-21
37	《国务院关于印发全民健身计划(2016—2020年)的通知》	国务院	2016-06-15
38	《"健康中国2030"规划纲要》	国务院	2016-10-25
39	《青少年体育"十三五"规划》	国务院	2016-12-27
40	《中国青少年体育发展报告(2016)》	国家体育总局	2016-12-27
41	体育总局办公厅关于印发《2017年青少年体育工作要点》的通知	国家体育总局	2017-03-03
42	体育总局 教育部 中央文明办 发展改革委 民政部 财政部 共青团中央关于印发《青少年体育活动促进计划》的通知	国家体育总局	2018-01-17
43	教育部等八部门关于印发《综合防控儿童青少年近视实施方案》的通知	教育部	2018-08-30

2012年,卫生部与国务院分别颁布了《学校卫生监督工作规范》与《国务院办公厅转发教育部等部门关于进一步加强学校体育工作若干意见的通知(53号文)》,为全面履行卫生监督工作职责,指导规范学校卫生监督工作,促进学校卫生安全提供了保障,进一步推动学校体育科学发展。同年,教育部颁布了《中小学心理健康教育指导纲要(2012年修订)》。2013年,中共中央、国务院在党的

十八届三中全会上颁布了《中共中央关于全面深化改革若干重大问题的决定》（简称《决定》），《决定》对学校体育工作做出了重要部署，明确提出"强化体育课和课外锻炼，促进青少年身心健康、体魄强健"的具体要求。[①]《决定》抓住学校体育的关键，明确了学校体育的重点是体育课和课外锻炼，目的就是促进青少年身心健康、体魄强健。这是继《中共中央 国务院关于加强青少年体育增强青少年体质的意见》颁布以来，党中央对学校体育工作提出的重要而明确的要求，对我国学校体育产生了重大而深远的影响。

2014年，国务院颁布《国务院关于进一步加强新时期爱国卫生工作的意见》，提出"加强青少年体育工作，着力提高青少年体质，在政策、措施上加大对青少年体质健康的扶持力度，学生在校期间每天至少参加1小时的体育锻炼活动"。同年，教育部又相继颁布了《关于开展2014年全国学生体质与健康调研工作的通知》《实施中小学心理健康教育特色学校争创计划》等政策。2014年4月21日，教育部又颁布了《学生体质健康监测评价办法》《中小学校体育工作评估办法》《学校体育工作年度报告办法》三个规范性文件。2015年，教育部颁布《国务院关于进一步加强新时期爱国卫生工作的意见》的通知，提出要将健康教育纳入国民教育体系，按照《中小学健康教育指导纲要》要求，以体育与健康课程为主要载体，保证健康教育课时安排，并结合其他相关课程、专题教育、板报宣传等落实健康教育内容，向学生普及健康知识，全面提高学生文明卫生意识和健康素养。同年国务院印发《中国足球改革发展总体方案》，开启了大力发展校园足球的工作。2016年，国务院颁发了《"健康中国2030"规划纲要》《国务院办公厅关于强化学校体育促进学生身心健康全面发展的意见》《国务院关于印发全民健身计划（2016—2020年）的通知》，进一步深化了我国青少年体质健康促进工作的系统开展，并提出了具体意见。同时，国家体育总局印发了《青少年体育"十三五"规划》的通知，提出加强青少年体育、完善青少年体育公共服务体系、强化竞技体育后备人才培养。2017年和2018年国家体育总局连续发文推进青少年体育工作。此阶段，智能手机、电脑等电子产品不断普及，加之应试教育导致的课业负担未有缓

---

① 新华社.中共中央关于全面深化改革若干重大问题的决定[J].学理论，2014，34(1)：4-12.

解,多重因素叠加导致我国儿童青少年近视率不断攀升,低龄化、重度化问题日趋严重。近视问题开始成为青少年体质健康中最突出的问题,被视为一个关系国家和民族未来的大问题。2018年8月28日,习近平总书记就青少年近视问题做出重要指示,要求"全社会都要行动起来,共同呵护好孩子的眼睛,让他们拥有一个光明的未来"。同年,教育部等八部门联合颁发了《综合防控儿童青少年近视实施方案》,要求各地切实开展近视防控工作。

此阶段我国青少年体质健康促进政策与改革开放之前阶段的政策相比发生了巨大转变,具体体现在以下几个方面:①政策的制定更加科学化、系统化。国内外许多先进的健康促进理念和经验被引入。如我国学校体育与健康课程标准的修订,其内涵与过去相比有了新发展:新课程立足以人为本的发展观,更加强调要促进学生身心全面发展,符合现代健康观念。并且新课程中增加了生命教育的新任务,增添了抗挫折教学内容和心理承受能力的新内容,更加注重对学生能力的培养。除此之外,大纲强调注重培养学生学习的主动性,尊重学生的差异性和主体性,以学生为主、老师为辅的教学方法,让学生掌握更多的科学锻炼方法,为终身体育思想观奠定基础。从教学目标的细化和扩大可以看出,我国学校体育目标的变动和发展符合政治、经济、文化、教育发展规律,迎合了时代的发展需要,学校体育由"增强体质"为社会主义建设服务,到"促进体质健康"以促进学生全面发展的这一过程,可以发现我国的青少年健康促进工作在不断地进步完善中。②体质健康促进政策的法治化建设得到强化。1993年以来国家相继颁布了《中华人民共和国教师法》《中华人民共和国教育法》《全民健身纲要》《中华人民共和国体育法》等重要法规,将学生体质健康促进工作纳入法治化建设轨道,法律形式的政策文本数量不断增加。甚至地方层面也制定了青少年健康促进的法律文件,如江苏省在2009年由人大立法颁布了《江苏省学生体质健康促进条例》。③政策文本立意强调改革思想。1993年,国家教委机构调整,合并艺术教育司和体育卫生司为体育卫生与艺术教育司,省、地、县的管理机构也做出相应调整;1998年,教育机构精简,转变职能。1994年的《中国教育改革和发展纲要》、1995年的《体育两类课程整体改革方案》、1999年的《关于深化教育改革全面推进素质教育的决定》、2000年的《2001—2010年体育改革与发展纲要》、2001年的《关于基础教育改革与发展的决定》、2002年的《关于进一步加强和改进新时期体育工作的意见》、2006年的《关于进一步加强学校体育工作切实提高学生健康素质的意见》和2007年的《中共中央 国务院关于加强青少年体育增强青少年体质的意见》等一系列和青少年体质健康有关政策中都透露出较强烈的改革意图。此时期的青少年体质健康促进政策是改革发展的重要内容。④政策执行得到重视。国家在颁布一系列青少年体质健康促进工作政策文件同时，还围绕着健康促进工作，开展了许多健康干预项目，比如健康促进学校的创建，后期阳光体育活动和校园足球的开展，通过健康促进项目的形式，促进学生体质健康的发展，推动政策的有效落实。此外，为了贯彻落实中央政策文件，在开展健康项目的同时还建立一系列配套机制。如从2013年起，教育部开始开展《国家学生体质健康标准》上报数据抽查复核工作。国家为了全方位做好青少年体质健康促进工作，采取了一系列综合性的举措。本时期我国青少年体质健康促进工作进入快速推进期。本时期，与青少年体质健康促进的相关政策总计43项（表2-5），其中中共中央、国务院、团中央、各部委以及时政媒体发出的通知、条例、建议、评论类的共有19项，国家领导人及相关部门负责人的建议、讲话、报告、书信类的共有7项。国家体育总局的通知、办法、意见和规定类的共有5项。具体类政策12项。但是由于科学技术的飞速发展，社会经济水平的不断提高，以及生产生活方式的改变，而造成的体力减少严重威胁着人们的身体健康；同时应试教育导致学生的健康问题日益突出。尽管此时期我国已出台了很多健康促进政策，但是几十年来青少年体质健康下滑的趋势还没有得到根本的遏制，政策执行的效果仍然不够理想。

第二节　我国青少年体质健康促进的政策过程

《渥太华宪章》认为"健康促进是指促进人们提高和改善其自身健康的过程"。青少年体质健康促进工作包含的内容繁多，为了加强青少年体质健康促进工作，不仅要做好常见疾病防御工作，还要做好青少年的体育锻炼、社会适应能力、健康心理疏导等工作。如果说健康促进是一个动员全社会力量包括个体、家庭、社会、国家乃至国际社会在内的各种力量和资源来促进人们保持健康的过程,那么在中国,这一过程则主要通过国家或者说是通过政府制定的政策来达到的。政策是政党和政府用以规范、引导有关机构、团体和个人行为的准则或指南。其表现形式有法律、规章行政命令、政府首脑的书面、口头声明和指示以及行动计划与策略等[①]。青少年体质健康促进政策的形成是一个复杂的动态过程,政策实践的动态性和复杂性决定了政策治理过程的随机性和复合性。作为一项政策过程,从政策学的视角可将青少年体质健康促进政策治理过程划分为政策制定阶段、政策执行阶段与政策评估阶段三个部分。目前,我国青少年体质健康促进工作多数以政策的形式开展,自上而下地实施落实,由国务院、教育部、国家体育总局、卫计委等政府部门制定颁布政策,再由地方各级政府执行实施并评估政策,从而完成整个青少年体质健康促进系统工作。结合我国青少年体质健康促进工作的实际特点,本研究从青少年体质健康促进政策制定、政策执行以及政策评估这三个方面来分析我国青少年体质健康促进政策过程。

一、青少年体质健康促进政策的制定

(一) 我国青少年体质健康促进政策的制定主体与基本程序

青少年体质健康促进政策的制定过程是国家政治系统对社会利益结构中各方利益主体利益的发现、确认、协调、分配和最终确定过程。健康促进政策制定主体在政策制定过程中,发挥着举足轻重的作用。在我国现阶段的政策制定过程中,中国共产党是各级政策制定的核心主体,基本的大政方针要由各级党组织制定[②]。青少年体质健康促进政策制定过程中,政策制定的主体不仅有党中央和国务院,还有教育部、国家体育总局、卫计委、共青团中央等机构。

[①] 张金马. 政策科学导论[M]. 北京:中国人民大学出版社,1993:17.
[②] 胡伟. 政府过程[M]. 杭州:浙江人民出版社,1998:254-255.

我国青少年体质健康促进政策的制定过程本质上是一个对健康促进各方利益进行选择、综合、分配和落实的过程。其过程大致包括以下程序：一是有针对性地提出健康促进政策问题。根据当下青少年体质健康面临的困扰和需要解决的问题，提出需要出台或修订的健康促进政策内容。一般来说，提出政策问题的主体为各级党委政府及所属职能部门。二是准确定位政策目标。一般通过党政机关及青少年学生体质健康促进职能部门深入调查研究相关情况，在此基础上确定合理可行的健康促进政策目标。三是初步设计政策方案。根据青少年体质健康促进政策目标要求初步设计政策方案，这是深入研究学生体质健康问题、寻求问题解决办法和途径的过程，这一过程大多由相关党政部门组织进行。四是系统论证政策方案。对现有的健康促进政策方案的利弊与可行性进行多方面深入研究分析。一般通过征求政府相关部门、人大代表、政协委员和健康促进专家学者及社会各界代表意见的方式进行。[1] 五是逐步完善政策方案细节。对现有青少年体质健康促进政策方案的不足和缺失通过二次调查和信息反馈等途径逐步进行修改和完善。六是履行政策出台程序。一般以各级政府常务会议或党委常委会议研究讨论的方式确定。

（二）我国青少年体质健康促进政策制定的特点

1. 政策制定主体的权威性

政策制定主体的权威性是指政策制定主体在国家政府机构中所处于的公共权力层次，及其在目标群体中所拥有的法定权威认可程度。[2] 在我国政策制定主体的权力级别与权威性成正比，也就是说制定主体的级别越高，权威性就越高，政策本身也越容易得到目标群体的认同。我国政策是一个"自上而下"的运行模式。那么，一项政策的出台会受到国家的高度重视，党和政府将会集中力量办大事。因此，政策的影响力大大提高，全国人民都会参与进来。如教育部在 2015 年 1 月 27 日发布《关于成立全国青少年校园足球工作领导小组的通

---

[1] 王毓江. 充分发挥各类社会利益主体在公共政策制定中的作用[J]. 中共合肥市委党校学报, 2014(3):9-11.

[2] 邱林. 利益博弈视域下我国校园足球政策执行研究[D]. 北京:北京体育大学, 2015.

知》后,校园足球迅速在全国开展起来,地方根据中央的要求,相应制定出积极促进校园足球开展、提高青少年体质健康的政策和方案,并积极投入实施中。因此,中央的号召力有力地推动了政策的实施。

2. 政策制定的民主性

随着社会群体民主意识和政治参与程度的加深,在青少年体质健康促进政策制定过程中,民主程度和范围都有很大发展。当下,学生体质健康问题日益突出,学生体质健康已受到社会的广泛关注,保障学生的健康利益是健康促进政策制定的逻辑起点。因此,广泛的公民参与是保证青少年学生体质健康促进政策公正性和科学性的基石和保障,这也是由我国的国体、政体、国情综合决定的。随着我国改革的不断深入,我国青少年体质健康促进政策的制定呈现出集权走向分权的态势,民主化程度越来越高。例如,我国学校体育课程改革,1979年由国家教委颁布的《全国普通高校体育教学大纲》要求全国所有高等学校都必须在《全国普通高校体育教学大纲》统一的规定下严格行事,然而在实施过程中发现,其实《全国普通高校体育教学大纲》的有些内容并不适用于所有高校,但必须按要求严格执行。随着经济体制改革的深入,国家慢慢扩大了大学的民主权和自主权,1992年国家教委颁布实施的《全国普通高等学校体育课程教学指导纲要》就明确提出"各省、市、自治区教育行政部门可根据本《全国普通高等学校体育课程教学指导纲要》制订适合本地区高校使用的指导性教学大纲……学校应根据本《全国普通高等学校体育课程教学指导纲要》和本校实际情况制订教学大纲"。[①] 这就意味着各省、市、自治区可以依据《全国普通高校体育教学大纲》要求制定适合该地区的教学大纲和教学内容。这些条文都说明国家在青少年健康促进政策制定中管理权力在不断下放,更加注重均权化和民主化的发展。

3. 政策制定的连续性

我国健康促进政策制定还具有"螺旋循环"的连续性特征。首先政策制定者是自上而下地通过体制内系统程序向社会各界广集建议,调动社会智能,再

---

① 尹小兰. 改革开放以来我国大学体育课程政策研究[D]. 长沙:湖南师范大学,2012.

通过自下而上的建言献策这种上行模式把社会利益的呼声传递给政策资源的整合者。在政策执行中,我国政策主要还是采用政府行政机构"自上而下"的单向逐级推行的方式。健康促进政策的连续性发展在我国的青少年体质健康促进政策制定历史发展中有着诸多体现。例如自1985年的第一次全国学生体质健康调研到2014年已经进行了七次全国学生体质健康调研;现今的国家体育锻炼标准制度是在《劳卫制》、《国家体育锻炼标准》四次修订(1982年、1989年、2003年、2013年)、《大、中、小学生体育合格标准》、《学生体质健康标准》等的基础上得以确立的。

4. 政策制定的区域化

我国是一个多民族、多区域的国家,不同的文化背景、自然条件构成不同的区域特征。不同的政策制定者、不同的区域情况以及不同的政策制定立场使得我国青少年健康促进政策制定充满了区域化特征。为响应"增强青少年体质健康,加强学校体育建设"的号召,不同的地区制定的政策也是不同的。例如,在推进青少年健康促进工作中,上海市依据地区经济优势,提出"整体谋局实现转型发展"的政策目标,将"学生健康促进工程"列为"对学生终身发展和增强教育服务经济社会发展能力具有重要支撑作用的"10项"重点发展项目"之一。对学校体育进行了全方位的规划,提出了八大行动计划,从课程、活动、师资、经费、政策等各方面全面推进学校体育工作的开展,改变了以往体育偏重于组织竞赛、活动的片面做法。而广西壮族自治区在经济上并没有优势,在体育场地器材缺乏、师资短缺、发展资金投入缺少的条件下,广西学校的体育工作没有消极作为,而是积极打造民族体育特色教育,因地制宜推行阳光体育运动。突出特色,努力打造民族体育特色教育。如今,抛绣球、板鞋竞走、滚竹环、竹竿舞、打陀螺等流行于广西少数民族地区的运动,不仅出现在少数民族地区,还进入了其他城市和农村各级各类学校的体育课堂。河南省则结合河南实际,启动实施小学生"曙光"、中学生"晨光"、大学生"华光"的体育运动计划,组织开展每天两个大课间体育活动,落实中小学生每天一小时校园体育活动规定,并把大课间体育活动纳入学校课程,列入学校总课程表,实行课程化管理。江苏省把"健康第一"作为指导思想,设计"四大制度"如下:①法律制度。《江苏省学生体质健康促进条例》明确各级政府是学生健康促进的责任主体,对各项工作提出明确具体的要求。②监测制度。制定大一新生学生体质健康监测制度和全省学生体质健康监测制度。③评价制度。设有体育中考和高中学业水平测试。④体教结合联席会议制度,议定学校体育改革发展中的重大事项。政策制定区域化的特征是政策制定求实性追求的具体体现。

(三) 我国青少年体质健康促进政策制定的优点

1. 政策制定的客观性

健康政策的制定都是基于客观事实、本着实事求是的态度。政策制定的依据是当前社会所出现的普遍公认的现实问题。中华人民共和国成立以来,我国青少年体质健康问题并不是一成不变的。新中国成立初期,针对全国经济水平滞后、温饱问题难以解决,国家为提高青少年体质健康,制定一系列大力发展国家经济、提高人民生活水平、改善人民生活条件的健康促进政策,如 1950 年教育部颁布的《小学体育课程体育暂行标准(草案)》和 1951 年颁发的《关于改善各级学校学生健康状况的决定》等。随着我国经济的快速增长,改革开放以后,人民生活水平普遍提高,此时,影响青少年体质健康的原因不再是温饱问题,而是青少年缺少身体锻炼、忽视了体育重要性、应试教育、生活方式等问题,为此国家制定了《关于保证中小学每天有一小时体育活动的通知》《切实保证中小学每天一小时校园体育活动的规定》、新的体育课程标准等一系列新政策来解决青少年体质下滑等问题。

2. 政策制定的求实性

"实事求是,一切从实际出发"是我国青少年体质健康促进政策制定过程中呈现出的一大优点。即政策的制定过程遵循着从客观到主观,从物质到精神,从实践到认识,从个性到共性的规律。"中央 7 号文件"以及"阳光体育"、"校园足球"等重大健康政策的制定并不是凭空造出来的,而是立足于客观问题,制定出解决问题的方案。例如,《全国普通高等学校体育课程教学指导纲要》中选编体育课程教材的原则就明确指出"坚持社会主义的教育目标、从实际出发、注重实效、具有科学性和系统性、汲取世界优秀体育成果与继承弘扬我国民族传统体育相结合、理论与实践相结合及符合《大学生体育合格标准》的要求"[1]。其中"从实际出发、注重实效"就体现了课程内容的设置要从学校、学生的实际情况出发,才能起到为学校服务、促进学生发展的积极作用。在健康促进政策制定过程中呈现出"没有调查就没有发言权"的特点。政策制定过程是从调查到研究再到决策的过程,是运用"蹲点调查、解剖麻雀"的方法概括出一般结论的过程。正是在这样的政策逻辑框架下,我国政策制定过程中带有明显的求实性特征。

3. 政策制定的科学性

制定一项政策必定有其存在的意义和价值。这就要求在政策制定中要遵循科学发展观,顺应社会发展规律,并且其政策目标、内容要具有合理性,不能脱离群体本身。我国在制定青少年体质健康政策中遵循科学性、合理性原则。1995年国务院颁布《全面健身计划纲要》,这一政策立足于广大人民根本利益,符合我国社会发展的客观需要;同时大力发展全民体育也顺应了大众体育发展的国际化潮流。《全面健身计划纲要》的实施以及《全面健身计划纲要》第二期工程的启动,2002年的《关于进一步加强新时期体育工作的意见》,2009年的《全民健身条例》、2011年的《全民健身计划(2011—2015年)》等一系列政策的制定,都是为了全面提高国民体质和健康水平,以青少年儿童为重点,倡导全民做到每天参加一次以上的体育健身活动。青少年和儿童作为国家未来发展的栋梁和后备人才,健康的体魄是投身于国家建设的基础和保障。把青少年和儿童作为全面健身计划政策的重点,其目标是合理的,更是科学的。

学校体育教育是青少年参与体育活动、加强健康锻炼的重要保障,那么相关学校体育政策的制定就更要确保内容的科学性、合理性。"体育课教学应遵循学生身心发展规律,教学内容必须符合学生年龄、性别特点和所在地区地理、气候条件",这是我国《全国普通高等学校体育课程教学指导纲要》中提出的明确要求,其中强调遵循学生发展规律,注重合理化教学方式。除此之外,在《学校体育工作条

---

[1] 中华人民共和国教育部.全国普通高等学校体育课程教学指导纲要[EB/OL]. http://old.moe.gov.cn//publicfiles/business/htmlfiles/moe/moe_28/201001/80824.html.

例》《体育与健康课程标准》等政策的制定中,都强调"以育人为宗旨"的科学思想,凸显以人为本的价值取向①,关注青少年身心的科学化、合理化发展。

4. 政策制定的全面性

中华人民共和国成立以来,提高青少年身体素质一直是我国健康教育的首要目标。随着政策的改革和教育的深化,我国青少年健康政策也在逐渐完善。现今我国青少年健康促进政策体现出全面化发展的特点。我国学校体育一直把增进学生体质作为教学目标,但在改革开放以后,这一目标有了更进一步的深化。在"健康第一"的指导思想下,增强体质健康依然是我国青少年健康教育的主要目标之一,但是除了增强身体素质之外,更应注重学生身体、心理和社会适应能力的全面协调发展。从体质健康发展到对学生生理、心理和社会健康的全面发展。这意味着我国青少年健康促进政策制定的工作不再是某一部门的工作,而需要中共中央、教育部、国家体育总局、卫计委等部门共同协作。为全面推进我国青少年体质健康工作,我国相关部门制定了一系列政策。如教委、体委、卫生部联合制定《全国学校体育卫生工作会议报告》;教育部、国家体育总局、共青团中央联合制定《关于"全国学生体质健康标准推广活动"的通知》;教育部、国家体育总局制定《关于进一步加强学校体育工作切实提高学生健康素质的意见》;卫生部颁布《关于印发〈全国健康教育和健康促进工作规划纲要(2005—2010年)〉的通知》。再如,2016年中共中央、国务院印发的《"健康中国2030"规划纲要》,提出将健康融入一切政策之中,推进健康中国建设,提高人民健康水平,逐步实现健康中国的伟大梦想。改革开放以来,特别是21世纪以后,我国青少年体质健康管理工作理念发生了重大转变,在政策制定中更能体现全面性、完整性的特征。

(四) 我国青少年体质健康促进政策制定中的问题

1. 政策制定的理论性不足

欧美等发达国家的青少年体质健康促进工作在具体实施中受到多种健康

---

① 党权.我国青少年体质健康促进政策历史变迁研究[D].南京:南京师范大学,2012:44.

促进理论模式的指导,无论是个体水平和人际水平的行为改变理论,还是群组与社区的健康促进理论,无不发挥着其重要作用。然而,当下我国的青少年体质健康促进在政策制定中却很少与健康促进的各种理论相结合,大多以直接经验为主导。

诸如健康促进的行为改变理论、健康促进传播理论、群组与社区的健康促进理论等很少在我国的青少年体质健康促进政策中有所体现。作为社会公共事务的青少年体质健康促进在长期缺乏理论指导的前提下,势必会出现各种困扰健康促进工作顺利开展的各种现实困境。例如,在所有体质健康促进的理论模型中,健康促进的生态学模式理论作为一种行之有效的方法策略,其阐述了促进人类健康应当以对各种环境和个人因素之间的相互动态作用的理解为基础,生态学模式强调人的行为受到个体、社会、文化以及物质社会的影响,而这些因素又通过相互之间的竞争作用,从而在多个水平上影响人的健康促进行为。然而,在我国的健康促进政策制定中却长期忽略了生态理论中的利益主体竞争的观念,这也导致在健康促进政策制定中缺乏对各利益主体各自利益的充分考量。

2. 政策制定缺乏对各方利益的充分考量

当前,我国的健康促进政策制定缺乏对各方利益的充分考量。市场经济背景下的利益划分总是伴有强势利益群体与弱势利益群体的存在,作为政策决策者的强势利益集团总是能够影响甚至操纵青少年体质健康促进政策,尤其体现在政策的制定方面,健康促进政策制定方面,表现为有些政策理应制定,却因为强势利益集团的干预而迟迟难以出台。作为强势群体的学校、教育部门和地方政府对健康促进政策制定有较大影响,并由此获得各自利益,而弱势群体学生的健康利益在健康促进政策形成中往往被边缘化,此种局面的形成与中国现阶段特殊的社会竞争机制有着密不可分的关联。从政治行为过程来看,健康促进政策是多数群体寻求进入公共权力的相对平衡的结果,利益群体在参与健康促进政策的过程中强烈地要求向公共政策系统表达自己的意愿,使健康促进政策能够更充分地代表自己的利益。然而,在政策制定中,政府部门也是一个利益主体,同样存在对自身利益的追求,从政府角度考虑,博弈的动力是出政绩,受传统发展观的影响,中央政府对各地方政府的政绩评估长期以来偏重于以经济增长的GDP为依据，因此，各地方政府在健康促进政策的博弈中更多采取的是"上有政策，下有对策"的所谓"灵活"处理方式，在地方发展的重点工作上会有意识地偏向于发展经济，而不是工作周期长、效果缓慢的学生体质健康促进。

3. 政策制定中领导者能力不足

领导者在健康促进政策制定的过程中起着重要的决策作用。现实中，存在着领导者能力不足导致政策失败的现象。在健康促进政策制定中，领导者自身并没有深入了解问题，全面掌握专业信息，仅为了迎合社会需要，满足个人利益需求，不能够站在所有利益相关者的立场上来考虑问题，这就导致制定出来的一些政策往往是带有强迫性质的，要通过强迫的手段让人们顺从，这样的政策后果可想而知。责任意识不强，有的甚至置人民利益于不顾，只从自己的利益出发，使得政策制定趋于功利化。例如：我国"阳光体育运动"政策已在我国广泛实施，但是从2011年各省上报的总体情况看，各省实施的情况与"阳光体育运动"政策的目标相差甚远。这就和政策制定者有着直接关系。政策制定者对政策本身应该具有正确的认知、客观的评价，才能制定出长远发展的政策。然而在现实中，有些政策制定者存在着自身能力不足的问题，理论水平和政策水平的不足导致对"阳光体育运动"的政策制定的价值、功能和意义缺乏正确认识，往往没有从青少年体质下滑的根本问题出发，导致政策制定中出现偏差，直接影响了政策执行和实施。因此，政策制定人员的政治思想道德素质、心理素质和专业知识能力素质的优劣决定着他们能动性发挥的大小，极大地影响着政策制定的正确性和科学性。

4. 政策制定协调性不高

青少年体质健康促进政策制定协调性不高，主要体现在各个部门在政策制定中相对独立，政策和政策之间并没有紧密联系。这导致一些政策之间存在矛盾，这样的冲突为接下来政策的执行工作带来很大困扰和阻碍。如阳光体育政策系统是作为一个有机整体而存在的，要求各项阳光体育政策之间具有高度协调性，否则，各种体育政策如果彼此之间产生冲突，乃至相互抵触，那么整个阳光体育政策的系统结构就会发生紊乱，政策的实际功能就难以发挥。目前，"阳光体育"《国家学校体育卫生条件试行基本标准》以及《中小学体育工作督导评估指标体系试行》等配套政策,加之原有的《国家学生体质健康标准》《初中毕业升学体育考试方案》等,逐渐形成了"阳光体育"政策的配套方案或相应的制度规范,这些都为"阳光体育"政策的可操作化、细化和阳光体育工作的深入开展奠定了基础。① 但从各省、市实际执行的阳光体育政策来看,由于全国各地经济和社会发展的不平衡性,学校健康教育的实际需求不同,导致我国健康教育与健康促进工作没有统一的规范和标准,部分政策内容相对滞后,存在着机构设置规划不到位,管理制度不够健全、规范化程度不够,农村健康教育资源缺乏,城市健康教育规划明显滞后于人口增长水平等情况②。加之多数政策是由当地政府自己制定与颁布的,这种现象不利于阳光体育政策整体系统的协调性,也不利于国家阳光体育政策的效度和效力的发挥。

5. 政策制定监控力度不够

健康促进政策制定过程中监控力度不够一直是困扰我国青少年体质健康促进政策过程的一大难题。我国目前的政策监控系统还处在发展和完善的阶段,仍存在诸多不足,例如:政策过程只注重政策执行、评估的监控,往往忽视了对政策制定的监控。政策监控是政策制定过程中不可或缺的环节和手段,只有实行有效的政策监控,才能防止政策失真,以及依据变化了的客观情况对该政策进行及时的调整和完善。因此,在政策制定过程中必须建立有效的监督机制。当前我国青少年健康促进政策制定过程中监控还很不到位,主要表现在对政策制定过程中监控的主体的单一性。我国青少年健康促进政策制定体制中应该既有上对下的监督、平行级之间的监督,也应该有下对上的监督。而现实中只有上级对下级的监督,其他两个方面的监督缺乏。除了内部的上级的监督以外,外部监督更加缺乏,没有真正发挥出新闻媒介和公众等应有的监督作用。

二、青少年体质健康促进政策的执行

青少年体质健康促进政策执行是指各级行政机构及其行政人员,依据学生

---

① 曲志磊. 南京城区中学阳光体育政策执行情况的调查与分析[D]. 南京:南京师范大学,2014.
② 梁博. 我国健康教育与促进政策存在问题与应对措施研究[D]. 兰州:兰州大学,2012:20.

体质健康促进政策的目标,运用各种政策资源,把健康促进政策在各种实践活动中加以贯彻、落实和推行、实施的全过程。政策执行是将政策目标转化为现实的唯一途径,美国政策学者艾利斯认为,在实现政策目标的过程中,方案确定的功能只占10%,而其余90%的功能取决于政策的有效执行[①]。对青少年体质健康政策过程而言,政策执行是其中的核心环节,对政策效果起着决定性作用。"上有政策,下有对策",政策执行阶段是各方利益冲突最为激烈的阶段,充满着复杂的利益博弈。在我国青少年体质健康促进工作中,"囚徒困境"之类的诸多问题集中地体现在此阶段。

(一) 我国青少年体质健康促进政策执行主体与执行方式

政策执行主体是指在政策执行过程中,负责落实政策的目标、措施的人和组织,主要包括政策执行者和政策执行组织。如果政策制定出来后,没有相应的执行组织和执行者去具体落实,那么政策目标的实现只能是一句空话。在我国的行政体系中,大部分行政机关及工作人员都属于公共政策执行主体的范畴。从根本上说,公共政策执行主体的一切公共行政行为,都必须符合和有利于公民的意志、利益和需求,都必须对公民承担责任[②]。目前,我国青少年体质健康促进政策的执行主体由各级政府相关职能部门、学校、社区、家庭和少数社会专门性组织等组成。

合理、有效的健康促进政策执行手段是解决政策问题、实现政策目标的重要途径,同样是检验政策方案正确与否的唯一标准,并为后续相关的决策提供基本依据。目前,在我国的青少年体质健康促进政策执行的过程中常见的执行方式有以下几种。①行政手段:作为健康促进政策执行最主要的手段,依靠行政组织的权威性,采用行政命令、规定及规章制度等方式统筹青少年体质健康促进实施政策的方法。如2012年由卫生部颁布的《学校卫生监督工作规范》,要求各级学校在校园卫生方面提出了各种必须执行的学校卫生制度、规范等,

---

① 陈振民.政策科学:公共政策分析导论[M].北京:中国人民大学出版社,2004:160.
② 胡宁生.现代公共政策研究[M].北京:中国社会科学出版社,2000.

其特点是:直接性、权威性与强制性。②经济手段:是指政策执行者根据社会客观经济规律和物质利益原则,利用各种经济手段调节健康促进政策执行过程中的各种不同经济利益之间的关系,以促进健康促进政策顺利实施的方法。如《"健康中国2030"规划纲要》中提出到2030年,学校体育场地设施与器材配置达标率达到100%,各级政府要充分保证学校体育的专项资金投入。其特点是:间接性、有偿性、关联性。③法律手段:是指国家行政机关通过各种法律、法规、法令、司法、仲裁工作,特别是通过行政立法和司法方式来调整政策执行活动中的各种关系的方法,如国家相继颁布的《中华人民共和国义务教育法》、《学校体育工作条例》和《体育法》等都是健康促进政策执行法律手段的具体体现。其特点是:权威性、强制性与规范性。④思想教育手段:健康促进政策执行中通过制造舆论、协商对话、说服教育、批评表扬等引导人们贯彻健康促进政策的方法。如《国务院关于印发全民健身计划(2016—2020年)的通知》,提出加强学校体育教育,将提高青少年的体育素养和养成健康行为方式作为学校教育的重要内容,保证学生在校的体育场地和锻炼时间,把学生体质健康水平纳入工作考核体系,加强学校体育工作绩效评估和行政问责,对学校健康促进工作实施批评与表扬的手段。这突出了健康促进政策执行的引导性与人本性。

(二) 我国青少年体质健康促进政策执行的特点

1. 政策执行的阶段性

我国的青少年体质健康促进政策执行具有明显的阶段性特点,分为政策执行的准备阶段、政策执行的实施阶段与政策执行的总结阶段。政策执行的准备阶段的主要任务,首先是要加强对健康促进政策的认知,理解健康促进政策的实质,分清政策的界限。其次是制定健康促进政策执行计划,计划要实事求是,切实可行,具有适应环境变化的弹性和灵活性,并能够兼顾各方面的利益关系。最后要注重组织准备,确定健康促进政策执行的机构,如常设机构和临时机构;确定健康促进的执行人员,并建立有效的制度配套系统。健康促进政策执行的实施阶段是实现政策目标的关键环节,与我国渐进主义政策模型基本一致,可分为宣传、试验与推广。健康促进政策宣传有利于统一人们的思想认识;健康促进政策试验是根据目标群体和政策适用范围的实际情况,选择具有代表性的局部地区试行政策的方法;最后才是健康促进政策的全面推广。健康促进政策执行的总结阶段同样具有重要作用,包括政策执行的监测与政策执行的再决策。政策执行监测是对政策执行情况进行监控和"紧急救险"的过程。政策执行再决策是指执行主体在执行过程中,根据信息反馈对现行政策方案所进行的补充或修正。

2. 政策执行对象的适用性

政策执行中所谓对象的适用性,简单地说,就是指健康促进的相关政策有明确的适用对象和适用范围。健康促进政策准确地表达了其适用范围是青少年,其目标是促进青少年的体质健康。严格地说,政策执行对象的适用性是指政策的时间效力、空间效力和政策对人的效力。例如,近几十年来我国青少年体育工作中存在的问题和青少年体质下降的状况引起国家的重视和社会的关注,针对于此,中共中央、国务院于2007年5月7日发出《关于加强青少年体育增强青少年体质的意见》。这个文件是中华人民共和国成立以来党中央国务院第一次就加强青少年体质健康和体育工作下发的重要文件。中央7号文件的颁发为学校体育事业发展提供了前所未有的机遇,同样也对传统体育教育提出了新的挑战。中共中央、国务院政策颁发以后,教育部联合国家体育总局、共青团中央等多部门采取了强有力的措施,推动中央7号文件的贯彻落实和全国亿万学生阳光体育运动的广泛开展。[1]

3. 政策执行的时限性

健康促进政策执行的时限性指健康促进政策在执行中每一步骤和环节都严格按照执行进程和执行的时间要求完成。政策执行的时限性为执行部门和执行主体制定了统一化的时间标准,避免出现执行随意化、延迟化和表面化的不良现象。从而使健康促进政策执行行为在时间上连贯和衔接,避免行为各环节的中断。例如《"健康中国2030"规划纲要》提出,到2030年学校体育场地设施与器材配置达标率达到100%,青少年学生每周参与体育活动达到中等强度

---

[1] 杨贵仁.中央7号文件实施5周年的回顾与展望[J].首都体育学院学报,2012,24(3):196-199.

3次以上,国家学生体质健康标准达标优秀率25%以上。这就是我国青少年体质健康促进政策执行时效性特点的突出表现形式。

(三) 我国青少年体质健康促进政策执行的优点

1. 政策执行的灵活性

健康促进政策的环境具有复杂性特征,其客观条件具有多变性,因此政策制定者在设定好基本框架和原则后,健康促进政策目标任务的完成主要是由政策执行部门去完成的。因此在实现健康促进政策既定目标的过程中,政策执行具有一定的自主权和主动权,可以采用多元化的执行方式。在健康促进政策执行过程中,各地方和各部门有效结合本地区、本部门的特点,制定切实可行的政策方案。除了召开会议以不断重新和深入地认识政策,教育部还制定了一系列的文件以保障政策的可操作性。如:2007年6月4日,教育部下发了关于学习贯彻《中共中央 国务院关于加强青少年体育增强青少年体质的意见》。2007年4月4日,教育部、国家体育总局在认真总结各地试行工作的基础上,根据新的形势,对《学生体质健康标准》进行了修改和完善,下发了《国家学生体质健康标准》。2008年6月9日,教育部、卫生部、财政部联合下发了《国家学校体育卫生条件试行基本标准》。2011年7月8日,教育部下发了《切实保证中小学生"每天一小时"校园体育活动的规定》。

2. 政策执行过程的动态性

健康促进政策执行由一系列活动构成,它是一个思想和行为需要不断变化、不断调整的过程。根据具体情况和变化了的条件以及反馈的信息不断地改变、修正和调整原定的执行策略、计划和程序,这也是政策执行过程中在所难免的现象,而且这种不断的调整和变动会贯穿于政策执行的全过程。2010年6月28日至29日在西安举行的"阳光体育大会",是最后一次以推进会形式召开的阳光体育大会。2011年6月18—20日,由教育部和重庆市人民政府共同主办的"心手相连、健康成长——2011年全国学生阳光体育展示活动"在重庆市举行。在三次阳光体育推进会之后,阳光体育运动的推进形式变得更加丰富和多元化,结合不同时期、不同地域,以各具特色的主题形式展开,使阳光体育运动开展更富有时代感、更符合学生需求。

3. 政策执行的协调适应性

健康促进政策执行是各种政策要素在空间上的分配、重组、展开和运动的过程,其中任一要素的发展变化以及各要素的分配方式、比例、组合结构等变化都会直接影响到整个政策执行的进程,它反映了政策执行在空间上所具有的协调性。教育部作为学校体育工作的全国性主管机构,在落实中央 7 号文件工作中起着全局把握和局部协调的关键作用。教育部从召开各级各类会议推进基层对中央 7 号文件的认识和理解,到制定各类文件保证中央 7 号文件在基层执行中的可操作性和保障中央 7 号文件执行中因地制宜,再到最基层的教师培训,层层递进地使中央 7 号文件精细化和可操作化,保障了中央 7 号文件在学校体育工作中的顺利执行与落实。

(四) 我国青少年体质健康促进政策执行中的问题

1. 政策执行尺度和角度失当

健康促进政策执行尺度失当是指政策主体在政策执行过程中,没有把握好执行程度和政策权限而造成政策的偏差。主要表现在两个方面:一是附加执行,表现为健康促进政策执行尺度过宽,甚至在执行过程中增加有利于自身利益的内容,对政策目标盲目扩大,致使原有政策目标难以实现,从而形成政策偏差。二是选择执行,表现为执行尺度减小,这种行为导致政策的整体目标很难实现,形成政策偏差。例如在"阳光体育运动"政策执行过程中,主要表现为执行尺度减小,甚至存在有意识的"趋利避害"行为。健康促进政策执行角度偏离是指执行主体在政策执行过程中偏离了政策执行应有的方向和角度,造成政策执行的偏差。在"阳光体育运动"政策执行过程中,常常因执行主体的价值观以及对"阳光体育运动"政策的认识不同,导致对政策的执行出现明显的偏离现象。

2. 政策执行主体素质偏低

根据政治与行政二分的原则,公共政策执行主体应遵循"价值中立"原则,作为工具理性人存在。但是,健康促进政策执行者作为社会人在具体实践中受到各种因素影响,在健康促进政策执行中往往掺杂个人偏好色彩,这主要与政策执行主体的自身素质和执行能力有关。政策执行主体的受教育程度、执行能力、知识结构等对健康促进政策执行的顺畅与否产生重要影响。政策执行者对政策的认同、对政策执行行为的投入、对工作的负责程度、较高的政策水平和管理水平是政策得以有效执行的重要条件所在。[①] 我国的青少年体质健康促进政策的有效执行是建立在执行主体对政策认同的基础上的,执行主体的认同度直接影响着政策执行目标的实现。政策执行主体如果对政策执行产生厌烦、冷漠、抵触等情绪会严重影响政策执行效果,进而对政策目标的实现造成阻挠。现阶段,我国的公共政策执行主体的整体受教育程度还比较低,对政策的认知程度有限,政策执行观念相对落后,加之受传统的"官本位"思想影响,执行主体服务意识淡薄,政策执行中的人治色彩严重。健康促进政策执行主体的自身素质和执行能力不高容易使具体的健康促进政策执行出现偏差,不利于政策目标的实现。

3. 政策执行缺乏有效监督

健康促进政策执行缺乏行之有效的监督同样是目前我国青少年体质健康工作的一大难题。政策颁布后缺少正式的法律条文加以监督、控制,这也使得各地方政府为谋求自身利益有了各自发挥的空间,"上有政策,下有对策"的灵活实施方式带来了更多拖延或敷衍政策执行结果[②]。当前,我国虽然建立了比较完善的教育行政检查体系和学校督导制度,但健康促进政策在执行中仍然存在较大的问题。首先,政府没有授予监管机构以实际权力;其次,监管机构本身的科学性和专业化程度不高使其没有能力行使权力。具体操作中,多数以下发文件或通知的形式进行检查,而文件或通知的形式通常比较模糊,不具有可操作性,使得监督工作很难落实。就如在中央7号文件中就明确规定要"建立对学校体育的专项督导制度,实行督导结果公告制度,健全学生体质健康监测制度,定期监测并公告学生体质健康状况"[③],但在实施

---

① 陈振明.政策科学[M].北京:中国人民大学出版社,1998:318.
② 杨成伟.青少年体质健康政策的有效执行路径研究[J].体育科学,2014,34(8):56-63.
③ 中华人民共和国教育部.国务院关于加强青少年体育增强青少年体质的意见[EB/OL].http://www.moe.edu.cn/publicfiles/business/htmlfiles/moe/moe_1778/200710/27692.html.

过程监督检查的工作并没有真正发挥起作用，导致最终实践中的效果并不佳。

4. 政策执行的趋利性导致政策执行力不足

当下，我国的青少年体质健康促进政策执行中存在执行力不足的问题。健康促进政策执行主体在具体实践中没有将政策转化为实效性的具体操作过程，而是采取推诿、敷衍的做法，甚至做表面文章使政策无法落到实处，极大影响了健康促进政策目标的实现。青少年体质健康促进政策的颁布、实施与执行过程，体现了国家对于学生体质健康促进领域各方利益的重新分配和调整的利益均衡理念。但是，在现今社会多元利益的驱动下，国家的青少年体质健康促进政策不可能满足所有利益主体的利益需求，在政策执行过程中会发生偏离，利益冲突无法避免。2011年，教育部颁发了《切实保证中小学每天一小时校园体育活动的规定》，意在保证中小学生每天一小时校园体育活动，全面推进素质教育，促进学生健康成长，切实提高学生体质健康水平。然而，此规定在目前我国的各级学校中的实际执行却差强人意。受到学校升学利益、学生学业成绩利益等影响，多数学校的体育活动开展情况不容乐观，"体育课为文化课让路"更是当今学校教育中的常见现象。加之学校体育师资力量不足，体育场地、器材欠缺、设施设备陈旧等，导致一些学校体育政策无法执行。我国对于健康促进相关政策的执行缺乏强有力的法律监督与保障，使得青少年体质健康促进政策在实际实施中的执行力严重不足。

三、青少年体质健康促进政策的评估

政策评估是对政策全过程的评估，既包括对政策方案的评估，也包括对政策执行、政策监控、政策终结以及政策结果的评估[1]。政策评估在本质上是寻求、证明和确定政策价值的过程，评估价值标准的选择、排序和组合将直接影响评估的结论及其合理性和可靠性[2]。青少年体质健康促进中通过政策评估可以

---

[1] 严强. 公共政策学[M]. 南京：南京大学出版社，2002.
[2] 张国庆. 现代公共政策导论[M]. 北京：北京大学出版社，1997：193-194.

使政府对政策制定、执行过程和结果进行综合效益和效率的评价,决定健康促进政策的延续、调整或改善,从而有效实现健康促进政策目标。

(一) 我国青少年体质健康促进政策的评估过程与方式

2013年起教育部为了进一步贯彻习近平总书记关于增强青少年体质的重要论述精神,扎实抓好学校体育工作,增强学生体质健康水平,依据《国家学生体质健康标准》,按照《学生体质健康监测评价办法》,开始试行《国家学生体质健康标准》测试上报数据抽查复核工作,政策评估工作从此被强化。该工作是教育部委托第三方机构在各地上报测试数据基础上,综合考虑学校类型等因素,随机抽取一定比例的学校作为考查样本,进行测试工作和测试数据的现场抽查复核。从而逐步健全学生体质健康监测制度,逐渐完善青少年体质健康促进政策评估机制。政策评估在青少年体质健康促进中扮演着举足轻重的作用。健康促进政策评估过程包括评估规划设计、评估规划实施和评估终结三个阶段。

1. 评估规划设计阶段

健康促进政策评估规划设计作为政策评估的准备阶段,主要包括确定评估对象、分析评估对象、设计评估方案和建立评估组织制度。①确定评估对象。健康促进政策评估是针对"可评估性政策"进行的评估,而且政策评估贯穿于政策的全过程,但具体到某一健康促进政策,是进行全方位的评估还是有选择的评估,要根据政策的特点和评估的可行性来综合考虑。如2008年颁发的《中小学健康教育指导纲要》,对基础教育健康教育做出了全面规定,对健康教育提出了工作要求,因此,结合该项政策的特点与目的,对此项政策的评估就要采取全方位评估。②分析评估对象。评估对象分析包括政策所要解决的健康促进问题、政策目标、政策利益相关者与政策过程的情况和政策保障制度等。例如,在对《切实保证中小学每天一小时校园体育活动的规定》这一政策进行评估时,就要先搞清与政策运行有直接或间接利益关系的学生个人、政府部门或组织以及他们对政策的态度。③设计健康促进评估方案。评估方案是指导健康促进政策评估的蓝图,是实施评估的依据。评估方案设计是否科学合理,直接关系到相关政策评估的质量和评估工作的成败,因此,评估方案设计是评估规划中最重要的工作。④建立评估组织和制度。健康促进评估组织工作主要是人力、物力、财力等评估资源的配备和组织结构的建立。评估制度是评估工作顺利进行的保障,目前我国青少年体质健康促进政策评估组织的创建还处于初级发展阶段。

2. 评估规划实施阶段

健康促进政策评估规划实施是评估主体实施评估方案的主要过程,由两个阶段组成。①第一阶段是健康促进政策信息的收集工作。健康促进政策评估的实质就是政策信息的收集与处理,因此,信息收集是政策评估的基础。健康促进政策信息主要包括政策系统、政策过程、政策影响和政策效果等方面的信息。这些信息又可分为主观性信息和客观性信息两类,如健康促进实施效果和学生对健康促进的认知,前者是客观性信息,后者是主观性信息。不同信息来源和信息种类需要采取不同的信息收集方法,如一手资料信息的收集要采用观察法、调查法、个案法、准实验法等方法,而二手资料则要采用文献研究法、统计分析法等。②第二阶段是健康促进政策的评估分析。政策的评估分析包括由具体到抽象、由分析到综合的三个方面,即统计分析、理论分析和逻辑分析。以健康促进统计分析为例,统计分析就是应用统计分析的方法分析收集到的各种数据信息,使之便于理解和系统化,如对"国家学生体质健康标准测试"的测试数据进行统计分析,可以得出相关健康促进政策执行效果的好坏程度。

3. 评估终结阶段

健康促进评估终结就是政策处理评估结果、撰写评估报告的过程。任何政策评估都是一个价值识别、确认和选择的过程,政策制定和执行者与政策评估者肯定存在不同的价值判断。这就要求健康促进政策评估的结论要有一个与政策主体、政策客体相互动的过程,以发挥政策评估的监督、诊断、反馈、完善和开发的作用,使政策评估结果更具有有效性、可信性和可接受性。互动过程要求健康促进政策评估者说明政策评估的对象、目标、评估标准、评估方法、评估过程和最终结论,其形式可以是座谈会、讨论会、发布会、听证会等。政策评估的最后一个阶段是写出评估报告,除了对政策效果进行客观陈述、对政策进行价值判断、提出政策建议外,还应对评估过程的优缺点进行必要的总结。例如江苏省教育厅、体育局等部门每年会定期联合召开学生体质健康促进新闻发布会,总结、评估上一年度江苏的学生体质健康促进情况,并编写江苏省学生体质健康促进开展情况的蓝皮书等。

(二) 我国青少年体质健康促进政策评估的特点

1. 政策评估以政府为主导

政策评估最显著的特征就是其固有的政治性。[①] 我国的政策评估是作为一项制度列入有关政策部门或决策部门的实际工作中,使之不仅成为一项经常性的活动,而且成为一项制度化的活动。健康促进政策评估以政府为主导,高位推动,评估过程中有较完善的制度对其进行保障,不仅包括完善的机构体系,还包括法规体系。我国政府在制定健康促进相关政策的同时,也出台了相应的评估细则,国家下发落实意见和评估细则以推进政策的贯彻落实。如《中小学体育器材、场地配备技术标准》与《条例评估细则》,政府制定政策为了更好地贯彻落实《学校体育工作条例》工作,政府积极响应并列出实施规划和评估体系,由省、市教委组织专家对学校贯彻执行《学校体育工作条例》的情况进行全面评估。

2. 政策评估具有价值导向性

健康促进政策评估不仅是搜集政策执行绩效的信息,而且包括评估者对正常的运行情况的判断和评价。健康促进政策在执行一段时间后,政策决策者必须根据实际情况,决定该项决策是延续、革新或终止,政策评估为这种决定提供了现实的依据,从而引导政策运行趋于正确、科学的方向。从政策的连续性角度来看,任何一个新的政策目标和新的政策方案都不是孤立的、凭空产生的,它总是以原政策及执行效果为背景和基础的。政策评估的评鉴功能决定了政策

---

① PATTON M Q. The evaluator's responsibility for utilization[J]. Evaluation practice,1988(9):5-24.

评估在重新确定政策目标、制定新政策时能够提供必要的信息和判断作为依据。实际上,有的新政策就是对原有政策进行分析和评估的产物,是原有政策的继续和发展。政策制定、执行到评估是一个连续的过程。一项新政策的制定势必以上一个政策的评估为依据。我国青少年体质健康促进政策的价值取向从1949—1956年的"国家本位、军事功能"、1957—1977年"政治挂帅、侧重政治"、1978—1992年"全面发展、侧重健身"向1993年至今的"以人为本、侧重身心健康"转变,这种政策价值取向的转变,间接体现了我国健康促进政策评估的价值导向性。

3. 政策评估过程具有滞后性

青少年体质健康促进政策评估具有明显的滞后性,在青少年体质健康促进政策制定时,已经有了关于其政策评估的内容,而在政策执行过程中却没有实施或没有及时实施,其评估机制没有长期建立起来,只有当政策制定者或执行者真正意识到执行不畅、效果不好或有不良社会反响时,才会想起来要进行评估。加之青少年体质健康促进评估人员的观念落后,特别是领导决策层多年来对政策评估存在认识上的障碍,对评估体系资金的投入、专业人员的培养等都不重视,从而导致青少年体质健康促进政策评估的滞后。另外,政策评估不能与时俱进,滞后于实际情况。例如,现在实施的《中小学体育器材、场地配备技术标准》与《条例评估细则》中的器材规格、标准有所不同,这就提出了《学校体育工作条例》应随着时代发展的需要做出合理的修订。

4. 政策评估对象的多样性

青少年体质健康促进政策评估的对象包含健康促进政策的各个方面,核心是政策效果。政策效果是青少年体质健康促进政策实施对客体及环境所产生的作用,就是政策的直接效果,如学生体质测试政策的实施,可以使学生加强体育锻炼,提高对体育锻炼的兴趣。健康促进政策的效果常会出现政策制定者意想不到的情况,这类影响就是青少年体质健康促进政策的附带效果,它既有正面的,也有负面的。例如,进行学生体质健康测试不仅可以培养学生加强日常锻炼,树立终身体育意识,使体育锻炼逐步变成日常生活的一部分,还可以作为体育课程教学改革的重要项目之一,这就是健康促进政策正面的附带效果,而在学生体质健康测试过程中,由于领导关注不够、相关部门协作不力、测试教师的积极性不高等原因,出现组织混乱、测试管理不严、数据处理不准确、故意造假等现象,而这是政策制定者没有想到的。有些健康促进政策的效果和成本在短期内不易被人们察觉,但有可能在今后相当长的一段时间里表现出来,这就是政策的潜在效果。这种潜在效果具有不确定性,不易测定,给青少年体质健康促进政策评估带来挑战。

5. 政策评估因果关系的不确定性

青少年体质健康促进政策评估的不确定性还来自政策因果关系的不确定。因果关系作为公共政策过程中的基本关系形态,是政策评估的对象和内容之一。由于在青少年体质健康促进政策实施过程中,人们往往难以充分地证实某一客观情形的变化是某一特定政策实施的直接结果,即不能直接证实政策原因与结果之间的相关关系。例如,我国青少年体质健康持续下滑,是与教育体制有关,还是与政府投入有关,抑或是与家庭生活方式、应试教育有关,显然很难定论,此外在各因素中,究竟哪一个因素发挥了主导作用,哪一些因素发挥了次要作用,以及各自作用发挥的程度如何,都是青少年体质健康促进政策评估面临的难点。

(三) 我国青少年体质健康促进政策评估中的问题

1. 政策评估目标的模糊性

评估目标的模糊性来自青少年体质健康促进政策目标的不确定性。青少年体质健康促进政策评估的一项重要工作,就是考察、检验政策执行是否达成预定的目标或达成目标的程度。由于青少年体质健康促进政策和其他公共政策一样,政策目标并不总是确定的,许多青少年体质健康促进政策的目标具有多重属性,又不可能具体化,所以常常难以确定;加以政策目标在执行过程中还可能由于客观环境的变化或政策制定者主观意愿的改变而发生变化,这就使青少年体质健康促进政策目标存在模糊性和多变性,不易掌握。给青少年体质健康促进政策评估带来相当大的障碍,容易导致评估目标模糊、难以把握。

2. 政策评估主体的单一性

现阶段我国的青少年体质健康促进政策评估主体以官方为主,加之中国政策过程的一个显著特点是行政的双轨结构功能系统[①],并没有建立科学的、独立的政策评估小组。在政策评估这一环节中,大多数组织单位都是以总结汇报的书面形式向上级部门进行工作汇报,再由相应的行政机关对公共政策进行评价和评估。因此,在公共政策评估过程中,并没有注意到对除行政组织之外的对象进行评估调查,例如政府的服务对象即社会公众等。这使得评估对象只是行政主体自身,缺少其他客观因素的考察,导致公众利益诉求表达的缺失和公共政策评估主体的单一。另外,青少年体质健康促进政策评估主体缺乏独立性,上级评估下级的方式造成青少年体质健康促进政策评估主体和被评估对象有着千丝万缕的联系,就使得评估主体在青少年体质健康促进政策评估过程中难以保持其科学性和客观性。此外,一般隶属于地方层面的健康促进政策评估组织参差不齐,在实际的运行中,这些组织往往处于依附地位,对政府有极高的依赖性。在承受上级领导的压力下,这些政策评估组织不能独立且客观地对健康促进政策进行评估,致使其成为上级领导的傀儡,有名而无实[②]。

3. 政策评估组织体系与评估机制不完善

一方面,我国青少年体质健康促进政策评估的组织体系不完善。独立的政策评估组织既是保证政策评估客观、公正的前提,也是政策评估体系趋于成熟的重要标志之一。而目前,我国还没有建立正式的、独立的、专业化的青少年体质健康促进政策评估组织,政策评估职能不是存在缺失,就是不定期地由相关政策执行部门和一些非专业化的政府研究组织和学术研究机构来承担,其评估结果缺乏必要的可信度。另一方面,我国青少年体质健康促进政策评估机制不完善,缺乏正确的政策评估机制。目前,我国还没有建立一套完善的青少年体质健康促进政策评估机制,例如,青少年体质健康测试数据的不真实、不准确;

---

① 王建容. 我国公共政策评估存在的问题及其改进[J]. 行政论坛,2006(2):40-43.
② 伊娜娜. 我国公共政策存在的问题及完善研究[D]. 湘潭:湘潭大学,2012.

评估经费来源无保障,经费使用无法与评估的实际需要相匹配;评估责任划分不清,评估结果的使用缺乏制度性保证等。再加上缺乏正确的评估机制,由于没有建立科学的政策评估机制,导致评估工作主观随意性很大,评价目的是消极的,评价动机也不甚妥当。

4. 政策评估人员专业化程度低

政策评估人员专业素养的高低对政策评估质量有很大影响。我国目前尚无相关的青少年体质健康促进政策评估人员职业资格标准,也尚未有高校设置相关专业,很多因素造成了青少年体质健康促进政策评估人员整体专业化程度不高的事实。在对某个政策进行评估时,临时组建评估团队的情况并不鲜见,有的团队中,评估者缺乏基本的政策评估知识,对政策文本内容并不清楚,对政策实施背景亦不了解,使评估流于形式,成了"走过场",未能真正实现青少年体质健康促进政策评估监督、监控的作用。从事健康促进政策评估工作的人员有一部分非"内行人",因此,他们在进行政策评估时不可避免地倾向于用价值判断代替事实规范分析[①]。

5. 政策评估结果不被重视

青少年体质健康促进政策评估的作用在于评估的结果能受到政策决策机构的重视和社会的关注。一方面让政策制定和执行机构从评估中总结经验和教训,改进青少年体质健康促进政策的制定和执行;另一方面可以提高社会公众对健康促进政策的实施效果的知晓率。但是在现实工作中,通常青少年体质健康促进政策制定和执行机构对评估结果并不能给予相应的重视。这主要由两方面的原因造成:一是青少年体质健康促进政策评估自身不足导致,如效度、信度不高,评估者只是注重评估结论的科学严谨性,而忽视评估结果的实际应用性等。二是来自有关机构和人员的抵制。青少年体质健康促进政策评估最终要对政策的绩效进行评定,对政策制定和执行的功过进行评判。这种评判可能有利于青少年体质健康促进政策的决策者和执行者,也有可能对他们产生不利影响,损害其切身利益。此外,我国的外部评估机构往往有来自政府的压力,

---

① 张国庆. 现代公共政策导论[M]. 北京:北京大学出版社,1997.

受政府的委托办事,评估活动经费也主要由政府部门提供,因而,他们常常从主观上很被动,不愿评估也不敢评估,这使得外部的评估机制不能正常运转,作用没有得到相应的发挥,评估质量也跟不上来。

(四) 我国青少年体质健康促进政策评估的未来发展趋向

1. 不断加强政策评估的宣传力度

公共政策执行的效果与其宣传工作密不可分,不仅可以扩大公共政策的影响力,使各利益主体都可以很好地了解政策,同时也是公共政策持续推进的前提条件[①]。当下,我国政府每年在青少年体质健康促进政策制定与执行上耗费大量的人力、物力、财力,然而,对健康促进政策的评估的关注度却并不高,在健康促进政策评估上的投入也寥寥无几。究其根本,主要在于人们对健康促进政策评估缺乏应有的重视。因此,必须要加快传统观念的转变,加强公众政策参与的意识。加大我国青少年体质健康促进政策评估宣传力度,使人们从根本上改变过去陈旧的观念,认识并重视政策评估的作用和意义。坚持实事求是的指导思想,端正健康促进政策评估的态度。在总结经验、肯定政策成绩的同时,更要发现问题所在,探究原因,发挥其诊断和批判的功能。

2. 明确政策目标,制定科学评估标准

健康促进政策评估如果没有统一标准将无法对一项政策进行正确客观的评估。在我国,由于健康促进政策参与人数众多,涉及面较广,加之政策过程中受利益驱使的不可控因素较多,因此,想要建立一套统一的、能为绝大多数人共同认可的健康促进评估标准极其困难,应该根据健康促进评估客体、评估目标的不同,制定可行的、科学合理的健康促进政策评估标准。健康促进政策评估者在评估政策之前必须了解此项政策制定的初衷是为了解决何种问题,它的预期目标是什么,否则政策评估将失去"参照物",评估者将无所适从,会严重影响

---

① 曾爱玲.公共政策评估实证分析:以成都市全民健康体检政策评估为例[D].成都:四川省社会科学院,2012.

健康促进政策评估结论的有效性。因此,任何一项政策都要尽可能地明确政策目标。此外,健康促进政策评估具体实践中还应精选评估对象。具体实践中由于受人力、物力、财力有限的困扰,以及健康促进政策本身的因素,不可能做到对每项政策都进行系统评估。所以,评估者必须审慎精选评估对象,确保我国有限的健康促进评估资源得到充分而高效的利用。

3. 组建多元化取向的政策评估主体

健康促进政策评估的主体的多元性可以保证公正、客观、准确的政策评估,因此,政策评估的主体必须具有代表性,评估参与者的组成结构一定要客观、合理。组建多元化取向的健康促进政策评估主体,注重政策评估主体多元化的取向,即政策参加人员、专家和公众相结合的综合评估。更要重视公众政策满意度的测评,赋予公众参与政策评估的权利,保障公众参与评估的权益。健康促进政策评估主体的多元化取向使不同评估主体之间互为补充,充分保证政策评估的科学、公正和真实。针对目前我国健康促进政策评估主体单一化的现状,健康促进政策评估可以在目前我国政府官方绩效评估的基础上,实行由政府、党组织、权力机关、社会组织、专业评估组织和政策利益相关者的学生、家长、学校参与等多元评估主体的结合,实现评估主体"多元化"。社会公益性组织和公众作为政府行为的相对人,他们参与健康促进政策评估可以提高政策评估的客观性和全面性,同时可以增强健康促进政策评估结论的公信力。因此,要逐步重视社会组织和公众代表参与以及健康促进专业评估组织的作用。

4. 建立独立的专业性政策评估组织

专业性独立的健康促进政策评估组织和评估人员缺乏是当下我国健康促进政策评估实践停滞不前的一个重要原因。独立的健康促进政策评估组织可以保障政策评估的科学性和客观性。因此,要注重保持政策评估组织的相对独立性,充分发挥健康促进政策评估组织的作用,可以通过法律规范切实有效的措施,减少政府的行政干预,保证评估组织实践中的相对独立性和自主性,改变以往的"人情评估""形式评估""奉命评估"等不良现象,要强化健康促进政策研究部门的政策评估职能,把健康促进政策制定和执行分别由两个相互独立的机构分别执行,使其各司其职,改变现存的健康促进政策制定与评估合二为一的状况。同时,要注重提高健康促进政策评估人员的专业性,加强对政府决策人员和政策评估人员的教育与培训,使其掌握政策评估的技术方法和科学理论;鼓励和吸纳政策评估专家、学者参与评估项目,保证政策评估的严谨性、科学性。此外,要重视社会舆论的约束性作用,利用电视、报纸、网络等新闻传媒来进行青少年学生体质健康促进问题的挖掘与政策的评估。

5. 完善政策评估信息系统建设和信息公开制度

真实、客观的信息是健康促进政策评估的有力保障。当下,由于健康促进组织结构的不合理、政策资源的多元化、政策重叠现象等主客观原因,使得健康促进政策评估在获取真实、全面、及时的信息时面临困难。因此,要在健康促进政策过程的开始时就建立政策信息评估系统,对政策过程每一阶段的信息进行全面收集、分析和保存;为消除健康促进政策评估过程中的信息不对称、信息失真、时滞等问题,首先要建立一个完善的信息系统进行及时的信息收集、分析,以满足健康促进政策评估的信息需求;另一方面,需要建立相应的青少年体质健康促进信息公开机制,除国家法律规定应该保密的信息之外,健康促进政策过程应做到全程公开、透明。此外,还要依法创建相应的责任问询制度,社会组织和公众有权依法问询健康促进政策制定、执行与评估中的相关信息,被问询的相关机构和成员必须依法根据有关制度和程序做出回应,并对所公开的信息的真实性和完整性负责。

6. 完善政策评估制度,实现制度化与法治化

规范的制度是政策评估的有力保障,为实现我国青少年体质健康促进政策评估的制度化,首先要实现政策评估工作的程序化,结合不同健康促进政策的特点,有针对性地对相关政策进行不同程度的评估,评估者要以实事求是的精神,力求评估全面、系统、公正。系统评估结束后要及时撰写评估报告,并将评估结论及时公布。健康促进政策评估作为一项复杂的系统工程,需要大量的人力、物力、财力长期深入实践中去收集各方面的信息,因此,必须建立健康促进政策评估基金,以免政策评估沦为纸上谈兵。其次,要重视评估结论,消化、吸收评估成果。由于健康促进政策涉及各方利益主体相关利益的分配,为防止健

康促进决策者随意决策、执行者滥用职权,必须通过制度将评估结论与有关人员的奖惩直接联系起来,真正实现健康促进政策过程的权、责、利相统一。最后,从长远来看,我国青少年体质健康促进政策评估的日渐完善有待相应制度的确立和社会秩序的完善,要通过健全相关法律、法规确保公众参与健康促进政策评估渠道畅通无阻,从而构建多渠道公众参与评估机制。

第三章 路径分析：

我国青少年体质健康促进的政策途径

政策实施是指政策执行者通过建立组织机构，运用各种政治与社会资源，采取政策解释、政策宣传、实验检验、协调与控制等各种活动方式，将政策观念的内容转化为实际的效果，从而实现既定政策目标的活动过程。这是一种动态的过程。其中，政策执行的过程主要包括政策宣传、政策分解、物质准备、组织准备、政策实验、全面实施、协调与监控等环节。我国的青少年体质健康促进作为一项特殊的公共政策过程，是由许多不同层次、不同类别的政策构成的政策群，这些政策通过多种渠道实施，从而达到青少年体质健康促进的目的。目前，我国青少年体质健康促进工作政策最主要的实施途径有5个：学校健康教育、学校体育课程、学生体质监测与《国家学生体质健康标准》数据上报、健康促进学校创建、阳光体育运动与校园足球。以上5个青少年体质健康促进政策途径相对独立又相互联系，共同完成我国青少年体质健康促进政策过程，同时，各实施途径在具体实践中又有其各自的特点。

第一节 传统渠道:学校健康教育

现代健康促进是从健康教育这一概念发展而来的。20世纪80年代以后在三维健康观的基础上,现代健康教育逐渐拓展演化为健康促进。但传统的学校健康教育即学校卫生教育,一直在学校健康促进中发挥着重要作用。新中国成立后,我国延续了民国时期的做法,将卫生教育保留在我国学校教育之中。学校健康教育与学校体育虽然是早期学生体质健康促进的最主要渠道,但通常在狭义上讲,学校健康教育被认为就是早期的学校健康促进。学校健康教育作为最早存在的专门的青少年体质健康促进形式,在学校教育中虽然处在比学校体育更为边缘的地位,但一直顽强地在我国学校教育领域存在着,对维护我国学生体质健康起着非常重要的作用。

一、知识守护生命:健康教育的基本理念

通过教育的方式来促进健康早就被人们所重视,随着人类社会发展,健康教育逐渐成为教育的一项重要领域。健康教育被看成是通过有计划、有组织、有系统的社会和教育活动,促使人们自愿地改变不良的健康行为和影响健康行为的相关因素,消除或减轻影响健康的危险因素,预防疾病,促进健康和提高生活质量。[1] 1969年世界卫生组织《健康规划、评价委员会报告》中指出:"健康教育是诱导、鼓励人们养成并保持有利于健康的生活,合理并明智地利用已有的保健设施,自觉自愿地从事改进个人卫生状况或环境的活动。"[2]健康教育在促进健康方面的收益是前所未有的。通过健康教育许多疾病的发病率和死亡率均明显下降。如1963—1980年,美国患冠心病和心脑血管疾病的死亡率分别下降了近40%和50%。学校健康教育计划是促进学生健康最有效和最经济的方法,亦可使教学质量得到提高。美国的一项调查评估结果显示,学校对吸烟教育计划每投资1美元,便可使因吸烟导致的健康和非健康问题上的开支节约18.8美元。这项调查进一步显示,在预防酗酒和吸毒的教育上每投资1美元,便可节约5.69美元。另外,在预防早期性行为和非保护性性行为的教育上每投资1美元,即可节约5.10美元。平均来说,在这三项健康教育上,每支出1

---

[1] 黄敬亨.健康教育学[M].上海:复旦大学出版社,2003:41.
[2] 朱家雄.教育卫生学[M].北京:人民教育出版社,1998:246.

美元,就会为社会节约大约14美元。[①] 1978年WHO的《阿拉木图宣言》指出初级保健的重中之重是健康教育,还表明健康教育是所有卫生问题、预防方法和控制措施里面最核心的内容,是能否实现初级卫生保健任务的关键。美国学者Biggs H认为,提高国民的卫生水平,第一重要的是健康教育,第二、第三还是健康教育。健康教育已经成为现代卫生事业的一个重要组成部分,同时也是现代教育的一个重要分支学科。

学校是进行健康教育效果最好、时机最佳的理想场所。学校健康教育通过有计划、有组织、有评价、系统性的学校教育活动,帮助学生掌握正确的卫生健康常识,树立科学的健康观,使学生自主、自动、自愿地采纳有利于健康的行为和生活习惯,使学生有能力在面临各种健康问题时做出正确的选择,让学生消除、减轻影响健康的危险因素、预防疾病,促进健康和提高生活质量[②]。世界卫生组织前干事中岛宏指出:"全世界有近十亿儿童青少年,其中大部分是在学校读书。因此,学校健康教育的开展将为达到全球健康的目的提供一个极好的机会。因为今天的儿童青少年将会成为明天的父母、公民和领袖,他们的健康将影响未来世界。因此,一个紧迫的任务就是在学校规划中将学校健康教育放在一个较重要的位置上。"[③]日本学者高石昌弘认为,学校健康教育对儿童、青少年,特别是学龄期学生健康的维护和增进具有最为重要的作用。人们对健康教育的认识是一个逐步深化的过程,综合目前各研究领域的成果,现阶段,我们认为对现代健康教育至少应当建立以下认知。

(一) 健康教育是一项教育活动

教育通常被认为是"培养人的社会活动",健康教育作为现代教育的一个分支,同样也是一项"育人"的活动。由于健康教育起源于早期的卫生宣传活动,因此人们在思维上习惯于将健康教育看作为卫生宣传,甚至将健康教育仅当成

---

① 齐华勇. 我国中小学健康教育课程目标、内容体系的探究及建构[D]. 长沙:湖南师范大学,2005.
② 马晓. 健康教育学[M]. 北京:人民卫生出版社,2004.
③ 同上。

一种健康知识或养生保健知识的传播,并不将其定位为一项正式的、专门的教育活动。健康教育的"育人"内涵并不为人们重视,健康教育往往只有"教育"之形,而无"教育"之实。在实践中,很多人还没有真正将健康教育定位为一种"培养人"的教育活动,更多的是将其当作一项医疗卫生活动。同时,人们对健康教育的理解过于简单化,将"宣传"与"知识传播"等同于"教育"。[①] 而实际上,现代健康教育已发展成为一项牵涉到社会各个层面、各个方面的复杂而艰巨的基础社会工程。既要争取各级领导阶层力量和社会力量的支持,调动公众自觉参与的积极性,唤起人们同自己不文明、不科学的行为作斗争,又要采取多种形式、多种渠道对个人、家庭、学校、团体、社区、公共场所进行广泛、反复的教育,同时还要对教育的效果进行评价。同任何一项教育活动一样,这一教育过程是有目的、有计划、有组织、有评价的。与卫生宣传相比,健康教育的外延要大得多,健康教育的过程也更加复杂,任务也更加艰巨。传统意义上的卫生宣传是指卫生知识的单向传播,其受传对象比较泛化,不注重反馈信息和效果,往往带有"过分渲染"的色彩,常以生物医学模式的观念看问题。尽管卫生宣传也期望人们行为有所改变,但实践证明仅有卫生宣传难以达到行为改变的理想目的,卫生宣传的实际效果侧重于改变人们知识的结构和态度,是实现特定健康行为目标的一种重要手段。卫生宣传或健康知识的传播只是健康教育的常用手段,而不是健康教育的全部。如果健康教育仅仅停留在卫生宣传的层次上,而不是将其作为一项系统的教育活动,其效果通常是不尽人意的。例如"吸烟有害健康"的宣传口号可谓铺天盖地,但烟民们的戒烟率却很低,而新的烟民仍在加入。因为像吸烟这种长期形成的顽癖积习单纯通过大众媒介影响行为是很难改变的。要想唤起公众不吸烟的自觉性,只有开展有计划、有组织、系统的健康教育才能取得较好的健康维护和促进效果。因此,1988 年的第十三届和 1991 年的第十四届世界健康教育大会明确地指出,健康教育绝不是一般的卫生知识的传播、宣传与动员,它所要解决的根本问题是个体的行为问题,是保障人们建立和形

---

① 李小涛. 试论新课程背景下的学校健康教育及体育教师的作为[J]. 魅力中国, 2009(29): 77-78.

成有益于身心健康的生活习惯。

(二) 健康教育的核心是健康行为的养成

　　1954年,世界卫生组织健康教育委员会的报告表明,健康教育可以影响人们智慧、态度和行为的变化,能够有效促进人们健康习惯的养成,从而使人达到身心的最佳状态。健康教育应注意引导和促进人们树立健康意识,养成健康的生活方式和行为习惯,减少或消除有害因素,合理利用现有的卫生设施和社会服务,并学习所需的健康知识。健康教育的目的有三个:①关于健康问题及其解决方法的普及,加深对健康知识的理解。②关于健康态度的改变。③关于有助于健康行为的指导问题。这三个目的相互之间的关系为层层递进,由低级向高级发展,其"具体的思维方式即是,理解有关的健康事实,改变传统的健康态度,以此期待改变具体的生活行为方式,建立起新的健康价值观"[①]。

　　健康教育的最终目的是改善或改变人们的生活行为方式,达到健康促进。因此,不良健康行为的改变和健康行为的养成是健康教育关注的核心。世界卫生组织在1969年提出:"健康教育工作的着眼点在于民众和他们的行为,总的来说,在于诱导并鼓励人们形成并保持有益于健康的生活习惯,合理而明智地利用已有的保健设施并自觉地进行改善个人和集体健康状况或环境的活动。"我国台湾学者黄松元认为,健康教育是研究人类健康行为的学科,其最终目标在于增进全民的健康。晏涵文指出,健康教育是研究人类健康行为、企图了解如何维护自身健康的一门独立学科,它不是过去的生理学、解剖学、生物学或体育学。美国总统健康教育委员会认为健康教育是借助教育的方法,把健康知识转化为个人与社会所需要的行为方式,健康教育也就是沟通健康知识和健康行为的教育过程。鉴于行为在健康教育中的重要地位,在现代健康教育研究中,将行为科学(如社会学、心理学、人类学,精神医学以及伦理学等)与自然学科(生物学、生态学、生物化学等)和健康科学(生理学、营养学、流行病学、微生物学等)一起看作为构成健康教育的基础学科,并将健康行为的"养成教育"作为

---

　　① 王建平. 健康教育:世纪的呼唤[M]. 北京:中国青年出版社,2001:31.

健康教育的研究核心。

(三) 健康教育是一个提供健康经验的过程

教育作为"传递社会生活经验并培养人的社会活动",现代教育研究趋向于将教育看作为向学习者提供经验的过程。人们不但将教育所传授的内容(知识)看成经验,同时将学习者在教育过程的亲身体验也看作为经验。教育过程实质上就是学习者将学习内容转化为学习者个人经验(当名词用)的经验过程(当动词用)。这种教育观使得教育过程中教育者与受教育者(学习者)的关系从单向的传授关系转为双向的互动关系,受教育者在教育过程中的主体地位受到重视。现代健康教育也同样是一个向学习者提供经验的过程。譬如有人认为,健康教育是促使人们自愿选择健康行为的所有学习计划的总和;有人认为,健康教育是一切影响于个人的社会的及种族的健康习惯、态度以及知识的经验总和;有人认为,健康教育是提供学习经验的过程,其目的在于影响有关个人及社会的健康习惯和态度。"健康教育是一种动态的说服过程,它通过信息传播和行为干预,帮助个人和群体掌握卫生保健知识,树立健康观念,自愿采纳有利于健康行为和生活方式的教育活动与过程。"[①]美国全国教育协会(National Education Association,NEA)则认为健康教育是提供对与个体和社会健康有联系的认识、态度和行为会产生有利影响作用的学习经验的过程。由此定义出发,对教育者而言,健康教育是为学生的发展提供有计划的学习经验的过程,旨在提高学生对健康科学的认识水平,改善对待个人和全体健康的态度,以及培养有益于个人、社会和民族健康的行为方式和习惯。

健康教育是向学习者提供健康经验的过程,健康经验不只是指有关健康的知识或事实,更是指一种健康体验,这种体验是人们从内心激发出对健康的情感,产生健康信念,并采取健康行为的过程。现代健康更重视受教育者所体验的意义,而不仅仅是为受教育者提供一些健康事实(知识)。健康教育的效果最终取决于受教育者他自己做了什么,而不是教育者做了什么。仅仅对吸烟者说

[①] 顾荣芳. 学前儿童健康教育论[M]. 南京:江苏教育出版社,2004:71.

"吸烟是有害健康的"是不够的,应设法让吸烟者体验到这种危害。因此,现代健康教育强调受教育者的参与,这一点与传统的只注重教育者单向说教的卫生宣传或健康知识的传播是大不相同的。

(四)学校健康教育是关键

儿童、青少年是世界的未来和希望,目前全世界 10～19 岁的儿童、青少年约有 10 亿,预计几年后 13～19 岁的人将达到 20 亿,25 岁以下的儿童、青少年现已占全世界人口的一半。处在生命准备、求知、发育阶段的儿童、青少年,由于身心发育、群体生活等特点,决定了儿童、青少年是健康教育最佳目标人群。WHO 前总干事中岛宏在第十四届世界健康教育大会开幕式上指出:"儿童、青少年是一个非常重要而又最具可塑性的人群,他们形成了一个最大又最易受影响的人群。"中外学者一致认为健康教育应从小抓起。

同任何一种教育现象一样,健康教育也存在着社会教育、家庭教育、学校教育三种形态,无疑,学校是进行健康教育效果最好、时机最佳的理想场所。中岛宏指出:"全世界有近十亿儿童青少年,其中大部分是在学校读书。因此,学校健康教育的开展将为达到全球健康的目的提供一个极好的机会。因为今天的儿童青少年将会成为明天的父母、公民和领袖,他们的健康将影响未来世界。因此,一个紧迫的任务就是在学校规划中将学校健康教育放在一个较重要的位置上。"[1]日本学者高石昌弘认为,学校健康教育对儿童、青少年,特别是学龄期学生健康的维护和增进具有最为重要的作用。儿童、青少年在集体教育机构接受有目的、有计划、有组织的健康教育,在受过健康教育专业训练的教师的指导下,在集体教学和活动的情景中,其效率是其他任何组织和机构难以相比的。

现有的研究表明,正规教育体制(学校教育)是在发展中国家的公民中传播信息最宽广、最深入的渠道。在美国,人们认为学校在帮助学生获得为保持健康和取得学业成功所需的知识和技巧方面都有着巨大的潜力。而且,学校不仅能够通过培养健康的学生降低各种不健康因素所带来的危险,还可以通过促

---

[1] 王建平. 健康教育:世纪的呼唤[M]. 北京:中国青年出版社,2001:290.

进国民,尤其是青少年的健康素质,提高整个社会的生产力。① 正是基于这样的信念和意识,学校健康教育被赋予了很高的或特别的位置。"由于求学年龄正是发育的形成期,学校的课程设置能为提高年轻人的健康水平、自尊、生活技能(有效的决策能力、沟通能力、理解能力、思维能力、适应能力等)和行为提供有效的教育方式。学校除提供有效的、经济的和预防多种疾病的场所外,还需向社区提供卫生信息和技术设备的宣传,并通过提供政策和服务来指导和促进社区的卫生事业。"②世界卫生组织认为,通过促进学校实施健康教育计划,可以迎接世界上有关重大健康问题的挑战。这些挑战包括:HIV病毒/艾滋病和性病、暴力和伤害、意外怀孕和不良生殖卫生、寄生虫病传染、营养不良和饮食安全、不良的公共卫生和水的管理、免疫缺乏、不良的口腔卫生、疟疾、呼吸道感染、心理问题、与缺乏体育锻炼有关的问题,以及烈酒、烟草和药物滥用问题。③

通过学校这个特殊的场所,可以鼓励教育系统和卫生系统,以及通过协调这两个系统的工作,促进和改善人类的健康状况。为此,世界卫生组织、联合国教科文组织和联合国儿童基金会联合发表的《综合学校健康教育:行动指南》明确指出:"接受健康教育是每位儿童的基本权力,提高儿童对健康的价值观、技巧和实践能力,儿童可以健康愉快地生活,并推动社区卫生的改善。如果我们去努力,这个目标一定能够达到。"1992年世界儿童问题首脑会议提出了"儿童至上"原则,把学校健康教育纳入政府法规已成为世界性趋势。"协调实施教育和健康服务,促进卫生环境的学校健康教育计划几乎能够成为世界各国明显改善人民健康的最有效手段之一。此计划最终将成为改善全人类健康状况的一个关键手段。"④学校健康教育通常被理解为学校为增进学生健康而进行的有目的、有计划、有组织、有评价的系统的教育活动。

---

① 冯振权."农村初中健康教育"校本课程开发与实施的研究[D].金华:浙江师范大学,2008.
② 世界卫生组织加强和促进学校健康教育专家组.学校健康教育指南[M].王翠华,王金雪,译.北京:人民卫生出版社,1999:7.
③ 王建平,纪湘懿.美国国家标准学校健康教育课程模式及评价[J].外国教育研究,2004(10):26-30.
④ 世界卫生组织加强和促进学校健康教育专家组.学校健康教育指南[M].王翠华,王金雪,译.北京:人民卫生出版社,1999:7.

我们以为，对于学校健康教育的理解，我们的视野同样可以放得更为宽泛一些。从它在学校教育中的实际存在形态上来看，我们认为学校健康教育可以存在三个不同层次的理解：

(1) 健康教育是学校的一种教育思想，指整个学校的一切教育活动都要以学生的身心健康发展为目标，都要考虑到学生健康的需求，都要以学生的健康为前提，都要关注学生的健康。这是对学校健康教育的一种广义的理解，可等同于"健康第一"的教育指导思想。这是从思想层次上来理解学校健康教育。

(2) 健康教育指在学校中进行的各种增进健康、维护健康的活动和措施，包括体质与健康检查、预防接种、各种卫生宣传、心理咨询、卫生保洁、各种健康主题活动（如艾滋病日）、学校供餐、校医开展的各种诊疗活动、眼保健操、各种体育活动以及健康课程与教学（第三个层次的内容）。从实践的层次来看待学校健康教育，这是对学校健康教育较为宽泛的一种理解。也就是说，学校为促进学生（教职员工）的健康而采取的一切措施或活动都称为健康教育，这也是当前人们对学校健康教育最主要的理解。由此，人们通常将学校健康教育的内容概括为三个方面：学校健康服务；学校健康环境；学校健康课程教学。

(3) 健康教育指健康教育课程与教学，包括专门的课程如健康教育课程、心理健康教育课程等，以及与健康直接相关的课程，如体育（与健康）课程、环境教育课程、安全教育课程、生命教育课程、（思想）道德教育课等。这是从学科层次上对学校健康教育的理解。尽管这是对学校健康教育的一种比较狭义的理解，但课程与教学最能体现学校教育的特点，最能发挥学校教育的优势，是学校健康教育中最为重要、最为关键的部分。

当然，儿童青少年的健康教育不应是学校的独角戏，学校健康教育不可脱离家庭健康教育和社会健康教育，这是因为一个人在接受学校教育的影响时，已经、正在或者将要受到来自家庭和社会的各种教育影响，而家庭和社会的健康教育与学校健康教育具有不同的特点，它们会对健康知识的获得、健康态度的改善及健康行为的塑造起到与学校健康教育不同的作用。成功的健康教育应该包括家庭、学校、社会健康教育三个方面，充分发挥这三者各自的积极作用,并使它们一体化,以产生综合的教育效应。

二、纳入国民教育:健康教育的实践推进

中华人民共和国成立以来,学校健康教育一直受到党和国家及教育主管部门的重视。新中国成立初期,毛泽东主席就提出了"健康第一"的学校教育观点。1951年,中央人民政府政务院下发《关于改善各级学校学生健康状况的决定》,其中明确提出:"增进学生身体健康,乃是保证学生完成学习任务,并培养出有强健体魄的现代青年的重大任务之一。要求各级学校有计划地进行卫生教育,培养学生良好的卫生习惯。"[1]十一届三中全会以后,教育部、卫生部颁发《中小学卫生工作暂行规定》,对卫生保健教育重新提出新的要求,提出"要上好生理卫生课,加强青春期卫生教育"。1986年,国家教委召开中小学卫生教育专题座谈会,确立了卫生教育在九年义务教育中的地位。1990年,国务院批准颁发了《学校卫生工作条例》,该条例吸收了世界卫生组织关于健康及健康教育的新概念,并明确规定"学校应当把健康教育纳入教学计划,普通中小学必须开设健康教育课"[2]。从行政法规的角度对健康教育提出了明确的要求,第一次将学校健康教育纳入正规教育的范畴。这标志着我国学校健康教育走上了法治化管理的轨道。健康教育以此为起点,进入了一个新的发展阶段。[3]《中国教育改革和发展纲要》中规定:"各级政府要积极创造条件,切实解决师资、经费问题,逐步做到按计划上好体育课与健康教育课。"[4]1991年,卫生部颁布的《中国农村实现2000年人人享有卫生保健规划试点阶段评价标准》中提出了"中小学健康教育开课率要达100%"等要求[5],并将开展学校健康教育工作要求纳入了《中华人民共和国改革和发展纲要的总体规划》中。1992年,国家教委先后颁发

---

[1] 廖文科. 我国中小学健康教育回顾与展望[J]. 中国学校体育,1997(3).
[2] 佚名. 学校卫生工作条例[J]. 中国学校卫生,1990,4(3):4-6.
[3] 史曙生. 新课改后中小学健康教育课程面临的问题及对策[J]. 中国学校卫生,2009,30(3):261-262.
[4] 新华社. 中国教育改革和发展纲要[J]. 中国高等教育,1993(4):2-7.
[5] 中华人民共和国卫生部. 中国农村实现2000年人人享有卫生保健规划试点阶段评价标准[EB/OL]. http://www.chinalawedu.com/falvfagui/fg22598/181664.shtml.

了《中小学健康教育基本要求》及《大学生健康教育基本要求》,这两个要求分别对学校健康教育的目标、方法、教学内容、课时、教材编写等做了明确规定,使大、中、小学的健康教育有了可遵循的大纲。1994年颁发的《全日制小学、初级中学课程(教学)计划》保证了九年义务教育阶段学校健康教育的课时。该计划明确规定,应在活动类课程"科技文体活动"中安排每周0.5课时用于健康教育。而之后颁布的《学校健康教育评价方案》为学校健康教育建立了检查评估机制,使我国学校健康教育工作成为一个规范、完整的教育过程。1996年12月的《中共中央 国务院关于卫生改革与发展的决定》明确指出:"健康教育是公民素质教育的重要内容,要十分重视健康教育,提高广大人民群众的健康意识和自我保健能力。"2002年,江泽民在党的第十六次全国代表大会上将"全民族的思想道德素质、科学文化素质和健康素质明显提高"列为全面建设小康社会的重要目标。新世纪,人们开始从素质的视角来审视健康,将健康看作人的全面发展的一个重要素质,并将健康教育提升到素质教育的高度来对待。为贯彻落实《中共中央 国务院关于加强青少年体育增强青少年体质的意见》(中发〔2007〕7号)对健康教育提出的工作要求,进一步加强学校健康教育工作,2008年,《中小学健康教育指导纲要》颁发,这是一个具有课程标准性质的中小学教学指导纲要,其中明确指出:"健康教育是以促进健康为核心的教育""学校健康教育要把培养青少年的健康意识,提高学生的健康素质作为根本的出发点,注重实用性和实效性"。该纲要还对中小学健康教育的具体目标和基本教学做了规定,还对其实施途径和保障机制提出了明确要求,成为目前指导我国学校健康教育最主要的具体文件。2016年《"健康中国2030"规划纲要》颁布,这一新时期我国卫生事业的战略规划提出要"建立健全健康促进与教育体系,提高健康教育服务能力,从小抓起,普及健康科学知识。加强精神文明建设,发展健康文化,移风易俗,培育良好的生活习惯。各级各类媒体加大健康科学知识宣传力度,积极建设和规范各类广播电视等健康栏目,利用新媒体拓展健康教育。"并且专门强调要"加强学校健康教育",要求"将健康教育纳入国民教育体系,把健康教育作为所有教育阶段素质教育的重要内容。以中小学为重点,建立学校健康教育推进机制。"[1]学校健康教育在健康促进中被提到前所未有的高度。

三、实行学科渗透:健康教育的开展模式

如前所述,从实践层面宽泛地理解学校健康教育,学校健康教育包括学校中进行的各种增进健康、维护健康的活动和措施,包括体质与健康检查、预防接种、各种卫生宣传、心理咨询、卫生保洁、各种健康主题活动、学校配餐、校医开展的各种诊疗活动、各种体育活动以及健康课程与教学。也就是说,学校为促进学生的健康而采取的一切措施或活动都可以被称为健康教育。因此学校健康教育实践的三个方面(学校健康服务、学校健康环境创设、学校健康课程教学)既包括了实施内容,也包括了实施途径。

2008年颁布的《中小学健康教育指导纲要》将中小学健康教育的内容分成5个领域:健康行为与生活方式、疾病预防、心理健康、生长发育与青春期保健、安全应急与避险。同时根据儿童青少年生长发育的不同阶段,依照小学低年级、小学中年级、小学高年级、初中年级、高中年级五级水平,把五个领域的内容合理分配到五级水平中,分别为水平一(小学1~2年级)、水平二(小学3~4年级)、水平三(小学5~6年级)、水平四(初中7~9年级)、水平五(高中10~12年级)。五个不同水平互相衔接,共同完成中小学校健康教育的总体目标。[2]《中小学健康教育指导纲要》根据我国学校健康教育的实践经验,结合新一轮的基础教育课程改革,特别是体育与健康课程改革,就学校健康的实施途径提出了"学科渗透"模式,该纲要要求学校要通过学科教学和班会、团会、校会、升旗仪式、专题讲座、墙报、板报等多种宣传教育形式开展健康教育。学科教学每学期应安排6~7课时,主要载体课程为体育与健康。健康教育教学课时安排可有一定灵活性,如遇下雨(雪)或高温(严寒)等不适宜户外体育教学的天气时可

---

[1] 中共中央,国务院."健康中国2030"规划纲要[EB/OL]. http://www.gov.cn/xinwen/2016-10/25/content_5124174.htm.

[2] 中华人民共和国教育部.中小学健康教育指导纲要[EB/OL]. http://www.gov.cn/gzdt/2008-12/27/content_1189107.htm.

安排健康教育课。① 首次将学科教学的主要任务明确指定由体育与健康课程承担。另外,小学阶段还应与品德与生活、品德与社会等学科的教学内容结合,中学阶段应与生物等学科教学有机结合。对无法在体育与健康等相关课程中渗透的健康教育内容,可以利用综合实践活动和地方课程的时间,采用多种形式②,向学生传授健康知识和技能。"学科渗透"模式提出的以体育与健康课程为主,将健康教育融入一切学校教育之中的设想,充分体现了现代健康促进的生态观。

学校健康教育作为青少年体质健康促进最直接、最主要的途径,几十年来取得了不少成绩,但目前我国的学校健康教育开展情况还不是很理想。无论是学科教学还是其他途径的教育形式在整个学校教育中都不是主流,"说起来重要,做起来次要,考起来不要"一直是其现实写照。虽然在国家层面上很重视健康教育,要求将其纳入国民教育体系并贯穿所有教育阶段,但现实中学校健康教育一直未被真正纳入正规教育的范畴,学校健康教育课程还未能建立相对独立的体系,特别是《中小学健康教育指导纲要》提出以体育与健康课程为主要载体课程的"渗透式"学科教学模式在实践中基本没有得到落实。2010年之后,体育与健康课程标准再次修订时也未与《中小学健康教育指导纲要》有效衔接,中小学体育与健康课程如何具体落实健康教育学科教学在课程标准及教材上都还没有明确,每学期6~7课时的学科教学无明确分配方案,导致实践中无法落实。此外,现有的健康教育师资力量还很薄弱,难以满足学校健康教育的需要。但近年来,随着健康教育越来越被重视,学校健康教育实践也在不断改进,如为提升体育教师承担健康教育学科教学方面的职业素养,2014年修订的《高等学校体育学类本科专业类教学质量标准》就将健康教育学列入了体育学类本科的专业类基础课程,从而将健康教育纳入体育教师的职前培养当中。很多地方和学校也在进一步细化落实健康教育课程方案,丰富健康教育形式。学校健康教育今后将有望焕发新的生机,进一步发挥其健康促进传统主渠道的角色。

---

① 中华人民共和国教育部. 中小学健康教育指导纲要[EB/OL]. http://www.gov.cn/gzdt/2008-12/27/content_1189107.htm.

② 同上。

第三章　路径分析:我国青少年体质健康促进的政策途径

第二节　核心抓手:"健康第一"理念下的体育课程改革

学校体育课程一直是我国青少年体质健康促进政策关注的核心领域,从前述的政策梳理中可看出,从1950年的《小学体育课程体育暂行标准(草案)》到《国务院办公厅关于强化学校体育促进学生身心健康全面发展的意见》,大量的政策文件都把学校体育课程作为落实青少年体质健康促进的最主要渠道之一。1999年国务院颁布《中共中央　国务院关于深化教育改革全面推进素质教育的决定》,指出:"健康体魄是青少年为祖国和人民服务的基本前提,是中华民族旺盛生命力的体现。学校教育要树立'健康第一'的思想,切实加强体育工作。"在此思想指导下,"健康第一"逐渐成为体育新课程改革的核心理念。2001年教育部颁布了《体育与健康课程标准(实验)》,从此,"健康第一"的理念在我国成为学校体育工作开展的核心思想。在我国,学校是开展健康教育与健康促进的最佳场所,学校体育的核心价值在于促进学生的体质健康。体育与健康课程的目标是通过体育教育,增强学生的体能,发展学生的各项身体素质,提高学生的体质健康水平[①]。体育与健康课程作为学校体育的核心部分,在青少年体质健康促进中发挥了不可替代的重要作用,也是当下我国青少年体质健康促进政策最主要的实施途径。

一、生命在于运动:体育独特的健康促进功能

"生命在于运动",运动有助于身体健康已成为当今社会一个不争的事实。即使不管体育中"体力活动"(也称"身体活动")的任何特殊性和规定性,仅仅将其看成一种简单的生物性活动,它对健康的重要影响也是显而易见的。毛瑞斯和瑞弗在1954年发表了著名的伦敦公车司机研究结果。在比较了公车司机和

---

① 体育与健康课程标准研制组.普通高中体育与健康课程标准解读[M].武汉:湖北教育出版社,2008:60.

售票员的 CAD(冠状动脉疾病)发病率后发现:售票员的活动比司机多,心脏病的发病率比司机低 30%。这种疾病在司机中较早出现,而且第一次发生心脏衰竭的死亡率要比售票员高两倍。而史蒂文·布莱尔调查发现,久坐者的总体死亡率比积极活动者的几乎高 3 倍[①],这充分验证了体力活动缺乏会直接影响心脏病的发病率这一客观事实。类似此类缺乏运动而危害健康的研究报道不计其数。现代运动生理学、运动医学等更是从组织、器官、系统等各个层次为"体力活动(尤其是体育中的体力活动即运动)对健康的积极促进作用"提供了大量科学证据,近年来人们发现体力活动甚至可以改变人体的基因结构而对健康产生积极影响。用体育来解决人类的生物性退化问题,其作用是任何学科所不能取代的。可见,仅从简单的生物学角度就已经足够奠定体育在促进健康方面的特殊地位。

然而,体育中的运动不仅是一个维持生命存在的生物性活动,还是一种非生产性的体力活动,它是人类的一种有目的的行为,是为了实现人们的某种特定目的,如健身、竞技等,而对人自然的体力活动进行加工改造后的产物。就连最简单的跑步,在体育中也是具有某种规定性的活动,如跑步时需要讲究步幅、频率、节奏等;竞技运动中的跑步,还需要遵守一定的规则,按照一定的程序和要求来进行。所以,运动这种体力活动是一种规范化、专门化的人体活动。这就使得其有可能对健康的促进作用比一般体力活动更为有效,如太极拳是为了强身健体而创编的,有氧健身操则是根据现代运动人体科学原理而专门设计出来的。这类以增进健康为目的并以科学原理设计出的运动对健康的影响更是一般体力活动无法比拟的。同一般的体力活动相比,身体运动更为科学有效。

此外,运动项目的形成不仅同人类的活动有关,还同一定的生活方式、民族文化、地理环境等有关。正是这些因素的影响和制约,使许多体育运动项目具有浓厚的民族气息和地方色彩,并具有长久的生命力。例如,中国的气功、养生功和武术,日本的柔道,西班牙的斗牛,蒙古族的摔跤、马术,朝鲜族的秋千、跳板,维吾尔族的叼羊运动等。这些运动本身所蕴藏的文化内涵不仅可以促进人

---

① 萨克. 运动健康完全手册[M]. 长沙:湖南文艺出版社,2001:19.

的身体健康,更对人的精神健康产生着影响。所以,从健康行为学角度来看,运动是一个与健康有高度相关性的行为。体育对健康的促进作用首先归功于运动,运动是体育实现健康功能的决定性前提。

二、从增强体质到健康第一:学校体育的变迁

学校体育是以身体练习为其主要内容来进行身体锻炼、体育教学、运动训练的,它要求学生直接参与身体活动,并承受一定的生理负荷,这是学校体育最本质的特点。学校体育在我国的青少年体质健康促进中发挥了关键作用。学校体育作为青少年学生体质健康促进的基本手段已成为当今社会的共识。课程(含教学)作为学校教育的主要途径,在学校教育中居于中心位置,集中体现了学校教育的优势,学校体育的主体或者说主渠道是体育课程,因而体育课程也就成了学校体育促进学生体质健康的主要载体。这一点在我国体现得尤为显著。在我国基础教育阶段,体育与健康课程是必修课程,小学每周4学时、初高中2~3学时,大学阶段也基本上都被列入必修课程,开设1~3学年,每周2学时,可以说,中国是世界开设体育与健康课程时间最长的国家之一,足以见得国家对体育与健康课程的重视。

"体育为健康"的观念正深入人心,但这一观念的形成在我国体育课程发展史上经历了较漫长的过程。"少年强,则中国强",我国早期的学校体育课程受"军国民"体育思想的影响,被深深地打上了"尚武救国"的烙印,学校体育课程的编订与教学被当作"救亡图存、富国强兵"的手段,学生体质健康并不是学校体育的终极目标。随着社会的发展,学校体育课程对学生体质健康的重视逐渐加强。1923年《新学制课程标准》颁布,正式把"体操科"改为"体育科",学生体质健康问题开始被学校体育所关注。

20世纪50年代,我国学校体育学习苏联教育经验,实施《劳卫制》,"锻炼身体建设祖国,锻炼身体保卫祖国,为将来参加建设社会主义和保卫祖国做好准备"成为学校体育课程目标,学校体育注重劳动体育相结合和运动兴趣的培养,并大力宣扬爱国主义思想,在一定程度上激发了青少年参加体育锻炼的热情,学生体质水平有了一定的改善。但《劳卫制》下的学生体质健康并非学校体育

的主要目的。"发展体育运动,增强人民体质",20世纪50年代末,增强体质的观念得到了很大强化。20世纪60年代,在对《劳卫制》反思的基础上,我国重新修订了学校体育教学大纲,修订后的大纲提出:"根据学校体育的目的,首先是从增强学生体质,增进学生健康出发来选择教材。"修订的大纲还对"体质"的内涵做了较为科学的概括:"促进身体正常发育,促进身体机能、身体基本活动能力和身体素质的全面发展,增强身体对自然环境的适应能力。"这标志着我国学校体育课程进入了以增强体质为指导思想的时期。

之后,增强学生体质一直被学校体育课程与教学所强化,"文革"之后,为解决学校被破坏、学生体质下降的问题,在1979年的扬州会议上,"学校体育以增强体质为主"的学校体育思想即"体质论"体育思想被强化,并由行政手段在全国范围内推行开来,由此在学校体育界掀起了一股增强学生体质的浪潮,"体育就是体质教育"的观点盛行,"体质论体育"的基本观点是:体育教育的目的就是增强学生的体质,增进学生的健康,促进学生的身体形态、机能、体质和基本活动能力等实质性要素的全面发展,学校体育的展开必须紧扣强身健体这一主题。[①] 体育的真正意义是增强人们的体质健康,提高机体能力。体质教育是体育教育的重要组成部分,是体育教育的前提和基础。这种观点充分认识到了体育教育的特殊功能——增强体质、完善身体。这一思想在当时具有积极意义,对于"文革"后的学校体育来说,"体质论"提醒人们要关注学生的体质与健康,同时也提醒人们去关注体育自身的特色和本质功能,在客观上也起到了发展学生体质、增进学生健康的作用,为学校体育的发展注入了新的活力。

由于体质论体育过于强调单纯的生物学改造,缺乏对体质健康概念的全面理解,其以"超量负荷原理"为主要理论依据,提倡教学内容"宜少宜简",推崇"循环练习法"(意在追求大运动负荷),主张将教与学的方式扩展为教、学、练,主张"课课练",虽然对学生体质健康起到了一定增进作用,但严重忽视了体育环境、体育交往对促进人的健康的重要意义,从而导致学校体育中人文主义思

[①] 丁俊武,黄宝宏.体育教育思想的分析与展望[J].安徽师范大学学报(自然科学版),2001,24(2):153-155.

想匮乏,课程效果并不好。

　　1985年我国对28省、市、自治区的50多万7~22岁学生进行了体质健康的调研结果表明:"学生视力不良的问题非常严重""学生的体型在向'豆芽型'发展""青春期高血压、心脏病、脊柱侧弯等问题也较为突出"。这一结果引起了人们对体育课程教学目标和体育教学实践的深刻反思。1987年,教育部颁布了《全日制六年制中小学体育教学大纲》,此次课程改革针对当时提出的"三个面向"的教育思想,从创新、学生个性和兴趣习惯等方面对学生进行培养,并首次提出了终身体育的理念。1990年颁布的《学校体育工作条例》和1992年颁布的《小学、初中体育教学大纲》试用稿[①],建立了比较完整的目标体系,并在大纲中增加了卫生、保健的内容,通过体育教学向学生进行体育卫生保健教育,这时学校体育从单纯强调促进学生体质开始向促进学生全面身心健康发展转变。1996年出台的《高中体育教学大纲》则把"增进学生身心健康"置于突出的位置。此时期开始,现代健康教育和健康促进的理念开始逐渐渗入体育领域之中,三维健康的概念也开始被学校体育接受,原有的以生物学改造为主的体质论也开始向全人健康转变。

　　1999年,《中共中央 国务院关于深化教育改革全面推进素质教育的决定》指出:"健康体魄是青少年为祖国和人民服务的基本前提,是中华民族旺盛生命力的体现。学校体育要树立'健康第一'的指导思想,切实加强体育工作。"学校体育再一次将促进学生健康的重任寄托在学校体育上。"体育为健康"在21世纪的时代背景下成为现代教育对学校体育的迫切要求[②]。2001年,我国新一轮的基础教育课程改革中,"健康"这一主题被引入体育课程当中,原有的体育课被改名为体育与健康课程。而此后,2007年国务院颁布《中共中央 国务院关于加强青少年体育增强青少年体质的意见》(中央7号文件)提出"体育锻炼和体育运动,是加强爱国主义和集体主义教育、磨炼坚强意志、培养良好品德的重要途径,是促进青少年全面发展的重要方式,对青少年思想品德、智力发育、审美

---

① 李忠堂,阎智力.我国基础教育体育课程改革60年回顾[J].体育学刊,2010,17(12):52-56.
② 史曙生.教育的健康关怀:学校健康教育探论[M].北京:人民体育出版社,2008.

素养的形成都有不可替代的重要作用。各地和各级各类学校必须全面贯彻党的教育方针,高度重视青少年体育工作",并将"中小学要认真执行国家课程标准"作为认真落实加强青少年体育、增强青少年体质的主要措施。2013年,党的十八届三中全会提出的《中共中央关于全面深化改革若干重大问题的决定》对学校体育工作做出重要部署,明确提出"强化体育课和课外锻炼,促进青少年身心健康、体魄强健",再次强调将学校体育课程作为促进青少年体质健康的主要手段和途径。体质健康促进被公认为学校体育课程的基本价值,而学校体育课程也成了青少年体质健康促进政策的主要实现渠道。

三、健康第一:体育课程的改革举措

21世纪初,在面临学生体质健康与心理健康状况不佳、传统体育课程教学不适应新时代要求、国外体育课程改革的启示以及国家基础教育课程改革的大背景下,我国再次启动了一轮基础教育改革。改革过程中,新的体育课程改革思潮不断涌现,教育工作者们从理论和实践两个方面进行着不同的探索和尝试。以"健康第一"为指导思想的学校体育理念在各项改革中得到充分展现。

体育作为基础教育内容中的一个重要组成部分,2001年我国推出了首部《体育与健康课程标准》。虽然此前七次课程改革均有一定成效,但课程教材体系不能适应全面推进素质教育的要求,依然存在教育观念滞后、课程内容纷繁复杂、课程结构单一、课程评价过于强调学业成绩、德育缺乏针对性等问题。针对旧课程中一系列问题,在21世纪之初,中华人民共和国成立以来的第八次体育课程改革开始实施,其具有速度快、步伐大、难度高的特点,这些都是前七次改革所不可比拟的。1999年6月举行的全国第三次教育工作会议上,党中央国务院发布的《中共中央 国务院关于深化教育改革全面推进素质教育的决定》中明确指出:"健康体魄是青少年为祖国和人民服务的基本前提,是中华民族旺盛生命力的体现。学校教育要树立'健康第一'的指导思想,切实加强体育工作,使学生掌握基本的运动技能,养成坚持锻炼的良好习惯。"在中华人民共和国建立初期,党和政府就非常重视学校体育工作,十分关心青少年学生的身体健康,毛泽东曾在1950年和1951年两次做出"健康第一"的指示,时隔五十年,历经七次课程改

革,"健康第一"才真正晋升为学校教育的指导思想。随后于 2001 年 7 月正式在全国实施《体育与健康课程标准》,2004 年在全国普及,该课程标准从运动参与、运动技能、身体健康、心理健康和社会适应五个领域进行设置,首次确立"以人为本,健康第一"的教学理念。从利益角度解读体育课程改革的利益,宏观上是通过体育课程改革使全国的在校青少年学生都能拥有健康,从而达到提高整个民族健康状况的目标;微观而言,就是接受教育的在校中学生能通过体育课程改革提高体质健康水平,使其获得健康生活和工作追求幸福的资本。

通过学校体育课程改革,我国基础教育体育课程的教学紧跟时代步伐,经过几年的实验,取得了丰硕的成果。教育部基础教育司"新课程实施过程评价"课题组对部分国家级实验区进行了调查评估,调查结果显示,在对新课程与教材的适应、教学观念与教学行为、教学评价、学生学习方式等方面,新课程改革实验都取得了显著的成效。教学理念作为新课程改革的根本,取得了创新性的进步。突破了学科中心的束缚,由传统的"学科中心论"向素质教育理念方向转化,由以书本、课堂、教师为中心的教学思想,向以学生素质教育、身心协调发展、"健康第一"的教学思想上转变,关注学生的兴趣与经验,打破了单纯强调学科的系统性、逻辑性的局限。这种质的转变是从新中国成立初期"增强体质与劳卫"思想、1985 年"素质教育"思想、1987 年"终身体育"思想、1996 年"快乐体育"思想直至 2001 年"健康第一"思想发展而来,这一过程使得学生的体质健康成为教育价值的直接指向。

2001 年的《体育与健康课程标准》中提出了"体育新课程从身体健康、心理健康、运动技能、运动参与和社会适应 5 个方面培养"的新理念。新的体育教学理念更加强调"三维健康观",不仅要提高学生的身体素质,还要重视学生的心理和社会适应能力;重视学生身体练习的同时,培养学生的健康意识,以便其养成良好的生活习惯;更加注重人的全面发展,既强调个性的发展、超越自我,又关注人与自然的和谐共生。在体育课程的内容上获得了巨大的改进。8 次基础教育体育课程改革使体育课程内容设置日趋合理[①],设置综合课

---

① 李忠堂,阎智力. 我国基础教育体育课程改革 60 年回顾[J]. 体育学刊,2010,17(12):52-56.

程,设计课程门类和课时比例以适应不同地区和学生发展的需求,课程设置更合理、更科学、更能适应社会发展的需要,体现课程结构的均衡性、综合性和选择性。新课程确立了知识与技能,过程与方法,情感、态度与价值观,三位一体的课程与教学目标,改变了新中国成立初期片面重视知识技能传授、片面强调知识技能系统性的教学目标。三位一体的课程教学目标是发展教学的核心内涵,也是新课程推进素质教育的集中体现。除此之外,新课程的课堂教学十分注重追求这三者的有机结合,在知识教学的同时,关注过程、方法和情感体验。在教学方法上打破了传统固封已久的教师传授和示范的单一教学方式,采用开放性教学方式,它把学生从诸多的框架中解放出来,给予他们个性化理解、独立思考、自由表达、质问怀疑等自由和权利。同时也重视学生体育与健康知识的掌握和技能方法的正确运用,提倡建构性学习,注重学生的经验与学习兴趣,强调让学生主动参与、探究实践、交流合作的学习方式,克服课程过分注重知识传承和技能训练的倾向,改变课程实施过程中过分依赖课本、机械训练、死记硬背、被动学习的观念。这样有利于培养学生的合作精神、创新意识,课堂教学不再是以往的"闷课",新课程的课堂教学活了起来,新课程的学生也充满了活力。

此外,通过多年的课程评价改革实践,新课程已经打破了传统体育课程评价理念。新课改提倡对学生实施发展性评价,要求把学生的体能、运动技能、学习态度等纳入学习成绩评价范围,注重学习过程中学生的态度和行为变化。在"健康第一"理念指导下,体育课程评价体系由学生学习评价、教师教学评价和课程建设评价三个方面共同组成,评价指标、评价方法、评价功能更加趋于科学化。评价方式的改革使课堂更加生动、充满活力,在一定意义上也是促进了青少年学生主动参与体育活动,提高了青少年体质健康水平。

新一轮的体育课程改革中,"健康"这一主题被引入体育课程当中,"健康第一"的指导思想成为体育课程的基本理念,体育促进健康的重要功能和目标被突出。目前,我国的学校体育课程与教学改革虽取得了不菲的成果,课程设置日趋合理、课程类型逐步健全,但是在面对学校体育课程促进学生体质健康的具体实践中仍然存在各种现实问题,特别是为了应对"应试教育"而产生的各种利益冲突,学校体育课程在学生体质健康促进方面的时效性仍不足,2014年全国体质健康监测结果显示,学生体质健康状况的改善仍不明显。为此,教育部根据十多年新课改的经验,针对存在的问题,分别于2011年和2017年先后重新修订了《义务教育体育与健康课程标准》和《普通高中体育与健康课程标准》,进一步探索"健康第一"理念的实践创新。2011版《义务教育体育与健康课程标准》将"健身性"列为课程的主要性质,"课程强调在学习体育与健康课程知识、方法和技能的过程中,通过适宜负荷的身体练习,提高体能和运动技能水平,促进学生健康成长"①。2017版《普通高中体育与健康课程标准》则将"健康行为"作为体育学科核心素养,作为课程目标、内容和学业质量评价的主要依据。目前,新版课标的实施效果,还有待实践检验。面对学生体质健康问题的复杂性和艰巨性,学校体育课程与教学改革仍然任重道远。

第三节 评价强化:国家学生体质健康监测

青少年体质健康促进政策的最终目的是提升青少年体质健康水平,对于政策效果可以通过多方面的评估来考察,而其中最直接的方法就是对青少年体质健康状况进行监测。事实上,我国一直把学生体质健康监测作为青少年体质健康促进政策评估的最主要手段和方式,2014年教育部关于印发《学生体质健康监测评价办法》等三个文件的通知指出:"各地要将学生体质健康监测评价纳入教育现代化指标体系,作为考试制度建设和改革的重要内容,逐步形成科学规范、导向明确、诚信可靠、保障有力的学生体质健康监测评价制度。"②我国国家层面的广义的学生体质监测包括每年进行的《国家学生体质健康标准》测试和每五年开展的全国学生体质健康调研,此外还包括自2013年开始的《国家学生体质健康标准》上报数据抽查复核。上述三类学生体质测试形成了我国学生体质健康监测制度的主体,不仅是各种青少年体质健康促进政策的评估工具,其

---

① 中华人民共和国教育部.义务教育体育与健康课程标准[M].北京:北京师范大学出版社,2012:2.
② 教育部.学生体质健康监测评价办法[J].教育院/系/研究所名录,2014.

本身就是青少年体质健康促进政策的一部分,也是实施青少年体质健康促进的重要渠道之一。

一、以评促建:从《劳卫制》到《国家学生体质健康标准》

我国在各个历史时期制定了大量青少年体质健康促进相关政策,同时也出台了一系列行之有效的体质健康评价标准,逐渐形成了一套系统的"以评促建"式的青少年体质健康评价标准体系。1954年,中华人民共和国出台了第一个体质测试达标标准——《准备劳动与卫国体育制度暂行条例》(简称《劳卫制》),《劳卫制》以标准的形式引导和鼓励广大人民群众参加体育锻炼,提高运动技能,对当时包括学校体育在内的群众体育的发展,对提升国民体质健康水平起到了积极的作用。这一时期,大部分学校都将《劳卫制》中的标准作为体育的达标标准开展学校体育教学和评价工作,使青少年体质健康促进工作得到具体落实。之后,我国相继出台了《国家体育锻炼标准》(1975年)、《(大、中、小学)学生体育合格标准》(1990—2001年)、《学生体质健康标准》(2002—2006年)和《国家学生体质健康标准》(2007年版)、《国家学生体质健康标准》(2014年版)等学生体质健康评价标准,我国学生体质健康标准已走过了60余年的发展历程,目前已成为学校体育教育中的一项系统工程。

2007年颁布的《国家学生体质健康标准》,以贯彻落实"健康第一"为指导思想,是为了促进学校体育的发展,提高学生参与体育运动的意识,发展学生的体质健康而制定。《国家体育锻炼标准》也是贯彻落实《中华人民共和国体育法》中关于切实加强青少年体育锻炼,提高青少年体质健康水平精神的切实体现。其作为一个行政条例,规定了学生在校期间必须参加体质健康测试,并达到一定的要求,具备法律法规所起到的约束和促进作用,使学生体质健康的评定与监测更加规范和有法可依。其成功借鉴了《国家体育锻炼标准》和《学生体质健康标准(试行方案)》的经验,并根据《学生体质健康标准》试行过程中发现的主要问题,以及我国学生体质发展变化中的新情况,对评价指标、测试项目和权重进行修订和完善。之后,2014年《国家学生体质健康标准》又根据实际情况调整了评价指标和项目及权重。从总体上看,上述标准及实施办法,具有科学性、系统性和可操作性，便于基层学校实施落实。

《国家学生体质健康标准》是学生体质健康促进工作的主要目标和基本起点。它具有以下三个方面的基本功能：①教育激励功能。《国家学生体质健康标准》是促进学生体质健康发展、激励学生积极进行身体锻炼的教育手段。所选用的指标可以反映与身体健康关系密切的身体成分、心血管系统功能、肌肉的力量和耐力，以及关节和肌肉的柔韧性等要素的基本状况。《国家学生体质健康标准》的实施使学生和社会能够对影响身体健康的主要因素有一个更加明确的认识和理解，引导人们去积极追求身体的健康状态，实现学校健康促进的目标。此外，《国家学生体质健康标准》实施办法还规定，对达到合格以上等级的学生颁发证章，以激励学生对体育锻炼的内在积极性。②反馈调整功能。《国家学生体质健康标准》是学生体质健康的个体评价标准，规定了各校应将每年测试的数据按时上报至国家学生体质健康标准数据管理系统，该系统具有按各种要求进行统计、分析、检索的功能，并具有定期向社会公告的功能。该系统理论上可为学生及家长提供在线查询和在线评估服务，向学生提供个性化的身体健康诊断，使学生能够在准确地了解自己体质健康状况的基础上进行锻炼；该系统还可为各级政府机关、教育行政部门、学校提供翔实的统计和分析数据，使之了解学生的体质健康状况，及时采取科学的干预措施。③引导锻炼功能。《国家学生体质健康标准》中的测试项目具有一定的实用性，对引导学生进行体育锻炼具有较强的实效性；同时通过国家学生体质健康标准数据管理系统，学生还可以查询到针对性较强的运动处方，用于自身因地制宜地进行科学的体育锻炼，提高身体健康水平[1]。

此外，《国家学生体质健康标准》还担负着教育监测和绩效评价的功能，可在一定程度上对各地各校的学校体育工作及学生体质健康促进工作起到监督和评价作用。2014年教育部关于印发《学生体质健康监测评价办法》等三个文件的通知要求："学生体质健康的状况可以体现学校教育质量和地方

---

[1] 中华人民共和国教育部网站 http://old.moe.gov.cn//publicfiles/business/htmlfiles/moe/s3273/201407.

教育发展的水平,是评价学校教育教育质量的依据""将学生体质健康监测评价工作纳入本级政府教育督导内容和评估指标体系,并作为对各级各类学校进行评优、表彰的基本依据。对弄虚作假、徇私舞弊者,给予通报批评,情节严重者,依法给予行政处分;对积极开展监测评价工作并成绩显著的单位以及个人给予表彰奖励"。

教育部要求所有全日制小学、初中、普通高中、中等职业学校和普通高等学校实施《国家学生体质健康标准》,实行全体学生测试制度,每年向国家学生体质健康标准数据管理系统上报测试数据。2014年教育部关于印发《学生体质健康监测评价办法》等三个文件的通知又进一步强化了这一要求。自2007年以来,我国每年约有27万所学校的近2亿名学生参加国家学生体质健康标准测试,是全世界规模最大的青少年体质健康监测工作。国家学生体质健康标准测试作为一项面向全体学生的常规学校体育工作,有力地推动了青少年体质健康各项政策的落实。尽管在现实中《国家学生体质健康标准》执行情况还不够理想,数据质量备受诟病,反馈调整功能及引导锻炼功能还基本没有开通,但总体上讲,《国家学生体质健康标准》已成为我国落实青少年体质健康促进政策的最主要的推手。

二、诊断引导:全国学生体质健康调研

全国学生体质健康调研是"中国学生体质健康监测"体系中的另一个重要部分,是由教育部、国家卫生与计划生育委员会(原卫生部)等多部门共同组织领导的。1979年国家体委、教育部和卫生部首次对我国16个省市近20万汉族大中小学生进行体质健康调研。在此基础上,1985年我国建立了每5年1次的全国学生体质健康调研制度。2002年教育部建立了"全国学生体质健康监测网络",每2年对7~22岁在校大中小学生的体质健康状况开展监测,同时向社会公告学生体质健康状况。我国学生体质健康调研监测体系变成由每5年1次的"全国学生体质健康调研"和每2年1次的"全国学生体质健康监测"组成。1979年至2014年我国先后进行了7次全国学生体质健康调研。2010年第6次全国学生体质健康调研开始全面覆盖31个省、自治区、直辖市的大中小学,

调查对象涵盖汉族 7~22 岁学生和少数民族 7~18 岁学生。检测指标包括身体形态、生理功能、运动素质、健康状况(视力、龋齿、血红蛋白、粪蛔虫卵)以及青春期发育指标(男生首次遗精、女生月经初潮)等共 27 项指标。测试指标涵盖的范围比《国家学生体质健康标准》要大,指标要多,此外,还进行了学生问卷和学校问卷调查,对学生体育活动和生活方式及学校体育等方面开展调查。2014 年进行的第 7 次"学生体质健康调研"工作为了与国民体质监测同步,提前了 1 年进行。"全国学生体质健康调研"采用整群抽样法,为保持观测数据的连续性,历年调研点校原则上要求保持一致,2010 年以来,抽样人数也基本保持一致,每次近 35 万人。

"全国学生体质健康调研"实际上是国民体质监测体系的重要组成部分(学生人群),通过全国学生体质健康调研可以分析我国儿童少年生长发育的规律和特点,及时诊断学生体质健康存在的问题,并据此提出干预和促进学生体质健康的政策与措施。学生体质健康调研是教育、体育、卫生行政管理不可缺少的基础性工作,对促进学校全面贯彻落实党的教育方针、科学评价学校教育取得的成果具有十分重要的导向作用。近 40 年的我国学生体质健康调研对改革开放后经济转型阶段的中国儿童青少年的生长发育规律、体质与健康状况的了解和分析起到了不可替代的作用[1]。"我们已经深刻地体会到,定期开展学生体质健康调研工作不仅能够及时了解和掌握我国学生体质健康的现状和发展变化趋势,为我国学校体育卫生工作发展规划和干预政策制定提供客观、科学的依据,而且极大程度地促进了各地各校全面贯彻落实党的教育方针,有效推进了素质教育的实施。同时,通过调研数据分析与定期公告,促进了全社会对学生健康状况的关心,促进了各级政府和社会各界对学校体育卫生工作的重视和支持。中央 7 号文件的制定出台和这几次学生体质调研的结果是密不可分的。因此,学生体质健康调研工作既是推进学校体育卫生工作科学化、教学管理科学化、促进学生体质健康水平提高的有效手段,更是坚持以人为本和落实科学发展观,运用科学的方法将青少年体质健康作为国家资源加以管理和利用,为

---

[1] 廖文科.当前学校卫生工作的主要任务[J].中国学校卫生,2008,29(1):1-3.

国家经济建设和社会发展服务的重要举措。"[①]

全国学生体质健康调研虽然基本5年才进行一次,抽查的学生数量也远不及《国家学生体质健康标准》的人数,但由于全国学生体质健康调研由国家统一组织,由专门的人员和资金支持,测试主要由第三方开展,监测的范围和指标远多于《国家学生体质健康标准》,调研所获取的数据质量要远远高于《国家学生体质健康标准》,因此,有关部门对其重视程度非常高。监测数据具有很高的权威性,被作为评价青少年体质健康促进效果的最主要依据,也成为制定青少年体质健康相关政策的主要依据,最明显的例子就是,2005年体质调研的结果直接导致了中央7号文件的出台。而每次调研结果公告都引起了全社会对青少年体质健康的广泛关注。全国学生体质健康调研结果也成为考核地方包括学校体育在内的学生体质健康促进工作的重要评估指标。

实践显示,全国学生体质健康调研对于推动青少年体质健康促进各项政策的有效落实,起到了较为重要的评估引导作用。鉴于此,许多省市也开始效仿国家做法,在本省域或地区开展学生体质健康调研工作(监测工作),如江苏省自2010年起,每年对5万～10万名大中小学生开展学生体质健康调研(监测)工作(平时每年5万人,遇国家监测年则为10万人),而其下的13个市也纷纷建立监测网络,开展了各自的监测工作。体质健康调研工作越来越成为我国青少年体质健康促进工作的重要途径。

三、倒逼治理:《国家学生体质健康标准》上报数据抽查复核

2002年7月教育部、国家体育总局共同颁布《学生体质健康标准》。要求从2005年新学年开始在全国各级各类学校全面实施《学生体质健康标准》。为了准确地反映我国学生体质健康状况,推进学校体育工作科学化,也为行政管理和决策提供参考依据,根据教育部、国家体育总局关于《学生体质健康标准》实施办法的有关文件,自2005年起在全国逐步实施《学生体质健康标准》测试数据上报工作。教育部于2005年5月颁发"《学生体质健康标准》测

[①] 廖文科. 当前学校卫生工作的主要任务[J]. 中国学校卫生, 2008, 29(1): 1-3.

试数据上报工作的通知",建立《学生体质健康标准》数据上报制度。该制度规定凡已实施了《学生体质健康标准》的各级各类学校,均要通过互联网络,直接将本校的测试数据,报送至教育部"全国学生体质健康标准数据管理系统"。2007年《学生体质健康标准》正式更名为《国家学生体质健康标准》(简称《标准》)后,数据上报制度范围扩大到所有学校,要求全国各级各类学校每年均直接将本校各年级《标准》测试数据,通过中国学生体质健康网,报送至教育部国家学生体质健康标准数据管理系统。每年上报数据的时间为9月1日至10月31日。2014年新版《标准》实施后将上报数据的时间改为每年9月1日至12月31日。

自2007年全面实施《国家学生体质健康标准》数据上报制度以来,各地的数据上报率逐年增加。数据的数量方面不断提升,表明《国家学生体质健康标准》在全国大多数学校已经得到执行。但通过对上报数据进行检查发现,上报数据的质量普遍不高,一些学校或个人对《国家学生体质健康标准》执行不到位,或者组织不力,或者测试过程不认真,或者条件保障不到位,种种原因导致数据失真。更有甚者,少数学校或个人,上报虚假数据或篡改数据,以获取私利。上报数据的质量低下问题严重制约了《国家学生体质健康标准》制度评估、反馈和引导锻炼功能的发挥,以至于除上报率外,自2007年正式实施《国家学生体质健康标准》制度以来,国家有关部门从来没有向社会发布过任何基于《国家学生体质健康标准》上报数据而得出的统计结果,更没有基于此而出台任何干预政策措施。《国家学生体质健康标准》上报数据的质量问题不仅造成了大量数据资源的严重浪费,也给国家的大量投入造成了严重损失,极大地影响了我国青少年体质健康促进工作。

为此,自2013年起,教育部开始在全国范围内对《国家学生体质健康标准》上报数据开展抽查复核工作。此项工作由教育部牵头,委托全国30多所高校进行,在全国分省随机抽取一定数量学校的学生,采取现场还原的方式(器材、人员等均还原)再次进行《国家学生体质健康标准》测试,通过比对各校上报的数据和复测数据的一致性分析,来判断数据的质量。2013年抽查复核的结果表明,《国家学生体质健康标准》上报数据的质量非常不理想。这促使政府部门决定将《国家学生体质健康标准》上报数据抽查复核工作作为一项重要的检查评估工作长期开展。2014年教育部印发关于《学生体质健康监测评价办法》等三个文件的通知,其中的《学生体质健康监测评价办法》第七条规定:"建立数据抽查复核制度。教育部每年委托第三方机构在各地上报测试数据基础上,综合考虑学校类型、学生性别、年级学段、区域布局等因素,随机抽取一定比例的学校作为考查样本,进行测试工作和测试数据的现场抽查复核,并将现场抽查测试数据与学校上报测试数据进行一致性比对、综合分析和反馈给各地。"该办法不仅在国家层面上建立抽查复核机制,还要求"各地要结合本地实际按要求建立学生体质健康测试抽查复核工作机制"。从2014年开始,为进一步科学评价《国家学生体质健康标准》上报数据的真实性,《国家学生体质健康标准》上报数据抽查复核现场测试工作全部交由教育部指定的第三方专家(全国30多所高校教师)亲自测试。《国家学生体质健康标准》上报数据抽查复核结果则由教育部内部在全国范围内对各省进行公布。

  由国家派驻专家直接入校进行现场测试,《国家学生体质健康标准》上报数据抽查复核制度的实施对被抽查的学校起到了很好的示范教育作用,对那些执行不利、弄虚作假的学校和个人更是起到了警示震慑作用,其结果对各地各校起到了很好的倒逼治理效果。为充分发挥《国家学生体质健康标准》上报数据抽查复核制度的作用,自2016年起,《国家学生体质健康标准》上报数据抽查复核中所获取的数据将作为评价该省(地区)学生体质健康状况的数据来源,成为该地区学生体质健康评价的主要依据,《学生体质健康监测评价办法》中提出的"对学生体质健康水平持续三年下降的地区和学校,在教育工作评估和评优评先中实行'一票否决'"规定也将以此为依据。《国家学生体质健康标准》上报数据抽查复核制度有利于调整青少年体质健康促进中的利益博弈格局,对于推动《国家学生体质健康标准》的有效落实起到非常大的督促反馈作用,将成为今后一段时间内我国学生体质健康促进工作的又一重要抓手。

第四节 国际接轨:健康促进学校创建

1995年世界卫生组织西太区办事处出版的《健康新地平线》将健康促进定义为:个人及其家庭、社区和国家一起采取措施,鼓励健康的行为,增强人们改善和处理自身健康问题的能力。而"健康促进学校(Health-promoting School, HPS)"则是上述理念在学校卫生与健康领域的重要体现。健康促进学校是世界卫生组织在全球范围内积极倡导的一项对人类健康有着深远意义的活动,也是近20年来在全球兴起的健康促进活动的重要组成部分。我国于1995年开始健康促进学校的试点和推广工作,在世界卫生组织的支持和中国教育部、卫计委(原卫生部)以及相关部门的共同努力下,近年来,我国的健康促进学校试点和推广工作取得了可喜成绩。健康促进学校的建设与发展已成为我国青少年体质健康促进政策的主要实施途径之一,在青少年体质健康促进中发挥了非常重要的作用。

一、健康促进学校的理念及发展

健康促进学校这一概念由世界卫生组织在20世纪80年代提出。健康促进学校是指在学校社区内,所有成员为保护和促进学生健康而共同努力,为学生提供完整的、有益的经验和知识体系,包括设置正式的和非正式的健康教育课,创造安全、健康的学校环境,提供适当的卫生服务,动员家庭和更广泛的社区参与,以促进学生健康[1]。通过开展健康促进学校工作,学校教育不再仅以学生的智育为中心,而是把学生健康成长放在教育工作的中心位置上。在这里,所有学校及社区的成员共同努力给学生提供综合性的、积极的经验和结构,以促进和保护他们的健康,创造一个安全、健康的学校环境,提供适当的健康服

---

[1] 吕姿之,常春.健康教育与健康促进[M].北京:北京大学医学出版社,2002:144-145.

务,使家庭和更广泛的社区参与促进学生健康的活动中来。[1]

1997年希腊召开了健康促进学校网络的第一次欧洲会议,表决了健康促进学校的十项原则:民主、平等、赋权、学校环境、行动能力、课程、教师培训、测量成功的结果、社区、合作和可持续性。欧美学者指出,健康促进学校活动的开展不仅是当今世界发展形势的需要,更重要的是为促进儿童青少年各方面的健康提供了一次机会和有效措施,它发展和培养了孩子们的健康生活方式以及各种生活技能,使青少年受益终生[2]。中国香港的相关研究人员提出,一个国家的教育与卫生、经济发展是紧密相连的,教育的成功依赖于好的卫生状况,反之亦然。现代的教育应该对青少年的健康和行为负责任,并使其做出有意义的选择。学校健康促进的成功需要教育与卫生部门的共同参与和努力。同时,还提出一个全面的健康促进项目至少需要包含:教师培训、课程编制、社区参与、合理的更改方针政策和调查。所有的这些内容都需要建立一个健康促进学校的成功模式[3]。健康促进学校创建比传统的学校健康教育的内容广泛得多,实施力度大得多。实际上健康促进学校是把与青少年健康相关的关键性因素组织起来的一个手段。健康促进学校核心的教育理念是学校不仅是一个传授知识的地方,也是学生获得健康的场所,学生在校不仅是发展身体健康,更要注重学生心理健康的发展。欧洲许多学者通过对青少年健康和教育之间相互关系的研究发现,健康和学习有高度的联系,个体的受教育水平影响着他们的健康水平,同时也影响着他们从学校毕业以后保持健康生活方式的能力以及为取得健康而采取良好生活方式的动机。而青少年的健康也是影响其学习能力的一个重要因素,健康的学生在学校里通常表现也很优秀,而不健康是成绩不理想的一个重要影响因素。还有大量研究表明,如果青少年有机会在学校接受高质量的健康教育,他们不仅会获得健康的知识、正确的生活态度以及生活技能,而且可以帮助他们在有关生活方式的问题上做出合理的选择。澳大利亚学者莱格

---

[1] 黄敬亨.健康教育学[M].上海:复旦大学出版社,2001.
[2] BOOTH M L, SAMDAL O. Health-promoting schools in Australia: models and measurement[J]. Australian and New Zealand journal of public health,1997,21(4):365-370.
[3] 陈润,马迎华.健康促进学校活动的现状及展望[J].中国学校卫生,2004,25(1):114-116.

提出了学生"喜欢学校、学习得更好、身体更健康"三者是相辅相成的这一观点，即如果学生喜欢学校，那么他就会学习得更好，身体也会更好。相应地，当学生的身体好了，他就会更好地学习，也就更喜欢这个学校。这一观点阐明了健康促进学校的重要意义[①]。

所以"健康促进学校"的理论前提是：学校应是一个健康的场所，它不仅为学生提供生活、学习的条件，而且也保证使其教育和健康水平在这一健康环境中得到促进和加强。健康促进学校是根据医学上从疾病的预防模式向积极的健康概念转变的发展趋势而提出的，即健康可以通过对健康促进环境的精心设计与维护而获得，而且这些健康促进环境可以保证并提高个人和组织的健康水平。[②] 健康促进学校实际上就是通过有效地运用学生自身、家庭和学校内的保护性因素来帮助学生形成并发展良好适应力的一种健康促进模式。

1991年，世界卫生组织（WHO）欧洲地区办事处开始在捷克、斯洛伐克、匈牙利和波兰等国家进行了健康促进学校的试点工作，建立了欧洲健康促进学校网，截止到2008年底已发展到两千多所。该健康促进学校网络是一个成功的典范，它不仅加速了健康促进学校在全球的迅速开展，并且为在该网络内的世界各国间开展学校健康促进交流与合作提供了便捷的途径与广阔的平台。20世纪90年代初期，WHO西太区也开始积极提倡健康促进学校行动，出台了《健康地平线》《健康促进学校发展纲领（行动框架）》等文件，首先在澳大利亚、斐济、新加坡等地区试点健康促进学校行动。20多年来，健康促进学校在世界各国得到了广泛推广，许多国家还根据本国或本地区的具体情况选择各种各样的切入点，如：体育运动、预防龋齿、预防艾滋病及性传播疾病、成年期疾病的早期预防、摄入合理的膳食营养、禁止烟草使用、健康的生活行为方式等，不仅成功地建立了具有本国特色的健康促进学校，同时，也为其他国家或地区提供了宝贵的经验。创建健康促进学校已经成为世界范围内青少年体质健康促进的一个极为重要的举措。

---

① LEGER L S, NUTBEAM D. A model for mapping linkages between health and education agencies to improve school health[J]. Journal of school health, 2000, 70(2):45-50.
② 唐纳德·斯图沃特,孙静. 健康促进学校模式[J]. 中国健康教育, 2004, 20(3):243-245.

二、我国健康促进学校的创建实践

在教育部和卫计委（原卫生部）的领导和支持下，我国自1995年引进"健康促进学校"这一项目，并在北京、上海、湖北、内蒙古等地开始试点。1995年12月，世界卫生组织西太平洋地区工作组在我国上海制订了《健康促进学校发展纲领（行动框架）》。1996年起，我国健康促进项目城市的部分试点学校，实施了以促进控制缺乏运动、营养失衡、意外伤害、吸烟酗酒、高血压、不安全性行为为主的学校健康促进活动。2002年，我国启动"中国/WHO健康促进学校的推广与持续发展项目"，健康促进学校创建工作开始快速在全国范围内推广开来。2003年启动了由中国健康教育研究所牵头，厦门市、武汉市等多城市参加的中国/WHO以控制肥胖为切入点的发展健康促进学校项目。20多年来，我国健康促进学校得到了很好的发展，尤其是上海、北京、浙江、江苏等省市健康促进学校创建工作开展得非常出色，健康学校的比例不断增高。以江苏为例，2002年江苏省首次在南京市14所学校开展健康促进学校试点工作，经过10余年的建设，截止到2015年底，江苏创建了299所金牌学校、1 203所银牌学校、2 431所铜牌学校，合计3 933所健康促进学校，使得江苏省成为全国拥有健康促进学校数量和比例最高的省份，全省健康促进学校比例高达55.64%。

健康促进学校之所以成为全球兴起的健康促进活动的重要组成部分，是因为其较好的实效性。大量的文献表明，健康促进学校模式能推动健康目标的发展，同时，在教育工作上，提供更多的新机遇。研究表明，创建健康促进学校在规范学校卫生工作的同时将健康促进理念融入工作当中，在提升学生和老师的健康知识和技能方面都取得了很好的成效。林琳等早在2004年对中国4个城市12所健康促进学校的调研就表明，健康促进学校中90%以上的学生树立了"健康第一"的理念，学生健康相关知识知晓率和相关态度持有率及健康行为发生率较高，学生的健康状况较好；学校的社会环境融洽，能有效提供卫生服务；学生能在学校里获得较多的健康知识，学生参与的以健康为主题的活动也较多。李慧、俞慧芳等人的研究也表明，通过健康促进学校的创建，在预防学生肥胖、改变学生吸烟行为等方面都取得了良好的效果。夏爱等人的研究表明，通过创建健康促进学校,创建学校学生的健康素养知晓水平和行为水平较创建前有显著提高。我国20多年健康促进学校创建的经验表明,通过创建健康促进学校,提升了广大师生的健康理念,改善了学校设施条件,进一步提升了学生体质健康水平,是全面推进素质教育、贯彻落实青少年体质健康促进各项政策的重要举措,是推动学校全面工作的有效载体,是提升学生体质健康水平的有力抓手。

鉴于健康促进学校在青少年体质健康促进方面的优势,我国青少年体质健康促进理论与实践越来越重视健康促进学校的创建,许多省市都将健康促进学校作为落实青少年体质健康政策的有力抓手。还以江苏为例,2006年江苏省制定了我国第一个省域《江苏省健康促进学校评估标准》(后经两次修订),推动健康促进学校建设。2012年,江苏省政府颁发《江苏省学生体质健康促进行动计划(2012—2015年)》,该计划把健康促进学校的创建置于首位,并要求2015年全省50%的中小学校成为健康促进学校。2015年,江苏省颁布的《江苏省关于深入推进"健康江苏"建设不断提高人民群众健康水平的意见》提出:"以创建健康促进学校为抓手,发挥示范引领作用,整体推进学校健康促进工作,全面提升学生健康素养。到2020年,全省80%的中小学达到健康促进学校标准。"同年,江苏省教育厅颁发的《关于深入开展中小学健康促进学校创建工作的通知》进一步明确了健康促进学校创建工作的重要性:"全省各地积极开展健康促进学校创建工作,有力地促进了广大中小学师生树立正确的健康理念、知晓健康知识、养成健康行为习惯和生活方式,为全面实施素质教育、提高广大师生身心健康水平做出了积极贡献。新时期,不断完善和深入开展健康促进学校创建工作,有利于牢固树立健康第一的指导思想,把促进学生身心健康、全面发展作为学校教育的根本任务;有利于教育与育人并重,调动全体教职员工的积极性,科学评价学生发展状况,有效提高教育质量;有利于改善学校设施条件和发展环境,为学生提供基本健康服务,建立学校与家庭、社区之间良好的健康互动办学环境,有效实现全民基础健康"。健康促进学校创建工作成为20世纪90年代以来我国青少年体质健康促进工作的又一有力增长点,在今后一段时间内将越来越发挥重要作用。

三、我国健康促进学校创建的内容及特色

（一）我国健康促进学校创建的主要内容

健康促进学校的目标是改善学生的学习和生活环境，提高学生身体健康水平，并通过学校向家庭、社区传播健康信息，促进全社区成员的健康。体现了健康内涵的整体性、参与人员的多层次性、干预措施的全方位性。目前，我国的健康促进学校创建的主要内容包括以下六个方面。①制定学校健康政策：明确规定并广泛公布一些指令，它可以影响在促进健康领域内行动的实施和资源的调配。如：确定健康体检制度、制定传染病防治制度。②创建学校的物质环境：是指建筑、场地，进行户内外活动所需要使用的设备以及学校周围的场地等。如：学校的建筑和设施应符合国家有关学校卫生标准及学校建筑规范。③创建学校的社会环境：是学校员工之间、学生之间、学校员工与学生之间关系的质量的组合。如：树立良好的校风、对有特殊困难的学生提供支持和帮助。④发展社区关系：指学校与学生家长之间的关系，以及学校与支持和促进健康的关键的地方团体之间的关系。如：学校、社区参与学校健康促进活动，帮助学校创造良好的周围环境，并参加学校健康促进工作。⑤发展个人健康技能：通过正式的或非正式的健康课程，帮助学生和其他人获得与其年龄相称的卫生知识、态度、理解力以及技能，使他们在卫生事件中更加独立和有责任感。⑥提供健康服务：和当地卫生服务机构向学生提供直接的服务，建立合作关系。如：定期对学生进行预防性体检，建立健康档案等。

2016年8月国家计生委发布了《健康促进学校规范》，提出了创建健康促进学校的行业标准。该标准在充分掌握目前国内学校卫生工作要求和目前国内学校卫生工作开展现况的基础上，规定了健康促进学校的创建原则和基本框架，以及政策支持、组织保障、环境营造、社区联合、健康技能培养、卫生服务等内容要求和健康促进学校评价要求。这成了指导规范开展健康促进学校工作国家层面上的依据。

(二) 我国健康促进学校的特色

健康促进学校旨在通过学校及学校所在社区所有成员的共同努力,创造一个安全、健康的环境,全面、积极地促进和保护学生及社区成员的健康。我国健康促进学校在不断发展的过程中,也形成了自己独有的特点:①健康促进的整体性。健康促进学校创建采用整体健康模式。健康不仅指没有疾病或不虚弱,而且指整个身体、精神和社会生活的完满状态。包括健康的躯体、心理、社会方面和环境方面之间的相互关系。②参与人员的多层次性。参与健康促进学校创建的人员不仅是学生,还包括学校全体教职工及学校所属社区的家长和社区机构成员。③干预措施的全方位性。要求使家庭介入,注重到物质环境对促进青少年健康的重要性,强调学校的社会风气对支持一个积极的学习环境的重要性,它把社区健康服务与学校教育联系起来,全方位地促进和保护学生与社区居民健康。

经过20年的实践探索,我国健康促进学校已经形成了一定的模式,该模式包含三个具有实质性并相互联系的方面:课程、教学与学习;学校组织、团体准则、环境;合作伙伴和服务。我国目前的健康促进学校模式的成功与否,就在于这三方面是否能有机地结合在一起,并能在一个学校内部有效地开展起来。这种健康促进学校的模式,不是在学校的课程教学之外提供一些看起来"多余的健康教育"。从本质上讲,该模式是通过课程与政策的重新调整与建立,在学校整体环境中重新规划和组织有关活动,使学生能得到外界有力的支持,从而改进学习和健康的策略与技能,也能更进一步发现和发展更多的对教育和健康有效的途径或方法。在中国开展健康促进学校活动工作中,多以一个主要的公共卫生问题为切入点开展健康促进学校活动,如以预防蠕虫感染、预防烟草使用、预防肥胖及心理健康教育等为切入点发展健康促进学校。实践表明,开展健康促进工作能有效地将学校、家庭和社区三者之间相互联系,相互配合,共同发展。健康促进学校工作能改善学校的物质环境和精神风貌,能有效地提高学生的健康知识、信念、行为和技能水平,加强为学生和教师的健康服务。实践证明,健康促进学校是配合素质教育、贯彻落实《学校卫生工作条例》的有效形式和健康手段。

按照 WHO 西太区《健康促进学校发展纲领》的精神,我国健康促进学校的奖励机制与整个西太区保持一致性,并维持其可信度。在奖励前必须清楚无误地证明该学校在达到某些或全部指标方面已经取得了明确的成绩。我国在健康促进学校的开展过程中,也制订了同样的考核评估体系。其奖励标准分为金、银、铜三级,每一级奖励都以制定健康促进学校宪章(即促进和保护学校健康的具体承诺和保证做到实事)为前提,并且逐级递升。铜奖,在实施健康促进学校 1 年后,在上述健康促进学校内容 6 个方面一直积极努力,并且达到了铜奖的最低要求指标。银奖,在实施健康促进学校 2 年后,在上述健康促进学校内容 6 个方面一直积极努力,并且达到了铜奖的最低要求指标。金奖,在实施健康促进学校 3 年后,在上述健康促进学校内容 6 个方面一直积极努力,并且达到了铜奖的最低要求指标,同时支持另外一所学校达到健康促进学校铜奖标准。根据 WHO《健康促进学校发展纲领》的要求,我国开展了健康促进学校金、银、铜奖的奖励活动,激发了各地创建健康促进学校的积极性。在最开始的十年间,全国健康促进学校达到金奖的有三十多所,银奖有四十余所,铜奖学校有近百所。近年来健康促进学校正在不断地发展和壮大。2015 年,仅江苏省新增的健康促进学校就达到了 545 所。伴随着健康促进学校在中国的不断推广和发展,国际上的一些理念和精神也正在进行着一个本土化的过程。健康促进学校将结合中国的具体国情,不断探索出一条适合中国的具有中国特色的"健康促进学校"道路。

第五节 项目推进:阳光体育运动与校园足球

健康教育与健康促进干预实践中,通过项目(专项行动)的方式来推进是一个惯用模式。我国的青少年体质健康促进实践也实施了多个项目,如控烟、预防艾滋病等方面的项目。但其中最重要、最有影响力的两个国家层面上的综合项目就是"阳光体育运动"和"校园足球"。2007 年 4 月,为深入贯彻落实中央 7

号文件精神,切实推动全国亿万学生阳光体育运动的广泛开展,掀起群众性体育锻炼热潮,"全国亿万青少年学生阳光体育运动"全面启动,旨在全面提高广大青少年学生的体质健康水平。2009年,教育部和国家体育总局联合下发了《关于开展全国青少年校园足球活动的通知》,要求在全国大中小学广泛开展校园足球活动,同年10月,校园足球启动仪式在青岛举行,校园足球掀起了新一轮的学校体育热潮。"阳光体育运动"与"校园足球"作为现阶段我国青少年体质健康促进政策的主要实施途径,近年来在学生体质健康促进中发挥了非常重要的作用。

一、阳光体育运动:环境营造

(一)阳光体育运动的背景与成效

1993—2005年是我国青少年体质健康促进工作稳步加速期(见第二章),这一期间我国出台了大量政策措施来提升青少年体质健康水平。阳光体育运动最早就始于这一时期。1994年春季,国家教委、国家体委、共青团中央联合发出通知,决定在中小学校中开展"到阳光下,到操场上,到大自然中去陶冶身心"的活动(教体〔1994〕7号文)。该政策拉开了青少年阳光体育运动的序幕。1994年中共中央、国务院召开的第二次全国教育工作会议中强调要加强学校的卫生工作、农村学校卫生工作、初中毕业生升学体育考试,开展"到阳光下,到操场上,到大自然中去陶冶身心"等活动。1995年,国家教委、国家体委、共青团中央再次联合颁发了《关于继续开展"到阳光下,到操场上,到大自然中去陶冶身心"活动的通知》(教体〔1995〕9号)。1997年国务院颁布《关于深化教育改革全面推进素质教育的决定》,提出"学校教育要树立健康第一的指导思想"。1999年党的第三次全国教育工作会议要求"全面推进素质教育"。2001年基础教育《体育(与健康)课程标准》颁布,基础教育体育课程改革拉开序幕。2002年《学生体质健康标准》颁发实施。这一系列的政策举措都旨在提升学生体质健康水平。

然而,2005年全国学生体质健康调研结果显示,自1985年以来,学生速度、力量耐力、爆发力、耐力素质连续二十年呈下降趋势,肥胖率、近视率持续增高,学生体质健康水平不容乐观。这一结果引起了全社会对学生体质健康的普遍关注,也引起了党和政府有关部门的高度重视。为了贯彻党的方针,响应党的政策,将素质教育精神和"健康第一"的指导思想落到实处,切实提高青少年体质健康水平,2006年,教育部等部委连续下发了《教育部 国家体育总局关于进一步加强学校体育工作,切实提高学生健康素质的意见》(教体〔2006〕5号文)和《教育部 国家体育总局 共青团中央关于开展全国亿万学生阳光体育运动的决定》(教体〔2006〕6号文)两份文件。2006年12月,全国学校体育工作会议召开,国务委员陈至立出席会议并宣布启动"全国亿万学生阳光体育运动",要求"各级政府和教育、体育行政部门要以对青少年学生高度负责的政治责任感,下大决心,大力推动学校体育工作,切实提高青少年学生的体育和健康水平""以奥运会为契机促进全民族特别是青少年提高体育水平和健康素质,振奋民族精神。各级各类学校要抓住机遇,掀起青少年体育运动的热潮"。在这两份文件的具体指导下,2007年4月29日,教育部、国家体育总局、共青团中央、北京市政府在北京朝阳公园举办"全国亿万青少年学生阳光体育运动"现场启动仪式,标志着"全国亿万学生阳光体育运动"在全国范围内正式启动。中共中央政治局常委李长春,中共中央政治局委员、北京市委书记刘淇,国务委员陈至立以及来自教育部、国家体育总局、共青团中央、北京市政府等相关部门的领导出席活动。"全国亿万青少年学生阳光体育运动"得到了国家层面上的高度重视,在青少年体质健康促进中被给予了高度期待。2007年5月7日出台了《中共中央 国务院关于加强青少年体育增强青少年体质的意见》(中央7号文件)。中央7号文件再次要求广泛开展"全国亿万学生阳光体育运动"。在中央7号文件的强力推动下,"全国亿万学生阳光体育运动"在全国纷纷开展起来。阳光体育运动实际上是以创建校园体育环境、营造运动氛围为核心的综合性青少年体质健康干预方案(项目)。阳光体育运动是指让各级各类学校学生走出教室、走进大自然、走到阳光下所进行的因地制宜、因人而异,尽情享受阳光温暖并给学生带来轻松、带来快乐、带来活力的运动。《教育部 国家体育总局 共青团中央关于开展全国亿万学生阳光体育运动的通知》指出:"开展全国亿万学生阳光体育运动,是新时期加强青少年体育、增强青少年体质的战略举措,其目的是在各级各类学校形成浓郁的校园体育锻炼氛围和全员参与的群众性体育锻炼风气,有效地促进广大青少年学生积极参加体育锻炼,切实提高学生体质健康水平。"[1]开展阳光体育运动最核心的主旨是要为广大青少年学生营造一个浓郁的体育运动环境,促使学生积极主动参加体育活动。最终目标是解决好广大青少年学生的身心健康问题,促进青少年学生体质健康水平的不断提高,最终实现中华民族整体素质的提高。阳光体育运动开展以来,取得了丰硕的成果。各地各校通过开展阳光体育活动,提高了人们对学校体育和学生体质健康工作的认识,进一步健全了学校体育卫生相关的各项制度,改善了学校体育条件,促进了学校体育与健康课程改革,各地在实施中还创建了"阳光证书""阳光证章"等制度,开展了阳光体育活动先进学校、先进校长、先进教师、阳光少年等各类评选活动,丰富了大课间体育活动和课外体育活动形式和内容,搭建了"阳光体育节""阳光体育活动月""冬季阳光长跑"等诸多阳光体育活动平台。一系列措施使广大学生参与体育运动的积极性和主动性得到有效提升,对遏制不断下滑的学生体质健康状况起到了重要的作用。

(二) 阳光体育运动的主要工作要求

阳光体育运动的开展是以校园健康环境的创设、运动氛围营造为核心的综合性青少年体质健康干预措施,围绕着校园体育环境创建,《教育部 国家体育总局 共青团中央关于开展全国亿万学生阳光体育运动的决定》提出了开展阳光体育运动7个方面的工作要求[2]:

(1) 开展阳光体育运动,要进一步提高对体育的认识。各级教育行政部门、体育行政部门、共青团组织和各级各类学校要把开展阳光体育运动作为全面推进素质教育的重要突破口和主要工作方向,作为加强学校体育工作,提高全体

---

[1] 教育部,国家体育总局,共青团中央.教育部 国家体育总局 共青团中央关于开展全国亿万学生阳光体育运动的决定[J]. 中国学校体育,2007(1):16.
[2] 中华人民共和国教育部.教育部 国家体育总局 共青团中央关于开展全国亿万学生阳光体育运动的决定.[EB/OL]. http://old.moe.gov.cn//publicfiles/business/htmlfiles/moe/s3276/201001/80877.html.

学生体质健康水平的主要举措,认真组织实施、动员起来、组织起来,在全国大、中、小学中掀起阳光体育运动的热潮,形成全员参与群众性体育锻炼的良好风气。

(2) 开展阳光体育运动,要以"达标争优、强健体魄"为目标。用 3 年时间,使 85%以上的学校能全面实施《学生体质健康标准》,使 85%以上的学生能做到每天锻炼一小时,达到《学生体质健康标准》及格等级以上,掌握至少 2 项日常锻炼的体育技能,形成良好的体育锻炼习惯,体质健康水平切实得到提高。

(3) 开展阳光体育运动,要以全面实施《学生体质健康标准》为基础。建立和完善《学生体质健康标准》测试结果记录体系,测试成绩要记入小学生成长记录或学生素质报告书,初中以上学生要记入学生档案,并作为毕业、升学的重要依据。建立《学生体质健康标准》通报制度,定期通报各地《学生体质健康标准》的实施情况和测试结果。认真组织全体学生积极开展"达标争优"活动,对达到《学生体质健康标准》优秀等级的学生,颁发"阳光体育奖章"。

(4) 开展阳光体育运动,要与体育课教学相结合。坚持依法治教,规范办学行为,严格执行国家有关体育课时的规定,开足上好体育课,不得以任何理由挤占体育课时。深化教学改革,不断提高教学质量,通过体育教学,教育、引导学生积极参加阳光体育运动。

(5) 开展阳光体育运动,要与课外体育活动相结合。配合体育课教学,保证学生平均每个学习日有一小时的体育锻炼时间。将学生课外体育活动纳入教育计划,形成制度。认真组织实施"全国中小学生课外文体活动工程",大力推行大课间体育活动形式,积极创建中小学快乐体育园地,加强学生体育社团和体育俱乐部建设。通过广泛开展学生体育集体项目的竞赛、主题鲜明的冬季象征性长跑、具有地方特点和民族特色的学生体育活动等,不断丰富学生课外体育活动的形式和内容。

(6) 开展阳光体育运动,要营造良好的舆论氛围。通过多种形式,大力宣传阳光体育运动,广泛传播健康理念,使"健康第一""达标争优、强健体魄""每天锻炼一小时,健康工作五十年,幸福生活一辈子"等口号家喻户晓,深入人心。

建立评比表彰制度,对在阳光体育运动中取得优异成绩的单位和个人给予表彰,以唤起全社会对学生体质健康的广泛关注,吸引家庭和社会力量共同支持阳光体育运动的开展。

(7) 开展阳光体育运动,要加强组织领导。教育部、国家体育总局和共青团中央共同成立全国阳光体育运动领导小组,制定实施细则,领导和组织全国阳光体育运动的开展。各级教育、体育行政部门和共青团组织要成立相应的工作机构,各学校要成立以校长牵头的领导小组,按照全国的统一部署,制定具体的措施,组织本地、本单位的阳光体育运动的实施[①]。

自阳光体育运动开展以来,我国各地政府与教育部门、各级学校在人力、物力、财力上花费了大量精力,取得了较好的成效,特别是在提高人们对学校体育的重视程度、广泛发动社会成员、营造积极的校园锻炼环境方面,对学生体质健康起到了一定促进作用。

二、校园足球活动:项目撬动

(一) 校园足球活动的内涵

2009 年 6 月,遵照党中央、国务院领导关于整治和振兴中国足球的指示精神,为贯彻《中共中央 国务院关于加强青少年体育增强青少年体质的意见》,推进《关于开展亿万学生阳光体育运动的决定》[②],教育部与国家体育总局联合在全国各级学校启动"校园足球活动"工程,并成立"全国青少年校园足球活动工作领导小组",颁布、实施《全国青少年校园足球活动实施方案》,并拨付 4 000 万校园足球专项扶助资金。校园足球是继阳光体育运动之后一项新的青少年体质健康干预项目,该项目是以校园足球运动为主要抓手,通过校园足球来撬动整个学校体育工作,从而提升学生的体质和体能水平,同时为推进中国足球事

---

① 中华人民共和国教育部.教育部 国家体育总局 共青团中央关于开展全国亿万学生阳光体育运动的决定.[EB/OL]. http://old.moe.gov.cn//publicfiles/business/htmlfiles/moe/s3276/201001/80877.html.

② 同上。

业后备培养服务。青少年体质健康促进和足球后备人才培养是校园足球最核心的价值取向,这两大功能是相互统一的。2015年1月,经国务院批准,由教育部同国家发改委、体育总局、新闻出版广电总局、团中央、财政部等部门共同成立了青少年校园足球工作领导小组。领导小组负责全国青少年校园足球的指导和规划,检查督促全国校园足球开展情况,全面统筹全国各地校园足球的开展与规划工作。校园足球活动的宗旨是培养青少年学生的足球兴趣,在全国范围内普及校园足球,充分发挥足球的教育价值,推进我国基础教育改革,不断深化素质教育。通过广泛开展校园足球,完善小学、初中、高中和大学四级足球联赛,在青少年学生中普及足球知识和技能,形成校园足球文化,从而全面提高广大学生的体质和体能,培养青少年学生的拼搏进取、团结协作的体育精神,形成以学校为依托、体教结合的青少年足球人才培养体系,为我国足球事业发展储备青少年足球后备人才。

(二) 我国校园足球活动开展成效

自2009年全国校园足球活动计划开展以来,在国家体育总局与教育部的协调配合下,在全国青少年校园足球领导小组的直接领导下,以及全国有关省、市、区教育局、体育局、足球协会、各级学校等部门的共同努力下,我国的校园足球工作取得了较大的进展。按照国家体育总局与教育部联合下发的《关于开展全国青少年校园足球活动的通知》及"实施方案"要求,确定了首批44个城市和2 026所中小学校作为全国校园足球布局城市和定点学校。经过3年的发展,全国已有48个布局城市(4个直辖市、22个省会城市、21个其他城市及新疆生产建设兵团)、3个试点县或县级市[陕西省志丹县、河南省临颍县、江苏省姜堰市(现为姜堰区)]和5个省级校园足球单位(甘肃省、浙江省、江苏省、陕西省、河北省),约3 000所中小学、110多万在校学生参与到校园足球活动中来。经过多年的发展,全国校园足球的规模在不断扩大,目前,校园足球活动已经覆盖了中国大陆境内所有省、自治区和直辖市。5年以来参与校园足球的城市由原来的46个发展到后来的132个,参与学校由5年前的2 026所增加到5 089所,注册的学生球员达到了19万人,校园足球覆盖人口270万,每年校园足球的各种比赛场次达到了 10 万余次[①]。

  目前,全国校园足球活动的开展仍然保持着良好的发展状态。经过多年的不断努力,校园足球发展的规模日趋成型,小学、初中、高中和大学的四级校园足球联赛体系已基本建成,比赛体系初步形成。在校园足球的专项经费上,从 2009 年的每年投入 4 000 万到 2013 年专项经费增加到 5 600 万。与此同时,中国足球有计划地加大了对全国校园足球教练员及讲师、全国校园足球定点校长的培训,资金投入规模比过去有大幅度增长,据统计,每年接触校园足球相关培训的人数达到 5 000 多人次。2015 年 1 月,经国务院批准,教育部官网发布了《教育部关于成立全国青少年校园足球工作领导小组的通知》,由教育部牵头会同多部门共同成立全国青少年校园足球工作领导小组,事实上教育部将逐渐主导全国校园足球工作的进一步深化,也是校园足球的主管部门由体育部门转为教育部门后的又一举措[②]。校园足球运动大大带动学校体育的建设与发展,对于落实一系列的青少年体质健康促进政策起到很好的推动作用,对于增进青少年体质健康起到了重要作用。

---

① 薛立. 校园足球覆盖面变大 跨国比赛加深交流[EB/OL]. http://sports.qq.com, 2011-12-06.
② 教育部. 教育部关于成立全国青少年校园足球工作领导小组的通知[Z]. 教体艺函[2005]1 号.

第四章 利益博弈：
青少年体质健康促进的生态竞争模式

如第一章中所述，青少年体质健康促进是一个由多种健康影响因素构成的复杂生态系统，生态系统中各个要素之间有着复杂的关系，竞争是其中的重要关系，各要素之间的竞争对于健康行为的养成起着非常重要的作用，青少年体质健康促进的成效是系统各要素竞争的结果，青少年体质健康促进因此可以被看作一个复杂的且充满竞争的生态系统。在青少年体质健康促进生态系统中，竞争因素是多方面的，但在众多要素中最重要的竞争是利益之争，青少年体质健康促进的最终成效实际上是系统内部各要素之间利益博弈的结果。基于此理论假设，本研究初步建立了一个青少年体质健康促进的生态竞争系统框架，分析系统中不同水平层次中各要素之间、各层次要素之间存在的主要利益博弈，以期尝试一种新的健康促进理论解释。

第一节 青少年体质健康促进：充满竞争的生态系统

一、生态学模式：健康促进行为的多维度考察

（一）健康促进的生态学模式理论概述

"生态学"一词于19世纪最早由恩斯特·黑克尔提出，是研究动物与有机

或无机环境相互关系的科学,随着生态学理论的演变和发展,该理论的应用已经从自然生态领域深入到社会学领域中。早期社会生态学理论在公共卫生领域的健康促进策略研究和心理学研究中得到了应用,心理学家对人的行为进行了生态学分析。

美国著名心理学家 Urie Bronfenbrenner 的研究进一步促进了生态学模式在健康促进中的应用。Bronfenbrenner 把影响行为的生态学模型分为 4 个层次:微小系统、中间系统、外部系统和宏观系统。微小系统是个体直接接触面对的系统,个体身在其中受其生活方式、行为角色、人际关系的直接影响,如家庭、社区、协会组织等,微小系统对个人行为的影响强度在某种情况下可能最大。而中间系统是指所处 2 个或 2 个微小系统之间的相互作用与联系,中间系统的交互作用将影响个体的行为,如不同组织、家庭之间的联系,通过交流使微小系统相互影响,进而影响个体行为,而外部系统是指发生在多个环境中的联合作用。宏观系统是指个体成长所处的整个社会环境及其意识形态背景,是存在于微系统、中系统和外系统之中的文化、亚文化和社会环境等,并直接或间接地影响着个体经验的获得、角色的习得和知识的吸收。[①] 在不同的环境中,人的行为会因为场所的不同而有所不同,环境会在一定程度上与人的行为相互作用。1988 年 Mcleroy、Bibeau、Steckler 和 Glanz 正式提出健康促进生态学模式。健康促进的生态学模式主要通过五个水平影响个体健康促进干预:个体水平;人际水平;机构水平;社区水平;公共政策。1992 年 Stokols 提出健康促进的社会生态学模型,确立了"人们的参与行为受到自然环境和社会环境多个层面的影响,改变人们行为的最有效方式是多个层面的共同干预"的核心假设,这一理论支撑了社会生态学模型。2000 年,Emmons 又进一步阐述和补充了上游社会结构(政策、制度、组织)对下游个人健康行为所产生的影响,对该模型进行了拓展和完善。

健康促进的生态学理论认为个体或者群体的健康促进行为受来自各层面的环境因素的影响。这些因素的作用结果并不是单个因素或者单个层面作用

---

① 郑频频,史慧静.健康促进理论与实践[M].上海:复旦大学出版社,2011.

的简单叠加,各因素间存在着复杂的、动态的相互作用。健康促进行为受到物质环境和社会环境以及个人因素等多方面的影响。而环境是复杂的,它可以是社会的也可以是物质的,可能实际存在又或者是一种体验。健康促进生态学理论当中把环境的参与者划分为不同的水平:个体、家庭、组织、社区和社会。指出健康促进的行为是受环境中多个因素支配的,这些因素分布在环境中的不同层次,并且这些因素并非是独立和静止的,是在动态中相互作用、相互依存的。除此之外,行为的影响还存在于环境中的不同方面,如:经济环境和政策环境,气候、城市规划建设和设施等物质环境。这些因素可以在同一时间影响某一行为,但影响的大小和方向又存在不同。与强调单一干预方法的单维度健康促进模式相比,健康促进的生态学模型具有更强的综合性和多元性,以环境改变、政策干预等方式帮助人们在日常生活方式中做出有利于生活方式的选择。下图是比较常见的健康促进生态学模型图(图 4-1)[①]。

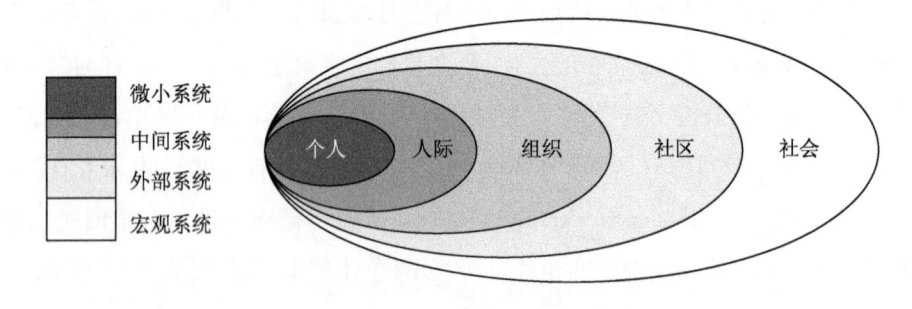

图 4-1　健康促进的生态学模型图

健康促进的生态学模型的优点在于:①对健康促进进行多层次的解释和干预。与以往个体层面的健康促进理论相比,生态学模式从整体角度出发,强调行为与环境的相互作用。环境中影响行为的因素众多,这些因素分布在不同层面的环境中,因此将影响个体行为的各因素进行不同层面的划分,根据不同因素,在不同层面中制定相应的干预策略,全方面、多层次地进行健康指导。这一理论解释比单一层面的理论模型更加合理,也更具有说服力,大大弥补了个体

---

① 郑频频,史慧静.健康促进理论与实践[M].上海:复旦大学出版社,2011.

层面健康促进模型的不足。②对健康促进进行多维度考虑。影响行为的因素除了存在于不同的环境中的不同层面,还存在于环境的不同方面。比如为了更好地控制青少年肥胖,除了要从个体、家庭、学校和社会不同的层面加强干预和指导,还要通过分析不同的环境背景、饮食结构、生活习性等方面去判断导致儿童肥胖的具体原因。这就对研究者和实验者提出更高的要求,在实验设计过程中,必须对环境中的各个重要变量的不同方面进行准确的测量和控制。③与其他健康促进模式相结合。生态学模式的最大优势在于它可以容纳各个层面各个维度的因素,使多重影响因素相互影响、相互作用。生态学模式作为一种宏观模型,为健康促进的实施计划搭建大框架。在设计健康促进的干预实验时,生态学模型可以将健康教育与健康促进中个体行为的改变理论、人际水平行为改变理论以及组织、社区水平改变理论都综合起来,全方位地进行行为指导和行为改变。

(二) 青少年体质健康促进生态系统

青少年体质健康促进是一个复杂的生态系统,依据生态学理论,结合我国现实特点,可以将我国青少年体质健康促进生态系统划分为四个层面:个体层面、家庭层面、学校层面和政府层面。

个体层面是基于微观角度从系统中划分出来的。在生态系统中,每一个主体都是一个独立的个体,个体的差异性对个体行为的影响程度很大。学生作为青少年体质健康促进生态系统的主体,被划分为个体层面。对于每一位学生来说,影响自身健康行为的因素有很多,主要包括生理因素和心理因素。生理因素对个体外在环境和行为之间起到一种调节作用,包括性别、身体素质、体能状态、遗传等因素在内的个体差异性对个体参与活动的类型和运动负荷就有着一定影响。例如:男生与女生相比,在参与体育运动的积极性、运动项目的选择性上都要高于女生。除生理因素外,心理因素与青少年的健康行为也有着密切联系。心理因素是影响个体行为的内在因素,主要包括自尊、自我效能感、乐趣、认知能力、情感、信念、态度等不同方面。自尊体现了个体的自我感觉,是由不同心理维度构成的自我综合评价①。青少年健康行为与自尊水平的高低密切相关,其中由身体形象满意度、体重及外表的自我评估构成的主体主观形象,是影响青少年自尊水平的重要因素②。研究表明提高青少年主观形象满意度是促进青少年自主参与身体活动的有效措施。自我效能感是指个体对自己是否有能力完成特定行为所进行的推测与判断,对人们健康行为的选择产生直接或间接的影响。研究表明,自我效能感与青少年体力活动参与呈显著的正相关,自我效能感高的人往往在面对体力活动参与障碍时,更能积极乐观地克服困难。除此之外,个体对健康行为带来的趣味性、个体对培养健康行为价值的认知能力以及对健康行为的喜爱程度等心理因素都是青少年参与健康促进的重要影响因素③。

家庭作为青少年的主要生活场所,对青少年的成长起着至关重要的作用,因此在青少年体质健康促进生态系统中,本研究以家庭为单位,划分出第二个系统层面——家庭层面。在家庭环境中,家人能够通过多种方式来影响青少年健康促进行为方式。父母作为家庭的核心成员,对健康促进认知上、经济上的支持都会影响子女健康促进行为的发展,对子女健康促进行为的养成起到积极或抑制作用。家庭成员的支持是影响青少年参与健康促进活动最主要的因素之一,如果父母对健康促进有着正确认知,并给予一定的支持与鼓励,这一积极的态度对青少年健康促进行为的培养起到重要引导作用,对青少年健康认知、态度和习惯的养成都起着积极作用;相反,若父母并不重视,其态度也会影响到子女的认知。同时,兄弟姐妹等其他家庭成员的支持、家庭结构(家庭完整度、家庭收入、家人共处时间)都对青少年的行为改变有着实质性影响。青少年的健康行为习惯在受到家庭内部环境因素的干扰的同时还会受到其他家庭(外部

---

① KOŁOŁO H, GUSZKOWSKA M, MAZUR J, et al. Self-efficacy, self-esteem and body image as psychological determinants of 15-year-old adolescents' physical activity levels[J]. Human movement, 2012, 13(3):264-270.

② 韩慧,郑家鲲. 西方国家青少年体力活动相关研究述评:基于社会生态学视角的分析[J]. 体育科学, 2016, 36(5):62-70.

③ 章建成,张绍礼,罗炯,等. 中国青少年课外体育锻炼现状及影响因素研究报告[J]. 体育科学, 2012,32(11):3-18.

环境)的影响和干扰。在家庭与家庭的交流、沟通和观察中,其他家庭的观念和习惯也会影响到自身家庭成员的认识。因此,家庭环境对青少年来说尤为重要,家庭成员给予的情感和物质上的支持是必不可少的,将有效提高青少年参与健康促进的行为动机。

学校是青少年学习的主要场所,同时也是开展体质健康促进的最佳场所之一。本研究把学校作为青少年体质健康促进生态系统的第三个系统层面——学校层面,以学校为对象,分析在学校环境中影响青少年健康行为的各个因素。学校是一个由不同群体组成的组织机构,学生作为学校主体,其行为选择受到众多因素的影响。在学校环境中,教师在青少年的学习成长中扮演着指路人的角色,对青少年认知的形成、价值观的建立起着关键作用。教师提供的社会支持影响着学生健康活动的参与,学校体育教师在体育课程、课外活动中与学生的互动,在监督中促进学生身体运动的参与,为学生创造支持性环境来促进青少年良好健康生活方式的建立。在校园环境中,青少年与同伴之间的交流甚多,同伴和朋友成为青少年彼此分享价值观和偏好的人,同伴间的交流对青少年的态度和行为产生极大影响。同伴间的相互支持、相互配合可以给健康锻炼增添更多乐趣,创造良好的运动氛围。同时学校政策和制度、师资力量、体育健康设施的硬件实力以及包括校园文化在内的学校软实力也对学生的健康促进行为产生不同程度的影响。

政府是我国青少年体质健康促进工作的核心推动者,政府相关政策的制定、执行和评估都是保证我国青少年健康促进工作顺利完成的关键环节。因此,在整个青少年体质健康生态系统中,政府扮演着至关重要角色。本研究从宏观角度出发,将政府层面作为最后一个系统层面,结合国家背景、社会环境对青少年健康行为的影响因素进行分析。中央政府制定的相关健康政策与整个社会环境、国家经济发展水平和其他相关政策内容息息相关,政策内容的实际性直接影响到健康政策的实施。而地方政府作为政策的执行者对政策的贯彻落实起到关键作用。因此中央政府、地方政府以及上下级部门与各个政府部门之间的分工与配合都直接影响到我国青少年体质健康促进工作的开展和完成。政府的工作效力又直接影响到学校体质健康工作的开展情况,政府作为领头羊,对我国青少年健康促进工作起着带领和指引作用,也是影响青少年健康行为的重要因素[①]。在我国,政府的执行效能与青少年体质健康密切相关,也是青少年体质健康促进生态系统的主干。图4-2是我国青少年体质健康促进生态系统模型图:

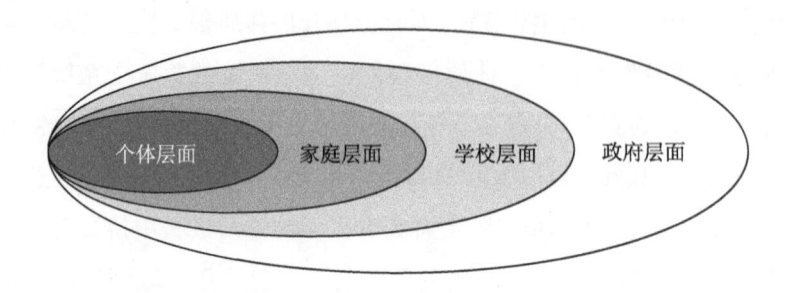

图4-2 我国青少年体质健康促进生态系统模型图

二、生态竞争:系统要素间的相互作用机制

健康促进生态学理论提出健康促进行为受到生态系统中各个层面、各个要素之间多种因素的相互影响,但该理论并没有明确指出各因素是如何影响或通过哪种机制来影响行为的。虽然借助知信行理论、信念模式理论等理论可以进行一些具体的解释,但仍然难以对行为进行更加有信服力的解释。而生态学从创立之初就非常重视生态竞争,竞争是生态学中的主要内容。而在以往的健康促进理论中,无论是个体层面的行为改变理论还是集体层面的行为改变理论,都忽视了"竞争"问题。其实在青少年健康促进生态系统中,不管是个体层面、家庭层面、学校层面还是政府层面,各层面之间的"竞争"关系都是不容忽视的,"竞争"隐藏在生态系统的各个层面之中和各层面之间。

(一) 生态竞争理论概述

在我国"竞争"一词最早出现在《庄子·齐物论》中,文中有"有竞有争"之说。郭象解释其为"并逐曰竞,对辩曰争"。在古希腊也出现过"竞争"一词,亚

---

① 王博. 中国地方政府公共政策执行的问题与对策研究[D]. 大连:东北财经大学,2010.

里士多德在《政治学》一书中就使用了"竞争"和"垄断"这一对范畴,并已认识到"垄断"是由于没有人"去同他竞争"。直到斯密的《国富论》和达尔文的《物种起源》出版后,竞争的本质和作用才为越来越多的人所认识①。

斯密认为竞争是指一种发生在个人或团体、区域、国家间的争胜行为。只要有两个或两个以上的不同利益团体争夺某种既定的有限资源,就会有竞争。达尔文所谈论的物种与种群竞争理论是从生态学角度讲述了自然界竞争的本来面目,揭示了自然界和物种间"物竞天择,适者生存"的自然规律和演化规则。② 物种竞争是自然生物生态意义上的竞争,其动因源于生物种群的繁衍和求生的本能,完全受自然规律支配。而社会学家、经济学家、政治家和军事专家们讲述的是人类社会领域的竞争,展现了人类社会内部个体之间、群体之间等错综复杂的关系,竞争的目的变得更加复杂:客观上有着本能层次的生存繁衍目的,主观上则包含着精神层面和物质层面获取更多满足和利益的驱动因素。因此,竞争的表现形式和具体手段也更加多样,包括战争、武力冲突、经济贸易、政治交往、谈判游说等③。随着社会的进步和发展,人们对"竞争"理论的研究也不断地深入和革新。竞争理论从亚当·斯密的"能力分工"、马歇尔的"差异分工"到以科斯理论为基础的现代企业竞争理论,再到迈克尔·波特的产业竞争战略理论,世界经济论坛和洛桑国际管理开发学院关于国家竞争力的国家竞争理论④。"竞争"理论如火如荼地发展起来。

但到了20世纪末,人们意识到不良竞争带来的后果,开始积极探索一种新型的竞争方式——生态竞争。从此,生态竞争的思想广泛应用于企业、高等学校、科研、政治、政策等诸多领域,为组织的生存、竞争、发展和管理提供了一种新的尝试⑤。生态竞争的核心观念是竞争与合作,它认为竞争的双方应该避免

---

① 高建华. 区域竞争生态位研究[D]. 开封:河南大学,2007.
② 同上。
③ 刘文军. 从效率工资到效率成本——激励成本、劳动效率与自然失业率[D]. 北京:首都经济贸易大学,2006.
④ PORTER M E. The competitive advantage of nations[J]. Harvard business review,1990(68):73-93.
⑤ 李军. 基于生态位原理的中国高等学校生态竞争研究[D]. 天津:天津大学,2007.

你死我活的竞争,而是与竞争对手找到双赢的机会,强调一种互惠共存的合作关系。生态竞争观提倡互补竞争,追求成本最小、收益最大化[①];重视竞争成本,通过成本收益之比来决定竞争战略。随着时势的变迁和社会的不断发展,参与竞争的主体逐步由国家和民族进一步细化为区域、城市、组织、家庭甚至个人。竞争的目的除了获得生存与繁衍的物质基础之外,更多的是希望比其他竞争主体生存和生活得更好,这种更好的状态既包括物质层面的满足,也包括精神心理层面的满足。

综合有关竞争问题的各种理论和观点,可以发现,早期的理论对竞争问题的解释为我们的研究提供了良好的切入点,但这些解释并不完整和系统,不足以解释所有问题。后期学者们对竞争问题的研究为我们打开了新的天地,提供了新的思想。但是,到目前为止,从竞争的角度来探讨青少年体质健康促进的生态系统的研究还相对较少。

(二) 青少年体质健康促进生态系统中的竞争

竞争遍布整个青少年体质健康促进生态系统中,在该生态系统不同层面各要素间存在着不同形态和特点的竞争。

从个体层面来讲,学生作为个体,行为受到认知、情感、兴趣等各方面的因素相互竞争的影响。健康促进"知信行"理论认为知识的获得影响个体观念的形成,同时认知和信念会指导个体做出最终的行为选择。"知信行"理论强调了知识、认知和信念对个体行为选择的重要性,但其实知识、认知和信念这些要素之间也存在着"竞争"关系。知识、认知和信念对于每一个个体来说,不是一成不变的,这是一个伴随个体成长不断积累、变化的过程。对于知识来说就有新旧之分,新旧知识之间发生冲突时就产生了竞争,不同的知识相互竞争也会造成信念形成差异,而不同的信念之间也会产生竞争从而影响健康促进行为。再如,当今学生休闲方式的变化也处处暗含着"竞争"关系。随着科技的发展,电视、电脑、互联网迅速普及,各种电子产品和网络游戏吸引了更多学生的参与。

---

① 汪元乐.基于博弈论的合作竞争战略理论研究[J].中山大学学报论丛,2006(4):186-189.

看电视、玩电脑成了大多数学生的休闲方式,这种轻松刺激的休闲方式抢占了学生户外运动和体育锻炼的时间,当学生拥有自由活动时间时,他们更倾向于选择自己喜爱的休闲活动,因此在游戏和休闲娱乐的选择中存在着竞争关系,并且学生休闲方式的改变给体育锻炼等健康活动带来更大的竞争。当然,对于青少年来说,正处在学习的重要阶段,对于每个人来说时间都是有限的。如果就健康促进来说,最大的竞争者还是学业行为。就个人而言每个人的时间都是有限的,然而在有限的时间里选择任何一种行为都会对其他行为的选择造成影响。面对繁重的学习压力,文化课学习已经占据了学生的大部分时间。如果花费其他时间和精力在健康活动中,那必定会减少学习时间。因此在学习和参与健康活动的选择及时间安排中也存在着竞争关系。现如今青少年体质健康并未得到改观,就现实生活中青少年健康促进的行为选择,不去参加体育活动的原因有很多,但究其根本,还是各影响因素之间竞争的结果。

对于家庭层面来说,家庭文化层次、家庭健康观念、家庭的体育锻炼氛围、家庭经济水平的网络结构与社会支持等因素之间也是相互影响、相互竞争的。家庭是由多个个体组成,对于青少年来说,他的行为选择不仅来自自身的认知,还受到其他家庭成员的影响,不同家庭成员的认知观念就存在着竞争。例如,家庭中父亲有着积极的健康观,支持孩子要积极参与健康活动,加强身体锻炼;而母亲持有消极的健康观,认为孩子注重营养就可以,没有必要花费过多时间在体育锻炼上。父母认知、观念上的冲突和竞争对孩子的行为选择有着很大影响;因此家庭对青少年健康观念的培养、健康行为的养成都产生直接或间接的影响。家庭对青少年参加健康活动的态度之所以能够影响青少年健康促进意识与行为形成的各个层次,是家长的态度通过日常行为表现反复强化的结果[1]。除此之外,在青少年体质健康促进生态系统家庭层面中,家庭经济收入水平、消费结构与青少年健康促进行为的养成也存在着竞争关系。家庭经济水平在健康促进的行为选择中起着重要的作用。对于经济收入水平较低的家庭,更多的

---

[1] 董宏伟. 家庭社会资本对青少年体育锻炼意识与行为的影响及反思[J]. 沈阳体育学院学报, 2010,29(2):33-37.

会把资金投入在衣食住行上,或孩子的课外补习班上,健身的费用就会较少甚至没有。家庭经济水平较好的,健身和锻炼的投资就会增加,健康促进的行为也会随之增加。同时,家庭资金支出的类别有很多,而孩子参与健康促进的活动资金只是众多家庭开销的一部分,在有限的资金中,不同的花销之间也有着竞争[①]。另外,家庭所处的地理位置及周边的环境和建筑等也影响着健康促进行为的选择。周边有公园和健身场所的地方,健身行为就会增加,如果附近有电影院或者餐厅就会使体育参与减少。

在学校层面中,竞争关系就更加复杂多样了。学生与学生之间充满竞争,对于学生来说,考入理想的学校是学习阶段的重要目标,然而学校入学名额是有限的,因此学生和学生之间就自然产生竞争。在如此激烈的竞争环境中,学生健康行为的选择会受到这种竞争关系的影响。同样,这种竞争关系也存在于教师与教师之间。学校作为健康促进的最佳场所,体育教师和健康教师对学生的健康教育起着重要作用,但是文化课教师更注重学生的文化课学习,而并不希望学生花费过多精力在课外活动中,这时不同学科的教师在认识和态度上就会产生冲突,从而形成竞争。在学科与学科中这种竞争关系就更加显著了,虽然国家一直强调体育健康课程的重要性,也在不断加强学校体育建设,但事实上体育健康课程在学校教学中并没有得到十分重视,对于中、高考必考科目来说,体育学科就显得没有那么受重视,特别是在时间、精力有限的情况下,体育学科与其他升学考试学科相比在竞争中就处于弱势地位了。除了学校内部竞争之外,学校与学校之间也是充满竞争,且这种竞争要比学校内各要素之间的竞争激烈更多。对学校来说,学校的教学成果和教学质量是学校的核心竞争力,要想在众多学校中脱颖而出,争取到最好的教育资源,就必须不断提高学校自身的核心竞争力,从而吸引优质生源,提升学校的社会影响力。因此,在学校层面中若体质健康促进工作有利于学校竞争力的提升,那么在竞争中健康促进必会处于有利位置;反之,若青少年体质健康促进工作未能给学校带来有利资

---

① 李彬彬,符明秋. 家庭影响青少年体育参与的研究进展[J]. 成都体育学院学报,2004(1):12-15.

源，那么在竞争中健康促进就处于弱势地位了。

在青少年体质健康促进生态竞争系统中，政府层面是一个宏观视角，这个层面中包含的竞争关系就更为错综复杂。首先从中央政府的角度来说，中央政府是我国青少年体质健康促进工作的核心机构，它负责制定和颁布健康促进政策，中央政府作为顶层设计者，位高权重，各部门之间的竞争是不可避免的。就如全国"校园足球活动"政策推行过程中，教育部和国家体育总局就出现较大分歧，两部门在共同完成该项任务时就产生了竞争关系。同样，这种竞争关系也存在于地方政府与地方政府之间以及各地方政府内各平行单位之间，当两个组织在完成同一任务时，由于各自出发点的不同就会产生分歧和竞争[①]。除此之外，中央政府与地方政府之间也是如此。地方政府作为青少年体质健康促进政策的执行者，对于中央政府下达的政策纲领理应按要求积极完成，但地方政府作为一个独立的单位，有着相对独立的自主权。当中央政府下达的政策纲领与地方政府的出发点不一致时，地方政府与中央政府就产生了某种竞争关系。由于青少年体质健康促进工作不是一蹴而就的，它是一个不断积累、不断探索和发展的过程，因此新旧政策的更换也存在着竞争，通常由于惯性的作用人们往往不愿意尝试新的事物，所以在政策选择中，新旧观念也会产生冲突，迸发竞争。政府层面的竞争关系不仅存在于横向和纵向，还存在于新旧的时空差异中[②]。

纵观青少年体质健康促进生态系统，可以发现不管是个体还是家庭、学校、政府层面，竞争无处不在。正是因为竞争的存在，才出现了不同的健康行为选择。在青少年体质健康促进这个大生态系统中充满着竞争，不同层面存在着不同的竞争因素。对于个体层面中的学生来说，其认知、情感、态度、休闲方式的选择都是产生竞争的原因。在长期"重文轻体"的教育模式下，学生对体育没有产生正确的认识，甚至产生抵制情绪，认为应该抓紧一切时间学习，参与体育活动则是学习成绩差的同学做的事情。这种固化的认知和态度对体育锻炼产生

---

① 邱林. 利益博弈视域下我国校园足球政策执行研究[D]. 北京：北京体育大学，2015.
② 唐丽萍. 我国地方政府竞争中的地方治理研究[D]. 上海：复旦大学，2007.

非常不利的影响；同时随着科技的不断发展，休闲娱乐的方式越来越多，体育锻炼已不是学生课余时间唯一的消遣方式，这种休闲游戏方式的选择也与体育锻炼产生了竞争。对于家长来说，文化课成绩直接与孩子升学挂钩，直接关系到前程，因此家长把文化课学习放在该阶段的首要位置。当然家长也十分关心孩子的身体健康问题，体育锻炼是增强青少年体质健康、促进生长发育的最好选择，但是体育锻炼是一个循序渐进的过程，需要长时间的坚持才能达到强身健体的作用。是占用宝贵的时间去预防潜在的健康危机，还是先抓眼前利益完成升学任务再弥补体育锻炼，对家长来说也是非常矛盾的选择。同样，对于学校层面来说，升学率是衡量学校教学质量、获得社会认可度的关键因素。一方面学校要积极响应国家教育政策，减轻学生负担，增加课外活动，加强学生体育锻炼；另一方面，学校为了学校名誉、升学率，又必须将主要精力投放在文化课上。对于地方政府来说，一方面要积极响应上级政策，号召学校重视体育教育，保证学生体质健康；另一方面也必须保障该地区的升学率，完成政绩。如果政府在学生体质问题上投入大量精力，该地区的高考录取率就有可能受到影响，使得教育质量受到质疑，这就导致政府部门在执行健康促进工作的过程中出现了诸多的竞争。上升到国家层面来讲，追求经济发展与健康促进工作的开展也存在着巨大的竞争。虽然党中央在健康促进工作中下达了一系列政策文件，但在实际的实施和执行中，由于受到其他政策的竞争，其效果受到很大影响。

第二节 利益驱动：青少年体质健康促进生态系统中的利益之争

对各个系统层面的竞争关系进行解剖分析发现，每个层面中都存在着诸多竞争，这些竞争都对青少年健康行为造成不同程度的影响。在整个青少年生态系统中，竞争贯穿始终，并且导致这些竞争的原因也有很多，但正如第一章分析中所指出的那样，该系统中最核心、最关键的竞争还是利益之争，利益之争是所有竞争中的动力源头。不论是学生、家长层面的竞争，还是学校、政府之间的竞争,归根到底都是利益之争。

一、多元冲突与整合:生态系统中的利益关系

(一) 利益的内涵

在《中国大百科全书》(哲学卷)中,利益被解释为"人们通过社会关系表现出来的不同需要"。利益源于人们的不同需要,而这种不同的需要又必须借助于一定的社会关系才能表现出来,即离开了社会关系就无所谓利益和利益关系。[1] 人们的需要是利益的自然基础,也是利益冲突的初始原因。利益是人们为了生存、享受和发展所需要的资源和条件。利益的本质是追求现实与未来的好处及其机会。"利益"是"好处",或者说是"潜在的好处",包括物质与精神两个方面,它与"幸福"密切相关。在利益当中,物质是基础性的,精神利益是从属性的,是物质利益达到一定程度的产物。人们的价值取向决定其选择,而所有的选择都出自人们的利益与愿望[2]。

马克思说:"人们奋斗所争取的一切,都与他们的利益有关。"[3]历史不过是追求自己目的的人的活动而已,政治权力不过是用来实现经济利益的手段。利益是人与社会的连接纽带,是人类社会统治和支配其他原则的基本原则。利益把人与他人联系起来,把人与社会联系起来。从人类历史的发展过程看,整个所谓世界历史不过是人通过劳动而诞生的过程,是自然界对人来说的生成过程。而人劳动的最根本动因,是获取利益。人们所争取的一切都与利益有关,追求利益是人存活的根本目的[4]。

从政治的本源及使命的角度而言,政治作为人类的一种社会活动,本质上是对社会个体或社会组织追求自身利益的行为进行平衡的技术。因为资源稀缺性与人追求自身利益最大化的欲望构成了现实的矛盾,为了避免悲剧的发

---

[1] 柳新元. 利益冲突与制度变迁[D]. 武汉:武汉大学,2000.
[2] 冯国有. 利益博弈与公共体育政策[J]. 体育文化导刊,2007(7):62-64.
[3] 马克思,恩格斯. 马克思恩格斯全集(第1卷)[M]. 北京:人民出版社,1995:187.
[4] 王春荣. 生态政治的利益研究[D]. 长春:吉林大学,2006.

生，人类寻求理性的制度以约束个体或集体、组织的行为，调节和平衡社会矛盾。利益作为最后增值的动力和目的，是推动主体进行一切政治活动和推动政治发展的原始力量。从人类自身的进步与发展中我们能够越来越清楚地认识到，社会其实是一个利益共同体。利益结构是社会结构的物质基础，是决定社会和谐程度的重要因素。事实上，自从经济社会出现以来，它始终呈现出多元利益冲突与整合的复杂情境。

利益是对人们未来有好处的事物，然而这个"好处"对于不同时间、不同的人或主体而言，其标准也是不一样的，因此在各自对"利益"的理解基础上，将"利益"进行了不同的分类。从社会学的角度出发，组成社会的基本元素是人，就不可避免地出现了阶级、阶级矛盾、既得利益者、政治和战争等利益冲突。社会学把利益分为：个人利益、集体利益、国家利益三种类型。个人利益包括个人物质生活和精神生活需要的满足，个人身体的保存和健康，个人才能的利用和发展等。集体利益是社会集团全体成员的共同利益。在社会主义国家，集体利益从一定意义上讲，是指国家和全体人民的利益，同时也指人们所在集体的全体成员的共同利益。国家利益是指能够满足国家的发展需要并且能给国家带来好处的事物。

（二）青少年体质健康促进生态系统中的利益之争

在青少年体质健康促进生态系统中，每一个层面都存在着诸多的影响要素，而各个要素之间相互影响且相互关联。对于每个主体来说，行为的选择均受到各个因素的影响，但最终还是各要素间竞争的结果。因此，在整个青少年体质健康促进生态系统中，各要素之间的竞争关系尤为突出。在前面的论述中，本研究已对各层面中的竞争因素进行了一一剖析。但在这竞争的背后更为深层的原因是利益的驱动。当然，并不是所有的竞争关系都是利益之争，有的存在利益之争，有的则没有利益之争。就如生活方式是影响青少年健康促进行为的重要因素。如果从生活方式的变更来看，原始的生活方式日渐消失，现代化的生活方式取而代之；从全自动洗衣机到扫地机器人的出现，使得现代生活渐趋自动化，自行车、汽车、火车和飞机的出现使得交通运输日渐机械化；随着网购、qq、微信、影视等信息技术的发展，人们的消费和休闲娱乐方式也日渐多样化。人们的选择越来越多，这些存在竞争关系的选择对人们的体质健康产生着极大的直接或间接的影响，但在这些选择中，利益的竞争关系并不明显。

但在我国青少年体质健康促进生态系统中，整个竞争要素中最为核心的驱使动力还是利益之争。每个主体在做出行为选择之时都会受到利益的驱使，尤其是在我们国家，青少年体质健康促进工作其实就是一个政策推行过程，这背后存在着复杂利益关系，涉及个体、家庭、学校还有政府各个部门利益的决策。例如对学生和家长来说，相比健康促进教育，学生能上一个好学校、未来会有一个好工作，过上不错的生活可能更为重要。而对学校而言，抢夺好的生源，创造高升学率，提高学校社会地位要远比实施健康促进政策重要得多。对于地方政府而言，"升学率"直接与地方的政绩相挂钩，提高"升学率"是获取政绩的重要因素。由于教育的收益无法用货币来进行衡量，它是一个长期的活动，无法在短期内获得直接收益，而升学利益却是各主体获益的直接表现。因此无论是作为学生的个体，还是个体所存在的家庭和学校，"升学"都是其最为一致也是最核心的利益。相比之下，学生体质健康促进并不能带来最直接的利益，从而导致学生体质健康促进在这场利益竞争中处于劣势状态。

综上所述，"利益"是各要素间形成竞争关系的根源，是否采取健康促进行为的最终决定因素亦是"利益驱使"。因此，在青少年体质健康促进生态系统中，必须对竞争背后的利益要素进行深入剖析，才能有效解决我国体质健康促进工作中的实际问题。

二、核心利益最大化：健康政策中的利益抉择

现如今，青少年体质健康促进的相关理论在现实当中受到了极大的挑战，多年来，为了有效地促进青少年的体质健康，健康促进相关文件频频颁布，各类健康促进相关政策也不断实施，但其治理效果却不尽人意。其重要原因是理论本身存在缺陷，现有理论只关注了健康促进生态学中各因素之间的相互影响关系，却忽略了其背后实质性的"竞争"关系的存在以及"利益"问题的分析。在青少年体质健康促进生态系统中，包含了学生、家庭、学校和政府四个层面，每一

个层面都可以作为一个独立的利益主体，为追求自身利益的最大化进行选择和决策。我国青少年体质健康促进政策是涉及个体、家庭、学校还有政府各个部门利益的决策。因此本研究从主体的利益角度出发将健康促进生态系统中的利益分为个体利益、家庭利益、学校利益和政府利益四个层面。

对于学生来说，影响学生健康行为选择的因素有很多，包括自身认知、知识、情感和态度等方面，自身认知的不同，甚至前后知识、观念的差异、休闲方式的选择都会使行为选择产生竞争关系，这些在前文都有过分析。但其实在所有影响因素之中，最主要的竞争之源还是学生与学生之间的升学利益之争。青少年正处于紧张的学习阶段，大部分时间都被繁重的学习任务所占用。对于这一阶段的学生来说，最重要的任务就是学好文化课、考取好的成绩，这与日后的升学利益直接挂钩，因此学生把学习作为了首要任务。在青少年体质健康促进政策推进过程中，直接受益者就是学生，组织单位通过组织各种健康活动，可以加强学生的课外锻炼、提高学生体质健康水平。但是，对于学生来说，参加学习之余的课外活动就意味着要将有限的时间和精力进行重新分配，参加健康促进活动的时间可能会与学习相冲突，虽然参加健康促进活动可以增强身体素质，但若耽误或占用了自己的学习时间，就可能造成学习成绩下降等后果，这将直接影响到学生的切身利益。因此，面对这一利益冲突，学生的选择变得尤为谨慎。在健康促进与学习这场竞争中，学习是学生的首要利益或者核心利益，也是学生的第一选择；而健康促进只是学生的次要利益，健康行为的选择对于学习来说就没有那么重要了。当然，从个体发展的长远利益来说，身体健康是个体发展的基本保障，与个体利益息息相关，但在学生的升学利益面前，健康的长远利益往往却被忽视了或者不得已被暂时搁置让步。

在家庭层面中，家庭利益与学生的个体利益是趋向一致的。对于学生来说，学习是首要利益；同样对于父母来说，辅助孩子学好文化课也是该阶段父母的重要任务。孩子未来的发展趋势与家庭利益不可分割。因此在我国青少年体质健康促进政策过程中，家庭层面最突出的竞争之源还是升学利益。在孩子的成长过程中，父母都希望帮助孩子做出正确的选择。对于学校健康促进，家长也都希望孩子在学习的同时能够健康快乐地成长，在时间充裕的条件下，家长还是会积极鼓励孩子参与学校课外锻炼活动。特别是小学阶段,文化课学习压力相对较轻,课余时间较多,小学生们的课外体育活动也比较丰富,因此学校体质健康促进工作在小学开展得相对顺利;但到了初中、高中阶段,随着文化课学习负担加重,学生的课余时间随之减少,在这种情况下,为保证孩子有足够的学习时间和学习精力,父母一般都会选择减少体育锻炼、课外娱乐活动,甚至放弃孩子的课外活动时间,从而把更多的时间集中到文化课学习和课外补习中。在我国现实教育体制下,孩子每天的时间和精力都是有限的,在紧张的学习环境中,当健康促进与文化课学习发生冲突时,想让家长放弃学生的学习时间,鼓励学生参加健康促进活动几乎是不可能的。这样的现实情况也是导致我国青少年体质健康促进工作开展难度大、实施效果不佳的重要原因之一。

与个体和家庭层面相比,学校是更为复杂的利益团体。利益贯穿于人类社会生活的方方面面,人们受利己动机的影响,总在权衡利弊后做出自身利益最大化的行为选择。学校作为一个独立的主体,也会根据学校自身需求追求学校利益最大化。学校与学校之间,特别是平行学校之间存在激烈的竞争关系,学校层面的利益之争主要表现于学校生源获取、校内师资配备、学校升学率、地位和知名程度、学校从外界获得的资金支持及学校本身的收益。这其中学校升学率是衡量学校教育质量的重要标准之一,是各个学校之间争夺的核心利益,它与学校其他利益息息相关。学校升学率高可以提高学校的社会地位和社会知名度,帮助学校获取更多的优质生源,获得更多外界支持,优化学校资源配置,从而大大提高该学校的核心竞争力。因此升学率是一个学校首抓、重抓的利益因素。当然,学校作为青少年体质健康促进的重要实施场所,在健康促进工作中发挥着至关重要的作用,学校有责任、有义务做好健康促进工作,增强学生体质健康水平。但学校的自利性原则,也让学校深陷于矛盾之中。一方面学校必须重视升学率的达标任务,保证学校的教学质量和学校地位;另一方面,学校也必须配合国家政策要求,完成青少年体质健康促进任务。但在实际情况中,二者就如鱼和熊掌的关系一样,不可兼得。学校的自身利益与国家的健康利益往往形成竞争,这种竞争关系不仅体现在学校与学校之间,还体现在不同学科、任课教师之间。在利益的驱使下,学校会根据自身利益需求做出抉择。

我国青少年体质健康促进工作实际上是一个自上而下的政策推行过程,在政策制定和执行过程中对于中央政府、地方政府、同级政府部门之间、上下级部门之间来说也是利益选择的过程。健康促进政策的制定和执行人员在追求利益最大化的过程中,也会面临利益的选择问题,包括各级政府组织、政府官员、个人在内的各政策执行利益主体都会产生利益竞争[1]。中央政府是政策的制定者和颁布者,作为上级领导部门,不同部门之间的利益竞争是普遍存在的。在青少年体质健康促进政策执行中最具有代表性的就是教育部与国家体育总局的利益关系。从两部门职能及核心利益诉求来看,国家体育总局在青少年体质健康促进制定和执行过程中更加注重青少年体质健康为竞技体育服务,而教育部则是通过提升学生体质健康来促进学生全面发展。两者在体质健康促进发展诉求上存在很大区别,这也是目前两部门利益竞争的核心所在。但这种利益的竞争属于同一发展宗旨、不同发展重心的竞争。地方政府作为政策执行者,在政策执行过程中具有较大的独立性和自主性,因此,在某种意义上说我国的健康促进政策执行过程也是地方执行部门再决策的过程,在这一过程中,受利益因素影响的地方执行部门会进行不同的利益选择。作为健康促进政策执行的两大利益群体,国家体育总局和教育部在核心利益诉求上有着较大差异,使得二者在实施目标和实施方式上都有着各自的侧重点。在健康促进政策执行中,地方教育部门把加强学校内部体育锻炼活动作为重点,以培养孩子运动兴趣、提升身体素质作为工作目标;而地方体育部门则把工作重点集中在优秀运动员的培养,为市、省培养更多的体育后备人才[2]。在我国现行行政评价体系下,为获得上级部门的认可和赞许,两大群体都致力于各自利益的实现,但在实际工作中两者之间又是相辅相依的关系。利益的冲突也使两部门陷入一对矛盾体中。同样,这种竞争关系也普遍存在于中央政府与地方政府之间。一方面,地方政府与中央政府的根本利益是一致的,都是为了促进青少年的体质健康、提高青少年的身体素质。地方政府利益虽以保证中央政府利益为前提,但另一方面,地方政府利益

---

[1] 谢炜. 中国公共政策执行过程中的利益博弈[D]. 上海:华东师范大学,2007.
[2] 胡亚斌. 利益相关者理论视角下中国网球运动员培养机制的研究[D]. 北京:北京体育大学,2012.

又有其相对独立性,地方政府的自利性促使地方政府选择有利于该地区利益发展的政策决定。当利益竞争的主客观条件都逐渐成熟时,这种双重性的第二方面强烈地凸显出来。由于中国各地情形的差异性,中央政府无法全面掌握地方信息。在此情况下,作为地方利益的代表,地方政府在制度创新、选择和实施上倾向于那些能为本地区带来最大利益的相关健康促进政策,使得地方政府在健康促进政策的执行过程中时而出现政策规避、选择或异化的现象[①]。

在青少年体质健康促进政策推进过程中,无论是学生、家庭还是学校和政府层面,在这个复杂的生态系统中,竞争的形成都来自不同主体的利益之争。并且这些利益有着共性,对学生来说,这一阶段最重要的利益就是学习;作为家长,为了孩子的成绩和未来的发展前途,只能先选择升学利益,暂且放弃长远的健康利益;学校为了升学率、社会声誉,在利益的驱使下牺牲了学校体质健康促进工作;到了政府层面,各级政府部门为了政绩和自身利益,对青少年体质健康促进工作进行再抉择。目前,我国体质健康促进工作的社会认可度并不高,政府体质健康工作完成得再好,也不一定能得到认可。然而升学率的达标不仅可以获得社会的好评,同时也满足了学校、家长和学生的共同利益。升学利益在生态系统各个层面、系统中都有体现,具有一致性,虽然各层面的表现形式不同,但均有共同性,这种一致性的利益体现在不同系统层面上。显然,这种具有一致性的利益在竞争中处于上风,制约了健康促进政策的执行。

第三节 利益博弈:青少年体质健康促进生态系统的现实存在

青少年体质健康促进生态系统中充满了竞争,这些竞争贯穿于每个层面内部、各个层面之间。如果把竞争都归结于利益之争的话,那么主体在这场利益争斗中,通过个体利益与他人利益的比较权衡,而进行决策、选择,进而实现自

[①] 庞立昕. 当前中国中央与地方利益关系研究[D]. 济南:山东大学,2007.

己的利益最大化,这就形成了利益博弈。在我国,青少年体质健康促进主要是一种政策行为,整个青少年体质健康促进推进过程从本质上来说就是一个利益博弈的过程。青少年体质健康促进生态竞争系统中,各层面内部及不同层面间的利益主体之间存在着复杂的利益博弈行为,博弈的结果决定着青少年体质健康促进的现实存在。

一、最优化抉择:博弈的基本理路

博弈理论始于冯·诺伊曼和摩根斯坦恩合作的《博弈论和经济行为》一书。作为已经扩展到军事、国际关系、公共管理、法律、政治学、社会学等各个学科的理论,博弈论主要研究决策主体的行为发生直接相互作用时候的决策以及这种决策的均衡问题,又称为"对策理论"或"游戏理论"[1]。博弈论可定义为:一些个人、一些团队或其他组织,面对一定的环境条件,在一定的规则约束下,依靠所掌握的信息,同时或先后、一次或多次从各自允许选择的行为或策略进行选择并加以实施,并从中各自取得相应结果或收益的过程。博弈指任何一个局中人的利益会受到其他局中人的行为的影响,反过来,他的行为也会影响其他局中人的利益,由此而在局中人之间产生竞争或竞合的状态。换句话说,由于局中人的相互依存性,博弈中一个理性的决策必定建立在预测其他局中人的反应之上。一个局中人将自己置身于其他局中人的位置并为他着想从而预测其他局中人将选择的行动,在这个基础上该局中人决定自己最理想的行动,这就是博弈的本质与精髓。[2]

一个完整的博弈通常包括以下几方面的内容。①参与人:博弈中决策主体,他的目的是通过选择行动(或战略)以最大化自己的支付(效用)水平。就健康促进而言,即指健康促进利益博弈过程中独立决策、独立承担后果的个人和组织。②行动:即博弈的顺序,在健康促进工作中是指参加者做出策略选择的先后顺序。③信息:参与人有关博弈的知识。即参与者所掌握的对选择健康促进策略有帮助的情报资料。④战略:在健康促进政策的要求下,可选择的全部

---

[1] 谢炜. 中国公共政策执行过程中的利益博弈[D]. 上海:华东师范大学, 2007.
[2] 郭姝,马坤,张广文. 高校职员制政策实施过程中的利益博弈研究[J]. 北京航空航天大学学报(社会科学版), 2012, 25(5):109-112.

行为或策略的集合。⑤支付：健康促进参与人所期望的效用水平。⑥结果：博弈分析者所感兴趣的所有东西，如均衡战略组合、均衡行动组合、均衡支付组合等。⑦均衡：所有参与人的最优战略组合。就政治的本源及使命的角度而言，政治作为人类的一种社会活动，本质上是对社会个体或社会组织追求自身利益的行为进行平衡的技术[①]。因为资源稀缺性与人追求自身利益最大化的欲望构成了现实的矛盾，为了避免悲剧的发生，人类寻求理性的制度以约束个体或集体、组织的行为，调节和平衡社会矛盾。利益作为最后增值的动力和目的，是推动主体进行一切政治活动和推动政治发展的原始力量。从人类自身的进步与发展中人们能够越来越清楚地认识到，社会其实是一个利益共同体。利益结构是社会结构的物质基础，是决定社会和谐程度的重要因素。事实上，自从经济社会出现以来，它始终呈现出多元利益冲突与整合的复杂情境。博弈论所揭示的局中人行动策略与选择的规律，以及各种不同博弈模型下不同结果的分析，启迪我们在现实社会设计出合理的机制来解决利益的冲突与制衡问题，寻求合作博弈，达成社会可接受的利益均衡格局。

在我国，青少年体质健康促进作为一种政策行为，从本质上来说就是一个利益博弈的过程。在健康促进政策的制定阶段，各方的利益代表把自己的利益要求放进健康促进政策的制定系统，利益主体将围绕利益分配问题展开激烈竞争和商讨，通过讨价还价、交易的手段达成最后的共识，因此其实每一个政策方案都是一个利益均衡的体现。健康促进政策的执行过程实际上就是政策制定过程的延续，但已从理论阶段转化为实施阶段。然而在健康促进政策执行阶段，没有在政策制定阶段得到利益满足的各利益主体，会动用手中的资源尽可能让自身利益在执行阶段得到弥补。各利益团体会采用各种手段展开各种形式的利益博弈以达到自身利益最大化的目的，在执行过程中保护或者增加自己的利益。政策执行在本质上是一种调节利益的过程，这其中包含着集体与集体之间的利益，集体与个人的利益以及个人与个人的利益。

青少年体质健康促进的博弈主要是青少年体质健康促进政策过程中的利

---

① 张维迎. 博弈与社会讲义[M]. 北京：北京大学出版社，2014.

益博弈,也就是指相应的个体及权力机构在一定规则的前提下调节不同利益的过程。依据上述分析,健康促进的博弈过程可理解为:在一定规则下,局中人借助所掌握的信息,理性选择行动方案并加以实施,以实现各自健康利益最大化的过程。

二、多元博弈:健康促进中的利益博弈

青少年体质健康促进政策涉及学生、家长、校长、地方政府和中央政府在内的个体利益和集体利益,不同的利益主体在利益博弈过程中存在着不同的身份和地位,存在着复杂的博弈关系。

(一)学生层面的利益博弈

1. 学生与自然的概率博弈

博弈论是有关独立和相互依赖的决策制定的理论[①]。博弈中决策的制定,其结果依赖于两个或更多的自主局中人,其中一名局中人可能是自然本身。局中人是指在博弈当中决策的主体,他在决策中有一些行动要选择以最大化的效用和收益(支付)[②]。概率博弈是一个局中人与自然的博弈,但却是一种局中人在并非确定的条件下做出决策的博弈。换言之,自然用一种不可预测的方法影响着局中人的博弈结果[③]。在青少年体质健康促进生态系统的个体层面中,学生作为局中人,与"自然"形成一场博弈,并且局中人不能为自然的行动分配确定概率,因此属于涉及不确定性的概率博弈。

在涉及不确定性的概率博弈中,学生是一名局中人,"自然"可以看作是另一名特殊的局中人。对于学生来说,参与健康促进、加强体育锻炼有益于身体健康发展。但在现实教育体制下,如果花费额外精力参与健康促进活动中,可能会影响到学生文化课的学习,因而产生冲突。学生最关注的还是文化课成绩,是否可以取得理想的成绩是他们该阶段最在意的事情,然而这又是一个无法确定的自然

---

① 凯利. 决策中的博弈论[M]. 李志斌,殷献民,译. 北京:北京大学出版社,2007.
② 张维迎. 博弈与社会讲义[M]. 北京:北京大学出版社,2014.
③ 凯利. 决策中的博弈论[M]. 李志斌,殷献民,译. 北京:北京大学出版社,2007.

因素。若把不参加健康促进行为花费的精力记为 0,把参加健康促进行为花费的精力记为 −5;把取得理想的文化课成绩的损失记为 0,未取得理想的文化课成绩的损失记为 −5。这四个结果构成了学生的收益矩阵,具体见图 4-3。

	策略	自然 取得理想的文化课成绩	自然 未取得理想的文化课成绩
学生	不参与健康促进	0	−5
学生	参与健康促进	−5	−10

图 4-3 收益矩阵

在该收益矩阵中,只单纯考虑健康促进活动与文化课成绩之间的关系,其他影响因素都排除在外,那么在自然的概率未知的情况下,可以通过极大化极大原理、极大化极小原理和极小化极大原理来制定决策。

极大化极大原理就是建议局中人选择包含最大收益的策略。如图 4-3 中最大收益是 0,所以极大化的极大原理建议选择不参与健康促进。

极大化极小原理建议局中人应该选择最差情况的最好策略。从图 4-3 中可以看出,第一行最小数字是 −5,第二行最小数字是 −10,所以极大化极小原理建议选择不参与健康促进。

极小化极大原理建议局中人避免产生最可能后悔的策略。通过后悔矩阵来表示,后悔矩阵:如果局中人事先知道自然的选择,那么他选择不同的策略会产生的(所有)好处(形成不同的矩阵)。通过每列的最高收益减去一列中的每个收益,可以检验每个策略会有多大好处。结果如图 4-4 所示。

	策略	自然 取得理想的文化课成绩	自然 未取得理想的文化课成绩
学生	不参与健康促进	0	0
学生	参与健康促进	5	5

图 4-4 后悔矩阵

很明显最大的后悔(5)出现在第二行的策略中,所以极小化极大原理建议应该选择避免这一策略,选择不参与健康促进。

通过概率博弈,从利益收益的角度分析了学生四种选择的收益结果。运用极大化极大原理、极大化极小原理和极小化极大原理推算后得出,在健康促进和文化课的博弈中,学生的最优决策都是选择不参加健康促进活动。这一结果对青少年体质健康促进工作来说无疑是致命的伤害。为改变此现状,在教育过程中加强对学生的健康观念的培养是至关重要的。首先,学生需要树立正确的健康观。让学生知道学习和健康是相辅相成、相互促进的关系,而不是冲突关系。健康的体格是学习的必要前提,劳逸结合将会有效地提高学习效率,适当参与健康促进活动有益于文化课的学习。认清二者关系,有利于帮助学生树立正确的健康观念,消除抵触心理。其次,学生根据自身需求,做出正确的健康选择。在学习过程中,合理安排好时间,适当参加健康促进活动。盲目、过度地参与课外活动,必定会影响到其他课程的学习。找到二者的平衡点,选择适合自己的健康生活方式。当然,对于心智尚未发育成熟的青少年、儿童来说,独立地做到这些还非常困难,因此需要老师、家长和学校的正确引导和正确教育,帮助他们养成健康的生活习惯。

2. 学生与学生之间的多人不完全信息动态博弈

在博弈理论中,博弈根据不同的特征可分为不同的类型。根据局中人决策的方式可以分为静态博弈和动态博弈。静态博弈是指所有的局中人同时行动,且只有一次行动机会,换句话说,局中人在做出行动时不知道其他局中人的行动。而动态博弈恰恰相反,它是指局中人的行动有先后顺序,一方先做出行动,另一方在知道一方行动下再做出行动。在动态博弈中局中人是轮流行动的[①]。

学生和学生之间的竞争非常激烈,特别是初中升高中、高中升大学的阶段。在学校、班级中,学生的选择或行动都会相互影响。就健康促进问题来说,可以假设把学校中的学生分为 A、B、C、D 四类。A 类学生是非常热爱体育运动的,充分地体会到体育锻炼给自身带来的益处,这类学生在学习之余会积极参加学

---

① 张维迎. 博弈与社会讲义[M]. 北京:北京大学出版社,2014.

校课外锻炼活动,平均一天安排 3 小时在课外活动上;B 类学生看到 A 类学生安排这么多时间在课外活动上,受此影响,也决定参加一些课外活动,但又考虑到文化课的学习,于是安排 1 小时的课外活动时间;C 类学生看见学校有一些学生都在参加课外活动,即使并不十分喜欢课外锻炼,但是看见大家都参加,于是抽出半小时参加课外活动;D 类学生不受其他同学的影响,认为该阶段学好文化课最重要,因此不会花费时间和精力参加课外活动。当然这个假设并不一定十分准确,但这种情况又确实存在。学生的行动会受到其他学生的影响,他们会根据其他同学的行为做出选择。当然,在这个过程中,局中人只能知道对方的行动,但不能完全掌握对方行动动机、特点等信息,因此这属于典型的不完全信息多人动态博弈,也称为多人序贯博弈。可以通过博弈树表示,如图 4-5 所示。

在博弈树中,局中人 A 作为根节点,以此为起点,开始博弈。局中人 A 在做出决策后,他的决定影响了其他三位局中人 B、C、D 的决策。这是博弈树的原博弈,也是初始博弈。局中人 B、C、D 根据自身的利益需求再做出适合自己的决策,形成三个子博弈。当然,现实生活中的局中人远远超过以上假设的四类学生,他们形成的博弈树要更加复杂,不仅仅存在单向影响,还会存在交叉、多向影响。

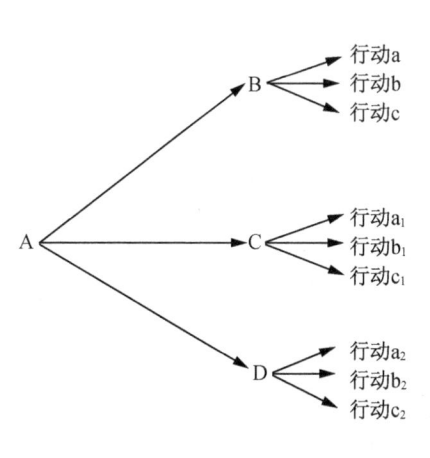

图 4-5 多人动态博弈树

在学生之间的多人动态不完全信息博弈中,可以发现局中人 A 的行为选择影响着他人的选择。学生作为青少年体质健康促进的主体,提高学生体质健康水平是根本目标。因此,在实施过程中,充分发挥学生代表的领导作用,可以有效促进体质健康促进的实施效果。这要求老师要善于观察和发现班级中具有领导性的优秀学生,在进行班级健康教育的同时,还要注重对这类学生健康意识和健康行为的培养,发挥学生领袖的号召力;创建班级交流平台,组织班级交流活动,通过同学之间的交流和互动,加强健康行为和健康体验的传播,扩大健康行为在学生中的影响力;对于表现优异、积极性高的学生,给予一定的物质或精神奖励,以激励其他同学积极参与健康促进活动。

(二)家庭层面的利益博弈

1. 家庭与学生之间的完全信息纯粹合作博弈

国家颁布一系列健康促进政策后,大多数家长都可以认识到让孩子适当参加健康活动,是可以促进身心发展的,对孩子的全面发展具有积极作用。在小学阶段,文化课负担相对较轻,课外活动时间较多的情况下,多数家长积极鼓励孩子参与各种校园活动。但到了初中和高中阶段,学生的学习负担加重,且面临着竞争激烈的升学压力时,多数家长还是选择让孩子将大部分的精力和时间投放在文化课的学习上,而不再积极支持孩子参与学校健康促进活动,同时家长会根据孩子未来发展需要,做出对他们更为有力的选择。家庭环境对于孩子的成长有着重要影响,父母的认知和观念影响着下一代。学生是否参与健康促进,参加课外活动,他的抉择与父母有着密切关系,特别是在思想尚未成熟阶段,还无法独立做出选择和判断时,多数都由家长决定;即使到了初、高中后,可以独立做出选择,但父母的建议和态度同样起着至关重要的作用。

完全信息的纯粹合作博弈(图 4-6)在博弈论中也是比较特殊的一种博弈关系,甚至一些研究者认为纯粹合作博弈并不能算作真正意义上的博弈,博弈中的局中人利益一致,他们可以被视为同一利益主体。在实际生活中存在的也不多。但由于家庭和学生之间的特殊性,构成了这种博弈关系。家长和学生作为局中人,他们必须对可能产生结果的偏好顺序达成一致,从而使双方达成一个满意的结果,并且由于学生生活在家庭中,家长与学生都可以准确掌握双方的特征、行为选择等信息。因此家长和学生会根据学生学习的需要,在不同时期选择最

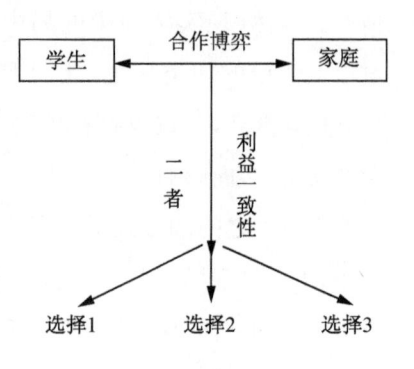

图 4-6 完全信息纯粹合作博弈图

佳策略,以获得最优利益需求。

2. 家庭与家庭之间的多人不完全信息动态博弈

家庭与家庭之间同学生与学生之间的关系非常相似,也属于多人不完全信息的动态博弈。但家庭与家庭之间的不完全信息的动态博弈又更加复杂一些。每个家长都希望自己的孩子可以健康快乐成长,但在应试教育的高压下,他们又必须配合学校,重视孩子文化课的学习,这关乎孩子的前途和未来,因此家长们尤为谨慎。当然,家长与家长之间的相互影响也非常大,可能一个家庭的行动就会给其他家庭造成不一样的影响。特别是孩子学习成绩非常优秀的家庭,往往成为其他家庭学习的榜样,很多家庭会参照优秀家庭进行判断和决策。假如 a 家庭的孩子学习非常优秀,在是否积极参加学校健康促进活动的选择上就会给其他家庭的决策带来很大影响。多人不完全信息的动态博弈可通过多人动态博弈树进行展示(图 4-7)。

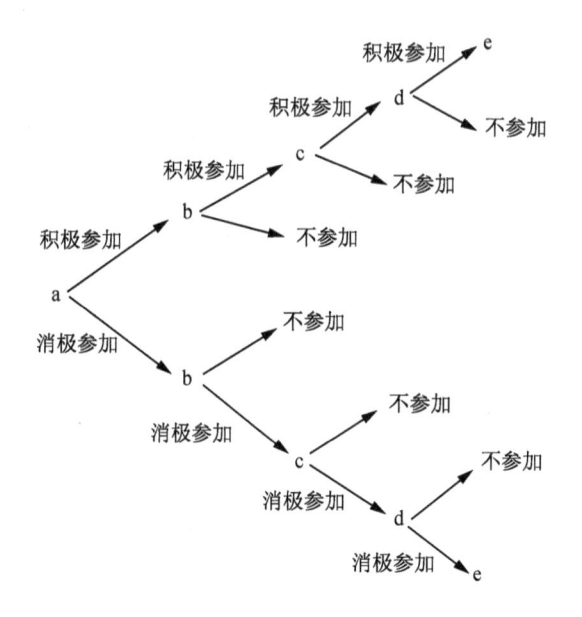

图 4-7 家庭与家庭之间的多人不完全信息动态博弈树

在上述博弈树中,家庭与家庭之间并不完全知道对方选择的原因和行为动机,他们只是通过选择结果来进行抉择。由图 4-7 可以看出,a 家庭的抉择对 b、c、d、e 家庭的选择有着直接或间接的影响。其他家庭会在该影响下,做出适合自己的选择。

家庭与家庭之间的多人动态不完全信息博弈和学生与学生之间有着相似之处。学生的利益需求和家庭的利益需求基本是一致的。家庭对健康促进的认识和态度对学生的影响至关重要。因此,社会和学校在注重学生健康教育的同时也要加强对家长健康促进意识的培养,帮助家长树立正确的健康教育观念,积极鼓励孩子参与健康促进活动,特别是表现突出的学生,更需要家长给予更多支持与鼓励;搭建老师与家长信息交流平台,进而有效促进老师与家长、家长与家长之间的沟通和交流。老师负责向家长传递健康知识,帮助家长解答疑问,加强家长之间的互动与分享;对于影响力大的家庭,充分发挥这类家庭的感召力,通过成功经验的分享,带动其他家庭的共同参与。

(三) 学校层面的利益博弈

1. 学校与学校之间的零和博弈

在现行教育制度下,学校与学校之间的竞争是非常激烈的,特别是地区之间,升学率和生源的争夺是学校之间的利益冲突点。这也是一场零和博弈。零和博弈是指博弈双方的收益之和为零,一方得到的正是另一方所失去的[1]。由于学校之间的升学名额和优秀的学生资源都是有限的,一所学校在竞争中获胜,另一所学校必定会失败,即两所学校的收益之和为零,两位局中人的利益总是对立和激烈竞争的。因此,想要学校与学校之间互相合作,或者互相监督几乎是不可能的。A 和 B 两所学校零和博弈矩阵图(图 4-8)如下:

	结果 1	结果 2
A 学校	获胜(收益 1)	失败(收益 -1)
B 学校	失败(收益 -1)	获胜(收益 1)
总收益	0	0

图 4-8 A 和 B 两所学校零和博弈矩阵图

---

[1] 凯利. 决策中的博弈论[M]. 李志斌,殷献民,译. 北京:北京大学出版社,2007:77.

在二人零和博弈中,面对残酷的竞争,局中人如何选择有利于自身利益的最佳策略,是一个复杂的问题。在《决策中的博弈论》中,安东尼·凯利博士就零和博弈的解决策略做出了解答。对于所有完全信息有限零和博弈中至少存在一个鞍点或者均衡点,采用极小化极大原理可以帮助局中人选择出最优策略。如果局中人选择出最优鞍点策略以外的其他策略,结果都会更差。然而在学校与学校竞争中,并不是完全信息零和博弈,学校在行动中,并不完全知道对方将会采取什么策略,是不完全信息有限零和博弈,若找不出鞍点,只能依据无鞍点博弈理论进行求解。

假设 A 学校代表的是 Z 地区高级中学,B 学校代表的是 Z 地区普通中学。虽然 A 学校资源要优于 B 学校,但 B 学校的教学质量和升学率也相当不错,在当地受到极大认可。政府为推进素质教育,加强学生健康促进行为,向学校颁布实施学校健康促进政策。面对这一情况,两所学校的决策都会影响各自的利益分配问题。两所学校是否能在博弈中获得更大收益在很大程度上取决于双方选择。如果 A 学校首先提出立即推行政策,并先于 B 学校做出决定,则占有了主导权,则获胜(收益 100%);反之,若 B 学校先于 A 学校立即推行政策,则说明 A 学校盲目遵从了资历低一级的学校,失去主动权,B 学校获胜(收益 75%);若 A 学校立即推行政策,B 学校随后推行政策,则 A 学校可获得 100% 的收益。若二者都不推行,则收益都为 0。图 4-9 显示的是在推行新政策上两所学校的收益矩阵图。

		B 学校 立即推行	B 学校 随后推行
A 学校	立即推行	0,100%	100%,0
A 学校	随后推行	25%,75%	0,0

(前者代表 A 学校收益,后者代表 B 学校收益)

图 4-9 在推行新政策上两所学校的收益矩阵图

收益矩阵图可以通过指定概率来解出收益。设 A 学校第一行混合策略的概率为 p,第二行概率为 $1-p$。因为该博弈为零和博弈,所以二者策略产生的期望收益是相等的。得：

$$0 \times p + 25 \times (1-p) = 100 \times p + 0 \times (1-p)$$

解出：

$$p = 0.2 \text{ 和 } 1 - p = 0.8$$

同理，设 B 学校第一列混合策略概率为 q，第二例混合策略为 $1-q$。同样，两策略产生的期望收益也是相等的。得：

$$0 \times q + 100 \times (1-q) = 25 \times q + 0 \times (1-q)$$

解出：

$$q = 0.2 \text{ 和 } 1 - q = 0.8$$

因此，A 学校在每一轮的五次随机选择中，都应该有一次选择是选择第一个策略，即立即推行，剩下四次选择第二个策略，随后推行；而 B 学校的决策相反，在五次随机选择中，选择一次"随后推行"，其余四次都应选择"立即推行"（图 4-10）。

		B学校 立即推行	B学校 随后推行	概率
A学校	立即推行	0,100%	100%,0	$p=0.2$
A学校	随后推行	25%,75%	0,0	$1-p=0.8$
A学校	概率	$q=0.8$	$1-q=0.2$	

图 4-10　A 和 B 学校概率矩阵图

2. 学校层面的"囚徒困境"

"囚徒困境"这一概念由美国学者图克在 1950 年提出，常被用来描述个体的理性最终会导致集体不理性结局的情况[1]。"囚徒困境"讲的是，两个犯罪嫌疑人作案后被警察抓住，分别被关在不同的屋子里审讯。警察告诉他们如果两个人都坦白，各判 3 年；如果两个都抵赖，各判 2 年；由于证据不足如果其中一

---

[1] 李占一. 拓展的囚徒困境模型：以新农合为例[D]. 济南：山东大学，2010.

个坦白另一个抵赖,坦白的放出去,不坦白的判刑5年。图4-11中的表格可以表示"囚徒困境"策略的收益矩阵。

囚徒1

		坦白	不坦白
囚徒2	坦白	3,3	0,5
	不坦白	5,0	2,2

图4-11 两个囚徒收益矩阵[①]

"囚徒困境"反映的就是个人理性与集体理性矛盾的问题。如果两个人都不坦白,各判刑2年,这比两人都坦白各判刑3年好。但此结果很难实现,毕竟它不满足个人理性要求,所以(不坦白,不坦白)这一决策不是纳什均衡。对于两个囚徒来说,即使他们在被警察抓住之前都约定互相不坦白,但此约定也没有用,因为它不构成最优选择,所以很难让人积极遵守约定。

"囚徒困境"成了博弈论中经典的博弈问题。虽然它起初描述的只是一个模拟情景,但类似问题却广泛存在于真实生活中。随着研究者们的不断研究,"囚徒困境"已经被应用到多个学科领域中。但是,并不是所有变体都符合"囚徒困境"的本质,要构成囚徒困境,收益矩阵必须满足以下条件(图4-12):

参与者a

		策略1	策略2
参与者b	策略1	R,R	S,T
	策略2	T,S	P,P

图4-12 囚徒困境基本收益矩阵图

图4-12表示的是囚徒困境基本收益矩阵图。其中R、S、T、P分别代表不同策略组合下的收益数,它们必须满足以下两个条件:

$$条件1:T>R>P>S$$

$$条件2:2R>T+S$$

[①] 张维迎. 博弈论与信息经济学[M]. 上海:上海人民出版社,1996.

基于此理论,本研究将"囚徒困境"运用于青少年体质健康促进生态系统中,对学校层面中学科与学科间、领导与教师间等问题进行解释分析。

(1) 学科与学科之间的"囚徒困境"问题

在全面推行素质教育的今天,坚持"健康第一"的指导思想是学校一切教育活动遵循原则,对于学校教育来说,健康教育不仅仅是一门学科,它更是一种健康的教育思想,渗入在各个学科当中。只靠学校体育课程、健康课程来负责学校的健康教育是远远不够的,它需要各个学科之间的相互融合、相互合作。各学科的任课教师都需要具备相应的健康素养,在教学过程中潜移默化地向学生传授健康知识,培养健康意识,对于学校的健康教育与促进给予支持和协助。在各科教师的合作中,不仅可以营造良好的校园健康氛围,还可以积极有效促进学校健康促进工作。当然这是一种比较理想化的教学模式,现如今"应试教育"这座大山依旧没有被推倒,功利化的教学方式依然普遍盛行,在激烈的教学竞争压力下,各学科教师更加维护自身学科利益,当其他学科有损自身利益时,他们会采用排斥或者抵抗的态度来维护自身利益。学校健康教育被视为学校的集体利益,而考试课程的各科教育被视为各科教师追求的自身利益,把语、数、外等考试课程归为文化课学科,把体育与健康课程归为健康学科。对于健康促进工作来说,若文化课学科能与健康学科积极合作,那么学校整体都收益,双方收益比可以记为 8∶8;若文化课学科选择不合作,而健康学科选择合作,则收益比记为 10∶2;反之,文化课学科与健康学科的收益比记为 2∶10;如果文化课学科和健康学科都选择不合作,二者之间的收益比为 5∶5。上述四种情况所构成的利益博弈矩阵图(图 4-13)可以表示如下:

	文化学科 合作	文化学科 不合作
健康学科 合作	8,8	2,10
健康学科 不合作	10,2	5,5

图 4-13　文化课学科与健康学科间的博弈矩阵图

素质教育是当今我国的教育核心,但在现实教育中,学校教育并没有摆脱应试教育的束缚,存在严重的功利化现象。对于各学科来说,其教学内容是以考试和升学率为主要目标导向的,特别是与中考、高考直接相关的学科成了重点教学科目,而与考试无关的学科,并没有引起学校教育的重视。对于学校健康学科来说,现行的升学考试并不能考查出学生的健康素养,而学生日常的健康素养又不在升学考试和评价的范围之内。对于不同的主体,在学科与学科的博弈中,都会选择文化课而不是健康学科。这种现实状况导致学科与学科之间的不平等性。因此,在学校教育中,文化课学科与健康学科相互合作、相互配合更是一种理想状态,但在现行的教育状态下,很难实现。当文化课学科与健康学科发生冲突和竞争时,学校会选择牺牲最小的利益成本来获得最大收益,即会选择牺牲健康学科利益,实现文化课学科利益。因此,健康学科配合文化课学科是当前最为普遍的选择。

(2) 领导与教师之间的"囚徒困境"

校领导和教师作为教育者,他们对青少年体质健康促进政策的态度是学校是否有效推行政策的关键。在该博弈中,利益主体主要是以校长为中心的校领导、体育健康教师、其他任课教师和班主任。博弈中也是围绕着集体利益即学校发展健康事业所带来的健康利益和各利益主体追求的自身利益展开的,就集体利益与个体利益的博弈关系,也可以归纳为"囚徒困境"的博弈形式。

校长在学校工作中发挥着决定性作用。对于学校体质健康促进工作是否可以顺利完成,校长的正确领导和高度重视是活动顺利开展的前提和关键。对于校长来说,其主要利益诉求是提高学生升学率,提高社会声誉、个人业绩。注重学校文化课教学是首要任务,其他课程教学相对次要。但在中央政府极力推进青少年体质健康促进政策背景下,校长又必须积极响应上级号召,组织创建学校健康活动,但如果花费时间和精力在学校健康促进工作中,必然会影响到文化课教学,这将与自己的利益诉求相违背,因此对校长而言,在以考试和升学率为教学评价标准的教育体制中,保障学校健康促进工作和保障提高文化课教学效果之间,校长自然会选择对自己更为有利的选项。同时,保证学生的人身安全也是学校领导的首要任务。在开展一些健康活动中,增加了学生安全事故发生的风险,这一问题的触发将给学校、教师、学生和家长带来冲突和伤害。从校长利益诉求角度分析,推行学校健康促进工作并不是自己最优选择,保障学校文化课教学质量、提高学校升学率才是首要任务。校长的抉择决定了学校健康促进工作开展的情况。

对于学校的健康促进工作,学校教师认识普遍存在局限,但多数教师认为学校健康促进教育是体育健康教师应完成的工作,其他任课教师负责完成本课程的教学任务和教学目标,学生健康教育与他们无直接关系,他们关心的是如何让学生有效掌握课程知识,如何让学生在考试中取得高分。作为班主任,他们有职责去配合学校对学生进行学习和生活上的管理,对于学校的健康活动,班主任有责任和义务协助健康活动的开展,并积极动员班级学生参加。但在应试教育的背景下,班主任、其他任课教师与校长的利益诉求是一致的,他们更在意的是学生的学习成绩而不是健康素质。甚至有的教师会反对学生花费时间和精力在除学习之外的课外活动上,希望学生可以集中精力把时间用在学习上。因此,在文化课学习和健康活动发生冲突时,班主任及其他任课教师会维护自身利益,选择文化课。

对于学校体育健康教师来说,他们面临着尴尬的处境。一方面,他们是学校实施青少年体质健康促进工作的主导力量,在健康促进工作中担负着重要任务,作为体育教师,也希望带领学生积极参与体育锻炼,加强学生身体素质,提高学生体质水平,充分发挥体育功能作用,提高社会对健康促进的关注,帮助社会、学校、教师、家长和学生树立正确的健康观,促进我国健康教育事业的发展。这是每一位体育教师、健康教师的愿望和诉求。另一方面,在现实教育中,学校健康促进工作并没有在实际的学校教育工作中落实下来,学校体育课和健康课依旧不受到重视。在前面本研究也有分析,从校长和其他教师的利益诉求分析可发现,即使大家都知道健康促进工作的重要性,但由于以考试和升学率为标准的评判制度,校长和其他任课教师还是选择了重视文化课学习、轻视健康促进工作的道路。在这种利益驱使下,学校体育教师和健康教师处于左右为难的境地。即使他们积极响应国家健康政策,可是他们的工作又离不开学校、校长的支持,面对非考试科目给考试科目让路的现状,体育健康教师只能选择妥协。

在做好本职工作的同时也要积极配合好学校的工作要求,完成学校升学目标,这就要求体育健康教师必须权衡好个人利益和集体利益。因此,现实压力给学校体育健康教师工作的开展带来严重阻碍。

(四)政府层面的利益博弈

1. 中央政府与地方政府的不完全信息动态博弈

在我国,中央政府与地方政府属于纵向间的上下级关系。中央政府掌握国家大政方针的主导权,负责制定推行国家政策。地方政府则负责执行和推广国家政策制度,落实中央政府出台的各项任务和要求。从理论上看,中央政府的地位高于地方政府,地方政府服务于中央政府。但在社会现实中,中央政府和地方政府之间的关系并不是简单的上下级关系。从社会本质角度来看,政府的主要职责是维护公民利益、履行社会责任。它代表着公众利益,具有公益性。但从博弈论来看,政府在作为代表着"公共利益"的有限理性人的同时也扮演着"经济人"的角色。在中央政府与地方政府的利益博弈中,二者作为局中人,都会追求自身最大化利益。同时中央政府和地方政府的利益出发点的不同也使得二者常处于利益冲突中。中央政府根据我国现实国情,从全局利益出发,制定出台有益于国家全面协调发展的政策方针。地方政府以维护地方利益为主要出发点,因此在政策执行过程中,地方政府自然会倾向于选择有益于地方发展的政策。当中央政府的利益与地方政府利益冲突时,地方政府在政策执行过程中就很难保质保量地完成中央政策的任务和要求。这意味着中央政府的政策意图并不总能获得地方政府的全面支持,从而导致"上有政策,下有对策"的现象出现。

导致这一现象出现最重要的原因就是中央政府与地方政府之间信息不完全对称。中央在解决青少年体质健康促进问题中,根据实际情况有针对性地制定出解决策略,并将政策纲领下达给地方政府。对于地方政府来说,可以较为充分地了解中央政府关于青少年体质加快促进问题的解决意图,获得相对全面的信息。而对于中央政府来说,对地方政府政策执行效果的获取主要是通过地方政府工作汇报和抽查,由于检查手段的单一性和局限性,地方政府在上报工作中具有较大的能动性,中央政府在抽查复核中很难获得全面信息,这就造成中央政府无法透彻地了解和发现地方工作中的问题(图 4-14)。

从图 4-14 可以看出,中央政府与地方政府在关于青少年体质健康促进问题上,是一个不完全信息动态博弈。中央政府发出的政策指令是从国家整体情况出发,具有一定笼统性和概括性。中央很难根据不同地区的实际情况,制定出符合各个城市的政策要求,因此从中央政策制定时,中央与地方就存在着信息不对等。在政策执行的过程和结果中,不同背景的地区在政策执行中所遇到的实际问题必然不同,最终的执行效果也必然不同。对于经济发达的地区来说,在经济保证的情况下,可以有效地执行中央下达的健康政策;而对于经济贫困的地区,就很难保质保量地完成健康促进政策要求。中央政府下达的政策要求有着良好的初衷,但在具体实施过程中却面临着巨大的实践困难,在这场博弈中,信息传递的不对称性,是造成政策走样的重要原因。并且,我国青少年体质健康日益下滑的问题变得日益严重,受到社会的广泛关注。国家根据青少年体质健康问题,制定了一系列政策,进行了一轮又一轮的探索和研究,这不是一次性过程,而是一个螺旋上升的动态过程。中央需要根据地方的信息反馈,不断地改正和修订相关政策。因此这是一个反复的、动态的博弈过程。

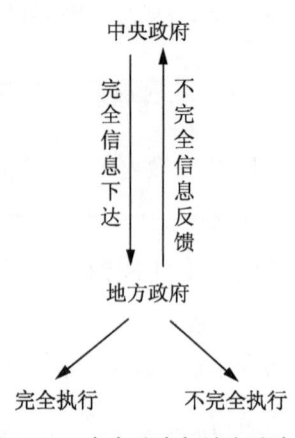

图 4-14 中央政府与地方政府政策执行博弈示意图

中央政府和地方政府之所以会出现"上有政策,下有对策"的现象,是因为二者之间存在着利益冲突。因此如何整合中央与地方间的利益关系,寻找二者之间的均衡点是解决问题的关键。处理中央和地方的利益关系,有一个基本的原则,那就是既要体现中央全局利益的统一性,又要兼顾地方局部利益的灵活性。不能存在损害国家整体利益的地方利益,但整体利益也应当适当照顾地方利益,只有地方政府行为规范、中央的决策合理,才可能使双方的利益目标趋于一致,最终形成中央整体利益与地方利益的双赢。

中央政府作为国家政权依法对全国范围进行宏观管理的领导机构,代表着社会的整体利益和全局利益,其制定健康促进政策的意图总是在于通过对社会健康利益结构的确立与调整来解决全局性的问题,促使社会和卫生方面的健康发展。地方政府是国家公共事务的地方行政管理机关,代表着区域利益和局部利益,作为健康促进政策的执行者与贯彻者,其利益与中央政府的公利性具有内在一致性。但是,伴随着行政性分权的改革,地方政府在许多时候也成为权力主体和利益主体的统一体。

地方教育主管部门,一方面,作为国家在地方的青少年体质健康促进主要行政组织,其代表国家行使地方青少年体质健康促进领导与决策权,必须体现国家整体利益;另一方面,作为地方教育管理者,其代表的是地方局部的利益,还包括地方政府和部门小集团利益,具有明显追求自身利益最大化的"经济人"理性。从理论上讲,国家利益是最高利益,地方利益必须服从国家利益,甚至有时会牺牲地方的一部分利益,但即使与根本健康促进利益保持一致性,也无法避免利益矛盾和冲突的客观事实。由于利益的至上性,当国家利益和局部利益发生矛盾时,当健康促进政策的执行会损坏或削弱部分利益集团的既得利益时,在健康促进政策的制定与执行之间便会出现一个"隐性"的利益过滤机制。"下级政府在执行上级政策时往往以自己的利益损益值作为对策参数,得益愈多,愈乐于执行,受损愈多,愈不乐于执行。"[1]

2. 地方政府之间的"囚徒困境"

在青少年体质健康生态系统中,升学率是各级地方政府包括县(区)政府、市政府的利益之争。由于高考制度的特殊性(各省的高考录取名额是相对独立的,与其他省关联较低),使得省与省之间的利益冲突没有那么突出。而各省级以下的地方政府代表了一定地区、阶层的利益。政府作为公共教育政策的执行者,需要满足公众的基本教育诉求,维护社会大众的利益,但除了公共利益之外,还存在地方政府组织利益和个体利益。因此地方政府也形成了一个利益集团,在地方政府与地方政府之间、政府内部各部门之间以及政府与个体之间都

---

[1] 陈小华. 城市农民工同住子女义务教育政策博弈的利益分析[D]. 上海:华东师范大学,2011.

形成了利益博弈。

地方政府之间在升学率中存在着激烈的竞争，各地方政府为了追求最大化利益，必须做出最优化的选择，对于地方政府来说，提高该区域的教育实力将会给该区域带来更多的社会利益和经济利益，然而教育实力最突出的表现就是升学率，而不是健康促进创建的成效。因此，对于地方政府来说最佳选择就是提高区域的升学率，这也成为不同地方政府之间最突出的利益冲突。同时这种利益冲突也存在于政府内部各部门之间，例如体育部门希望能够大力实施中央下达的关于青少年健康促进政策，希望在学校中能够积极开展健康活动，促进学生体质发展，提高竞技水平，而教育部门则更注重加强学校文化课建设，强调学生的文化课成绩。因此二者在政策执行中存在着利益冲突。再次，政府部门执行人员的个人利益与集体利益形成冲突。政府执行人员在执行过程中，为了提高绩效，获得升职机会，在利益选择中，难免利用手中的权力最大限度地追求自身利益。

地方政府是否按照中央政府下达的命令，大力实施青少年体质健康促进政策，这对于地方政府来说，存在政策选择的博弈问题。假设有两个地区政府，分别是 A 和 B。中央政府提出大力发展学校健康教育，加强学校体育建设的要求。如果地区 A 和地区 B 都立即执行中央政策，都安排相同的时间或精力来促进学生体质健康，那么学校健康教育建设以及学生的体质都会得到改善，两个地区都会在学生体质健康方面得到不错的收益。但假如 A 地区政府为了不影响区域升学率，不执行或不完全执行中央政策，仍把绝大部分时间或精力投放在学校文化课的学习上；而 B 地区完全执行中央政策，那么与 A 地区相比，B 地区学生的文化课学习时间就会变短，就有可能面临着该地区升学率下降的风险。这样不均衡的结果会诱导 B 地区也消极对待中央政策，维护区域利益。一旦两地区都不执行中央政策，必定会影响到学生体质健康状况，学生依旧无法得到全面发展，阻碍学校素质教育的开展和推进，影响了国家教育的发展，形成"囚徒困境"式的博弈状态。

当然，除了地方政府之间，各地方政府内部各部门之间以及上下级地方政府之间都存在上述这种利益博弈关系。不管是上下级地方政府、各平行级地方政府还是各地方政府内部各部门在推行健康促进政策过程中,都可以看作是独立经济人,当集体利益与个体利益发生冲突时,他们在利益博弈过程中都会本能地追求自身利益最大化而牺牲集体利益,尽管对于整个利益主体来说,这并不是最好的选择,但出于本能,每个博弈主体还是会选择自身利益。面对集体利益和个体利益,博弈主体如何决策出最优选择,得到纳什均衡最优结果,这不仅是利益主体最关心的问题,也是"囚徒困境"博弈关系的核心所在。

(五)青少年体质健康促进生态竞争系统中的整体博弈

在前面几节中,以各级层面为单元,对青少年体质健康促进系统中各个层面中存在的博弈进行了分析。但青少年体质健康促进生态系统是一个完整的生态圈,除了各层面内存在博弈外,层面与层面之间也是相互关联、相互竞争的,存在着不同的博弈关系,青少年体质健康促进生态系统是一个复杂的博弈系统。

1. 政府、学校与家庭、个体之间的"智猪博弈"

前述的"囚徒困境"博弈中,不管对方采取什么行动,每一位理性参与人都有自己的最优选择,这一选择不依赖于对方的选择便可做出;而在生活中还存在一些博弈,并不是双方都有最优选择,一方有最优选择,而另一方则要根据对方的选择抉择出自己的最优选择,即自己的最优选择依赖于对方的选择,这就是"智猪博弈"①。

所谓"智猪博弈",是指下列情形:假设猪圈里有一头小猪和一头大猪,在猪圈的一边有一处食槽,而在食槽的另一边有一个按钮,按一下按钮食槽会出现8个单位的食物,但按按钮的猪会被扣除2单位的食物。若大猪按按钮,小猪不行动,则大小猪的收益比是5∶3,大猪扣除2个单位后为3∶3;若大小猪一起按,则大小猪收益比为6∶2,二者都扣除2个单位后为4∶0;若小猪按,大猪不行动,则大小猪收益比为7∶1,小猪扣除2个单位后为7∶-1。如图4-15所示:

---

① 亓俊国. 利益博弈:对我国职业教育政策执行的研究[D]. 天津:天津大学,2010.

均衡博弈:青少年体质健康促进的生态竞争模式及其实践

		小猪	
		按	不行动
大猪	按	4,0	3,3
	不行动	7,−1	0,0

图 4-15　智猪博弈

就此情况,对于小猪来说,不行动的收益显然比行动的收益要高,不行动最差情况就是 0,而行动最好结果的收益是 1,同时还有负债的可能,所以对于小猪来说它的最优选择是不行动。而对于大猪来说,在小猪选择不行动的情况下,它只能选择行动才能获得食物,否则只能是 0。在"智猪博弈"中,大猪的实力要远胜于小猪,它作为强者,它的行动可以带动小猪,给小猪带来所需要的利益。

"智猪博弈"的博弈主体通常是在双方力量不对等的情况下发生的。其中的"大猪"代表着力量强大的一方,"小猪"则代表着力量弱小的一方。在"智猪博弈"中,强弱两方博弈的关键就是要博弈主体的正确定位。"大猪"是博弈中的主导者,具有绝对的资源优势和掌控权。因此在博弈中,"大猪"不可坐以待毙,等待"小猪"出击,所获收益不仅不能满足自己还会拖垮"小猪"。因此"大猪"必须勇于承担主动出击的任务。而"小猪"在博弈中,由于天生各方面实力不足,且"大猪"拥有实际控制权,若主动出击,争取收益,会因为出击成本过高,而所获利益还要与"大猪"共享,导致收益亏本。因此"小猪"在此博弈中,要认清自己的角色,不要主动出击而是"静观其变",在大猪做出决策后再行动,这样不仅能降低自己的成本,吸取经验,还能与"大猪"共享收益分到一杯羹。"智猪博弈"的理论精髓被广泛应用于经济学(如大小企业共生共存问题)、国际关系学(如大国与小国间的国际关系)、社会学以及政治学等众多领域中。

然而在我国的社会制度下,政府在社会中扮演着强者的角色,它对社会的发展起着主导作用。在青少年体质健康促进系统中,政府在学校、家庭和个体层面中也是扮演着强者的角色,政府的决策对学校的发展、家长及学生的行为选择都起着关键作用。对于学生和家长来说,他们就相当于这场博弈中的"小猪",他们有两种选择,一是不参加健康促进,把全部精力投放于文化课学习当中,这在升学方面得到一定的收益,且不用付出额外成本;二是参加健康促进,也可以获得一定的收益,但这个收益要付出额外的成本,即可能得多花费时间和精力去平衡体育锻炼与文化课学习,具有一定的风险。在这种情况下,如果获得的收益大于第一种选择时,家长和学生都会乐意选择第二种;同样对于学校来说也是一样,在学校和政府中,学校作为政府教育执行单位,必须在政府的领导下进行学校教育,政府的决策对于学校来说非常重要。在面对如何权衡和安排学校健康促进和文化课的问题上,学校的利益和学生及家长的利益诉求是一样的,都会选择收益更大的策略。所以,对学校、家长和学生来说,是否选择积极参与健康促进,非常重要的因素就在于付出成本之后能否获得更高的收益。那么这就与政府的政策息息相关,政府作为强者,在政策制定和执行中占有主导作用,地方政府的抉择对学校、家长和学生的选择有着重要影响。

2. 学校层面与家庭层面之间的博弈

学校和家庭是学生成长中最重要的两个场所,对下一代的培养起着关键作用。但同时,学校和家庭作为两个独立的个体,在学生教育上有着不同的利益需求,二者在冲突矛盾中形成一种博弈关系。对于家庭来说,他们希望孩子在学校不仅可以学到知识和技能,更重要的是可以身心健康地快乐成长,家长更注重孩子的长远利益,而不是急功近利的应试教育,因此他们是支持和赞同素质教育的,也期望学校可以从长远利益出发,培养出全面、健康的下一代。学校作为教育机构,它在完成教育使命的同时也有着自己的利益追求。在激烈的竞争中,学校为了保证升学率、提高社会知名度,采取一些急功近利的方法来提高学生的成绩,甚至以牺牲学生和家长的利益来追求短期利益。在当前的教育制度下,学校作为强势机构,给家庭带来了极大压力,尽管家长期望学校能够从学生的长远利益出发,但到最后也不得不妥协,和学校一起选择了短期利益。

	家庭	
	长远利益	短期利益
学校 长远利益	10,10	2,8
学校 短期利益	8,2	5,5

图 4-16　学校与家庭之间的博弈矩阵图

从图 4-16 可以看出，学校如果选择长远利益，这一决策与家庭的选择是一致的，同时对于下一代的培养来说，也是最有利的选择（二者之间的利益比为 10∶10）。但在当今教育评价体制下，学校会选择长远利益的可能机会为 0，学校选择短期利益，与家庭夙愿相背驰，二者之间的利益比为 8∶2。这意味着，如果家长选择与学校不一致的决策，将会付出巨大的代价。因此，在学校选择短期利益的情况下，家长只能放弃自己的长远利益，与学校利益保持一致，即使这样二者之间的利益之比只有 5∶5，也不得不选择短期利益。当然，在当前的教育体制下，学校和家庭都追求长远利益的这种理想状态的确很难实现。

作为家长，在孩子的教育问题上首先要树立正确的教育观，不断地加强学习，尽可能地提高自身的教育素养，为孩子做好榜样；同时家长要学会通过多渠道的方式向学校、政府表达孩子们的教育需要。与其他家长积极沟通和交流，可以成立家长委员会，主动探讨协商教育问题，并向有关部门积极反映，通过借助媒体等渠道，大胆地表达自己的真实意愿。只有家长不断地坚持、不断地探索，才能不断促进学校教育体制的完善。作为学校，更应该树立正确的教育理念和教育目标。一味地追求自身利益，而损害学生的健康利益，这是对下一代不负责的表现。学校作为教育场所，更需要高度的社会责任感。同时，学校要积极听取家长的意见，充分发挥家长的作用，与家长友好合作，共同为学生的未来服务。

第五章　生态优化：
青少年体质健康促进政策博弈的建模分析

青少年体质健康促进生态系统中各层级参与主体的利益之争是博弈的源头，追求自身最大利益是参与主体的主要目标，但从长远来看，维护生态环境的稳定性、保证生态系统的整体利益也同样重要。需要通过对青少年体质健康促进政策博弈进行建模，分析博弈主体的利益因素，平衡各利益主体的利益分配，以提出解决策略，优化青少年体质健康促进生态系统。生态系统优化的中心和关键是充分利用有效资源、优化资源配置、合理分配利益，以促进自身利益与公共利益的平衡。

在中国，青少年体质健康促进工作可以看成为一个政策过程，这一过程则主要是通过国家或者说是通过政府制定的政策来达到的。作为政策过程的健康促进实践，必然涉及多个利益主体的不同利益。由于公共政策不可能是完全公平的，必然会使一部分人受益，而使另一部分人的利益受损。正因为如此，各个利益集团都会为了本身的利益进行激烈的竞争、冲突。在政策过程中，不同的利益主体——制定主体、执行主体、目标群体等为了各自利益的最大化或者利益损失最小化而在政策的制定、执行和评价等过程中相互博弈。在政策制定环节中，政策制定部门关心的是政策是否得到了有效的执行并获得了预期的效果；在政策执行环节中，政策执行部门关心的是在政策实施过程中，政策是否使本部门及本部门所属的领域得到了预期的利益；在政策评估过程中，政策制定部门、政策实施部门、政策对象共同关心的是社会利益是否得到了公平分配,自身利益是否得到了保护和增进。然而在整个政策过程中,政策执行过程是核心环节,它担负着政策实施部门是否能具体落实政策方案的关键责任,这一过程中的博弈主要是在政策实施部门和政策制定部门、政策实施部门和政策对象之间进行,另外也会发生在政策实施部门之间、政策对象之间,此环节的博弈更为复杂,在整个政策过程中尤为明显和激烈。因此本章节结合我国青少年体质健康促进工作的实际特点,以政策执行为例,对政策执行过程中的博弈进行建模分析。

在青少年体质健康促进政策执行阶段,政府和学校是健康促进政策有力的执行者。但考虑到执行者的公益性和自利性,既不能忽视其社会公共利益,也不能否定理性经济人自利性的特征,如何将利己的行为控制在一定范围内,使其在公共利益与自利之间达成平衡是问题解决的关键。这里的"利益"既是指整体利益和大局利益,又是指集体利益和个人利益。根据各主体的"利益诉求因子",分析不同利益相关者个体利益诉求在博弈活动中的重要作用,从而寻求"自利"与"公利"的结合点,使其政策执行主体在完成政策整体利益的同时也可满足个体利益[①]。因此,本研究把"利益诉求因子"作为博弈模型构建和理论分析的基础。根据青少年体质健康促进政策执行利益博弈关系层面划分,制定了中央政府与地方政府之间的博弈模型、"囚徒困境"模型和"竞争-合作"模型。并建立新的"委托-代理"关系,以优化系统结构,提高政府、学校的执行效率。

第一节 "上有政策,下有对策":中央与地方间的博弈

青少年的健康教育与健康促进是一个国家经济建设与发展过程中不可缺少的重要组成部分,从国家长远利益出发,中央政府高度重视我国青少年体质健康促进问题,通过制定一系列政策来推进我国青少年体质健康促进工作。在

---

① 邱林. 利益博弈视域下我国校园足球政策执行研究[D]. 北京:北京体育大学,2015.

我国青少年体质健康促进政策执行过程中,地方政府起着关键作用,各地级政府对健康政策的执行效度直接关系到我国青少年体质健康的发展。但对地方政府来说,积极发展健康促进政策,加大健康教育的投入可能不利于自身利益的发展。由于我国国情决定,不同地区的发展都存在着差异性和特殊性,各地方政府在多元利益格局下有着各自的利益诉求。如果发展健康教育并没有给地方带来明显的经济效益或价值,同时在中央政府没有明确的惩罚查处制度或相关的政府绩效考评机制对地方政府加以约束的情况下,地方政府就可能出现政策执行懈怠、执行效果不佳的现象。此外,社会大众利益诉求也是政府关心和解决的问题。从青少年体质健康促进发展现状来看,这一利益可能并不满足当下社会大众群体所追求的利益需求,从一定程度上也会降低地方政府执行健康促进政策的积极性。在这样的情况下,地方政府就可能不会按照中央政府的指示大力发展青少年健康促进工作,或者执行的力度远远不够,出现"上有政策,下有对策"的情形。这样不仅会影响政策执行的效度,还直接影响我国青少年体质健康发展水平。

一、上下级政府间的博弈模型

在我国青少年体质健康促进政策推进过程中,根据中央政府和地方政府这一博弈关系建立模型加以分析。假设:中央政府为实现长期社会利益,要求各地方政府积极有效地执行健康促进政策,且获得的社会长期利益为 P_H。但作为地方政府,除了要执行中央政府的健康政策,还要执行其他方面的社会政策。在有限的资源中,地方政府合理配置资源以获得自身利益最大化。根据此情况,本研究假设若地方政府按照中央政府要求完全执行健康促进政策,所获的收益为 I_L;若不执行或部分执行健康促进政策,将资源投入到其他领域中所获得的收益为 I_H,且 I_L 低于 I_H。但不执行或部分执行健康促进政策会对社会长期利益造成一定损失,得到一个较低的社会收益即 P_L,其社会长期利益损失为 $P=P_H-P_L$;且地方政府获得的较高收益是社会长期利益损失的 m 倍,即 $L_H=mP=m(P_H-P_L)$。对于地方政府消极执行政策现象,中央政府必须对地方政府进行查处,查处成本为 D,对地方政府的惩罚是 $n(n\geq 1)$ 倍的社会长期收益损失,即 nP。反之,若地方政府完全执行健康政策,可以获得一定的奖励补贴,在地方政府完全执行政策、没有查处的情况下,用社会收益给予地方比例为 $(1-\theta)$ 的补贴,其中 $\theta\in[0,1]$。

在此假设条件下,对于地方政府来说,有执行和不执行政策两种行动选择;对中央政府来说,有查处和不查处两种行动选择。这样就形成了四种情况可能:

情况一:当地方政府执行健康促进政策,中央政府进行查处时,总收益为长期收益减去成本(查处惩罚金额)后再减去给予地方比例为 $(1-\theta)$ 的补贴,即 $\theta P_H - D$,地方收益(较低的执行收益加上补贴),即 $(1-\theta)P_H + I_L$;

情况二:当地方政府执行健康促进政策,中央政府不进行查处时,总收益为长期收益减去地方补贴,即 θP_H,地方收益为 $(1-\theta)P_H + I_L$;

情况三:当地方政府不执行健康促进政策,中央政府进行查处时,总收益为一个较低的收益加上惩罚收益后减去查处成本,即 $P_L + nP - D$,地方收益为一个较高的收益减去惩罚成本,即 $I_H - nP$;

情况四:当地方政府不执行健康促进政策,中央政府进行查处时,总收益为一个较低的收益减去地方补贴,即 θP_L,地方收益为 $(1-\theta)P_L + I_H$。中央政府与地方政府的博弈模型如图5-1所示。

中央政府

地方政府		查处	不查处
	执行	$(1-\theta)P_H + I_L, \theta P_H - D$	$(1-\theta)P_H + I_L, \theta P_H$
	不执行	$I_H - nP, P_L + nP - D$	$(1-\theta)P_L + I_H, \theta P_L$

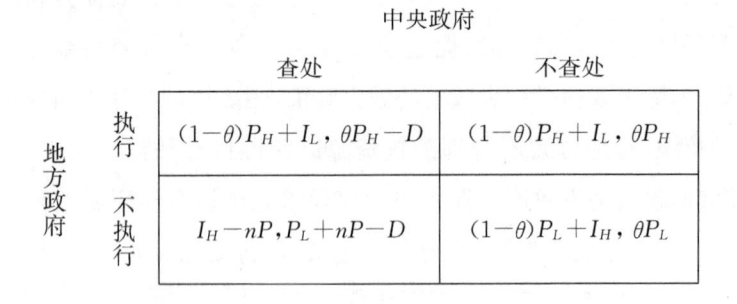

图 5-1 中央政府与地方政府的博弈模型

对于地方政府来说,不管中央政府是否查处,只要其中一种行为选择的收益小于另一种行为选择的收益时,该策略就是一个劣势策略。可以比较一下关系:

$$(1-\theta)P_L + I_H < (1-\theta)P_H + I_L, \qquad ①$$

$$I_H - nP < (1-\theta)P_H + I_L \qquad ②$$

如果①和②同时成立,对于地方政府来说,执行健康政策是优势策略,而不执行健康政策则是劣势策略;反之如果①和②同时不成立,则不执行健康政策就是优势策略,而执行健康政策则是劣势策略。由上列不等式化简后可得:

$$I_H - I_L < (1-\theta)P, \qquad ③$$

$$I_H - I_L < (1-\theta)P_H + nP \qquad ④$$

因为 $n \geq 1 > 1-\theta$,且$(1-\theta)P_H \geq 0$,所以$(1-\theta)P_H + nP > (1-\theta)P$。由此关系可得:当 $I_H - I_L < (1-\theta)P$ 时,③和④均成立;当 $I_H - I_L < (1-\theta)P_H + nP$ 时,③和④均不成立。将 $I_H = mP$ 代入上式,可得:

$$I_L > (m-1+\theta)P, \qquad ⑤$$

$$I_L < (m-n)P - (1-\theta)P_H, \qquad ⑥$$

由⑤可知,当地方政府不执行健康促进政策所能取得的收益基值 P 与其比例 m 足够小,或者中央政府给予地方政府的补贴比例 θ 足够大时,⑤即成立,此时地方政府会执行中央政府的健康促进政策。由⑥可知,当地方政府不执行健康促进政策所能取得的收益基值 P 足够大,或者不执行政策的额外收益 m 大于惩罚倍数 n,又或者中央政府给予地方政府的补贴比例 θ 与社会高收益足够小时,⑥即成立,此时地方政府不会执行中央政府的健康促进政策。

对于中央政府来说,比较中央政府的两个策略,分析中央政府的优劣策略。因为查出成本 $D > 0$,因此 $\theta P_H > \theta P_H - D$,所以不查处决策不会成为劣势策略。但如果满足以下关系,查处策略就成为劣势策略:

$$\theta P_L > P_L + nP - D,$$

即:
$$D > (1-\theta)P_L + nP \qquad ⑦$$

由此式可知,当查处成本足够大,大到对地方政府的补贴与查处成功的处罚之和时,查处就是一个劣势策略。

通过以上的分析可以得出,如果满足⑤时,地方政府不执行健康促进政策就是劣势策略,此时应该选择执行政策;而此时中央政府的选择也是不查处,那么纳什均衡是(不查处,执行)。如果满足⑥时,地方政府执行健康促进政策就是劣势策略,此时选择不执行健康促进政策;在此情况下,如果再满足⑦,那么纳什均衡就是(不查处,不执行)。如果不满足式⑦,纳什均衡就是(查处,不执行)。上述博弈中不仅存在纯策略纳什均衡,当下列关系成立时,还可以得出该博弈的混合策略纳什均衡:

$$(m-n)P - (1-\theta)P_H < I_L < (m-1+\theta)P, \quad ⑧$$

$$D < (1-\theta)P_L + nP \quad ⑨$$

当⑧与⑨成立时,假设地方政府执行健康促进政策的概率是 q,不执行健康促进政策的概率就是 $1-q$。那么为了让中央政府的选择没有区别,必须让其两个策略的期望收益相等,即:

$$q(\theta P_H - D) + (1-q)(P_L + nP - D) = q\theta P_H + (1-q)\theta S_L, \quad ⑩$$

化简后得:

$$q = 1 - [D/(1-\theta)P_L + nP], 1-q = D/(1-\theta)P_L + nP \quad ⑪$$

由⑪可以发现,当 D(查处成本)提高时,也就是当中央政府对地方补贴和惩罚数量 $(1-\theta)P_L$ 降低时,将会降低地方政府执行健康促进政策的概率。反之,就会增加地方政府执行健康促进政策的概率。

同样假设中央政府进行查处的概率是 p,不查处的概率是 $1-p$。为了使地方政府的选择没有区别,必须满足以下期望收益相等的关系:

$$\begin{aligned} &p[(1-\theta)P_H + I_L] + (1-p)[(1-\theta)P_H + I_L] \\ &= p(I_H - nP) + (1-p)[(1-\theta)P_L + I_H] \end{aligned} \quad ⑫$$

化简后可得:

$$\begin{aligned} P &= [(m-1-\theta)P - I_L]/(1-\theta)P_L + nP, 1-p \\ &= 1 - \{[(m-1-\theta)P - I_L]/(1-\theta)P_L + nP\} \end{aligned} \quad ⑬$$

由等式⑬可以得出,随着地方政府受到的查处惩罚 nP 和对地方政府补贴 $(1-\theta)PL$ 的降低,或者随着地方政府不执行健康促进政策的额外收益的提高,中央政府进行查处的概率就会提高;反之,中央政府进行查处的概率就会降低。此时这个混合策略纳什均衡为$[(p,1-p),(q,1-q)]$。

二、中央与地方政府间的博弈策略

在我国,青少年体质健康促进工作就是政策自上而下的推进过程,在这一过程中,中央政府扮演着制定者的角色,地方政府则扮演着执行者的角色,中央和地方需要相互配合、相互联系才能有效地完成健康促进工作。根据中央政府与地方政府之间的利益博弈关系的模型构建以及分析,在健康促进推进过程中,对中央政府和地方政府提出以下建议:

(一) 增加地方政府的资源补贴,降低政策执行成本

提高地方政府执行健康政策的有效收益,增强政府积极性。在上述模型分析中,可以发现影响地方政府执行或不执行政策的两个重要因素就是政策执行收益和社会给予地方政府的政策补贴。地方政府进行再决策时,执行健康促进政策的收益大小会影响执行政策的概率。当执行政策的收益高于不执行政策的收益时,那么执行优势就会凸显出来,这将会大大提高政策执行的概率。当然除了增加政策收益因素之外,降低政策执行成本也是保证地方政府选择执行策略的另一重要因素。如果执行成本远高于政策收益,那就处于一个亏本运营状态,这样的收益结果很难说服地方政府去执行政策。因此在执行过程中,中央政府必须加大对青少年体质健康促进领域的投入,在下达政策要领的同时,还必须及时跟进相应的问题解决方案,加大对地方政府的财政补贴力度,多方面、多维度地为地方政府提供资源补贴,降低政策执行成本,从而有效调动政府积极性,以减少地方政府消极执行健康政策的可能性。

(二) 强化惩罚机制,增加地方政府不执行健康政策的惩罚比例

目前在我国,由于各种现实原因造成中央政府在对地方政府的管理与监督

上还存在着巨大疏漏,特别是不执行或者不完全执行政策的地方政府往往并没有得到有效的惩罚,反而获得更多的好处。这一现实情况使地方政府出现敷衍了事的现象。其问题的根本就在于惩罚力度不到位。在上述博弈模型分析中可以发现,惩罚比例 n 对地方政府选择执行政策的概率有影响。当惩罚比例增长时,就意味着地方政府不执行健康政策的成本不断增加。因此中央政府需要建立完善的惩罚机制,对于不执行健康政策的地方政府部门、单位以及公务人员实施责任追究制,完善地方政府的监督管理机制,将有助于提高地方政府执行健康政策的概率。

(三) 降低中央政府查处成本,建立高效有序的监管制度

在我国青少年体质健康促进的实施成效与政府的执行效度有着直接关系,为保证地方政府的执行力度,中央政府对地方政府进行查处是十分必要的监督手段。但是,由于各地区之间的区域性和差异性,和地方政府的政策执行方式具有显著的差异性和灵活性,中央政府很难制定统一标准加以评判和管理,这给中央政府的查处工作带来巨大难度同时查处成本也非常高,面对这样的情况,中央政府很难及时有效地了解地方政府健康政策的执行情况,在后期执行效果的监管上存在着滞后性。因此,针对地区差异性,中央政府需要建立完善的应对措施。同时建立高效有序的健康促进政策执行监管机制,提高政府监管力度和监管效率,降低中央政府的查处和监管成本,加强中央政府的监管力度将会有效提高地方政府执行政策的积极性。

通过模型分析发现,我国在青少年体质健康促进政策执行过程中,中央政府对地方政府的制约作用是达到博弈均衡的关键因素。作为理性经济人的地方政府来说,中央政府的制约力度是地方政府进行策略选择的主要依据。地方政府政策执行的成本与收益、查处概率、惩罚比重、中央政府的补贴比例以及查处成本等因素的变化,都会形成不同的博弈结果。因此,在政策执行过程中,完善对地方政府的制约制度,加强对地方政府的约束力,是提高地方政府政策执行力度的有效方法。增加对地方政府的资源补贴,强化地方惩罚机制,制定地方责任追究制,同时降低中央政府查处成本,建立高效有序的监管制度,相关制

度的建立和完善将有效改变中央政府在与地方政府博弈关系中的劣势地位,这对促进我国青少年体质健康促进政策的有效执行有着重要意义。

第二节 "囚徒困境"模型:个体理性与集体理性的均衡

在博弈论中,"囚徒困境"又被称为"合作悖论"或"集体行动悖论",即尽管合作能够给双方带来好处,但双方仍不合作。选择不合作是基于个体理性,而选择合作则是基于集体理性。当个体利益与集体利益发生冲突时,即使选择集体利益对于博弈主体来说是最优选择,但在自身利益面前,博弈主体往往还是选择自身利益而放弃集体利益,这就是博弈论中常见的"囚徒困境"问题。[①] 而在我国青少年体质健康促进政策执行过程中,地方政府与地方政府之间、部门与部门之间、学校与学校之间以及学科与学科之间都存在着个体利益与集体利益冲突问题。青少年体质健康促进工作的完成,需要政府之间、各部门之间、学校之间,甚至各个学科和学科教师之间的相互配合,相互协调,才能共同完成这项工作。这涉及各层面的利益主体,利益关系也极为复杂。特别是对于不同利益主体来说,每一个利益主体都有着自身利益需求,在利益博弈中都会优先选择自身利益而放弃集体利益,利益冲突的存在导致在平行利益主体之间很难达成合作关系。因此在本研究中,把这类关系都归纳为博弈论中的"囚徒困境"问题。

一、"囚徒困境"博弈模型解析

"囚徒困境"的博弈关系在青少年体质健康促进生态系统的各层面中普遍存在,大到政府层面、小到个体层面都存在此类问题。为更好地解释该问题,本研究以地方政府与地方政府之间的"囚徒困境"为例,通过建设模型,加以分析。

该模型中把两地区政府分别设为 A 政府和 B 政府,把 A 政府和 B 政府都

---

① 张维迎. 博弈与社会讲义[M]. 北京:北京大学出版社,2014.

均衡博弈:青少年体质健康促进的生态竞争模式及其实践

积极执行青少年体质健康促进政策视为合作关系,把 A 政府和 B 政府消极执行青少年体质健康促进政策视为不合作关系,两地方政府之间的博弈关系如图 5-2 所示。

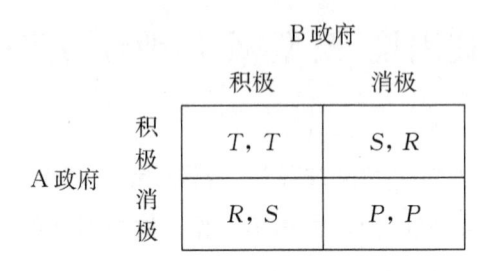

		B 政府	
		积极	消极
A 政府	积极	T, T	S, R
	消极	R, S	P, P

图 5-2　地方政府"囚徒博弈"矩阵图

在矩阵图中,T、S、R、P 分别代表 A、B 政府在做出决策后的收益数额,这四个数值满足 $R>T>P>S$ 和 $T+T>R+S$ 的关系。从矩阵图中可以看出,对于 A 和 B 来说,当对方选择积极执行政策(S),而自己选择消极执行政策(R)时,此时自身收益最大,即为各自的最优选择。其次是二者都积极执行政策,即(T,T);再次是二者都消极执行政策,即(P,P);而当自己选择积极执行政策(R),而别人选择消极执行政策(S)时,此时自身收益最低,这就是各自的劣势决策。在这种情况下,即使当两地区政府采取合作方式,都积极执行健康促进政策时所获得的集体收益是最大的,但是个体在不完全信息状态下,还是会从自身利益出发选择最优决策,以保证利益不受损,即选择消极执行政策。为了更好地解决该问题,下面对这一博弈过程进行建模分析:

假设 A、B 两个地方政府,执行中央政府健康促进政策的成本分别为 C_A 和 C_B,执行该政策的收益为 $P_A(P_A>C_A)$ 和 $P_B(P_B>C_B)$。由于两地区的地理位置、经济条件等客观条件存在差异,因此同一政策在两个地区执行的成本和收益值都是不相同的。如果一个地区政府执行政策,另一地区政府不执行政策,则不执行政策的政府的额外收益为原收益的 m 倍,即 mP,为不执行政策花费的固定协调成本为 D。不执行政策的欺骗行为被中央政府查处的概率为 $\theta \in [0,1]$,惩罚造成的成本为 E。在该假设条件下,两地区政府在博弈过程中一共会出现以下四种情况:

情况一:两地区政府都执行,纯收益分别为:P_A-C_A 和 P_B-C_B;

情况二:两地区政府都不执行,均会受到惩罚:$-\theta E$;$-\theta E$;

情况三:A 政府执行,B 政府不执行,则收益为:P_A-C_A 和 $mP_B-D-\theta E$;

情况四:A 政府不执行,B 政府执行,则收益为:$mP_A-D-\theta E$ 和 P_B-C_B。

将上述四种情况用博弈矩阵图表示出来,如图 5-3 所示:

	B 政府 执行	B 政府 不执行
A 政府 执行	P_A-C_A, P_B-C_B	P_A-C_A, $mP_B-D-\theta E$
A 政府 不执行	$mP_A-D-\theta E$, P_B-C_B	$-\theta E$, $-\theta E$

图 5-3 两地区政府执行情况博弈矩阵图

依据博弈矩阵图中的博弈标准式可以发现,两地区函数是完全对称的。由于 $P_A-C_A>0>-\theta E$,且 $P_B-C_B>0>-\theta E$,因此对于两地区来说都执行政策比都不执行政策收益要多;但一方不执行政策的收益有可能 $mP-D-\theta E$ 大于 $P-C$,这样就诱导地区政府选择不执行政策。以 B 地区政府为例,要避免 B 地区政府选择不执行策略,就要使不执行成为劣策略,要满足以下条件:

条件 1:$-\theta E<P_B-C_B$,

条件 2:$mP_B-D-\theta E<P_B-C_B$

条件 1 较容易成立。因为 $\theta\in[0,1]$,当 $\theta=1$ 时,且 E 不为 0,这时地方政府所受处罚成本肯定小于执行后的收益。对于条件 2,将不等式化简后可得:

$$(m-1)P_B+C_B<D+\theta E$$

$(m-1)P_B$ 是地区政府选择不执行政策高出执行政策的额外收益,通常 $m>1$ 是成立的,额外收益一般也是大于 0 的。额外收益加上节省下来的成本 C_B 之和若小于协调成本和中央政府惩处成本之和,则不执行政策就是 B 地方政府的劣策略。对于 A 地区政府来说也是如此,当 $-\theta E<P_A-C_A$,同理可得:

$$(m-1)P_A + C_A < D + \theta E$$

此时,对于 A 和 B 地方政府来说,选择执行政策是最优选择,(执行,执行)是该博弈的纳什均衡。

下面对该博弈的混合策略纳什均衡进行分析,假设 A 地区政府执行政策概率为 p,B 地区政府执行政策的概率为 q。对于 B 地区政府来说,要让 A 地区政府的选择无所谓,必须得到以下期望相等的条件:

$$q(P_A - C_A) = q(mP_A - D - \theta E) - (1-q)\theta E$$

化简后得:

$$q = \theta E/(m-1)P_A - D + C_A$$

同理可得:

$$p = \theta E/(m-1)P_B - D + C_B$$

由此可得该博弈的混合策略纳什均衡是 $\{(p, 1-p), (q, 1-q)\}$。那么这一结果并不是局中人始终执行的不变策略,而是根据概率进行选择。

二、化解"囚徒困境"的博弈策略

在青少年体质健康促进政策执行过程中,政府和学校是这一环节的关键部门。政府和学校的执行效力直接影响到政策推行效果。但如上述"囚徒困境"所分析的,在博弈中存在个体利益与集体利益之间的矛盾,在利益驱使下,迫使理性个体选择利益最大化的结果,即选择不积极执行政策的策略,导致最后的纳什均衡结果处在对双方都不利的结果,损害了集体利益。为了改变这一局面,更好地推进健康促进工作,可以从以下几个方面改变"囚徒困境"的博弈格局。

(1) 优化资源配置,节约政策执行成本,加大奖励力度,提高博弈主体收益。在利益博弈过程中,作为博弈主体的地方政府和各级学校而言,他们所关注的焦点就是自身利益得失问题,然而在"囚徒困境"利益格局中,如果博弈主体选择执行健康政策,就意味着他们要接受花费较高的执行成本,获得较低的利益回报的结果。作为理性经济人,每个博弈主体都不愿意做亏本买卖。而在健康促进政策执行过程中,地方政府和学校需要花费大量的人力、物力和财力来完成该政策目标,且并不一定获得令人满意的收益回报。同时在有限的资源条件下,该政策利益甚至会与其他政策利益发生冲突,加大博弈主体的利益损失。这样的现实情况促使利益主体放弃选择集体利益。因此要提高政府、学校选择执行政策的概率,就必须重视执行成本与收益问题。地方政府部门、各级学校在执行过程中应优化工作程序,提高工作效率,减少不必要的开支,合理分配资源,避免资源浪费,有效降低执行成本。同时加大对地方政府学校奖励力度,通过政策优惠、拨款等物质方式以及提高社会声誉、奖励光荣称号等精神方式提高政策执行的收益,调动地方政府和学校政策执行的积极性。

(2)提高对执行单位的查处概率,加大不执行政策的惩罚力度。从"囚徒困境"模型可以看出,当不执行政策的收益大于执行政策收益时,博弈主体自然会选择不执行政策。反之,若在政策执行中,提高不执行政策的成本,降低收益,使得不执行该政策的收益远小于执行该政策收益时,博弈者就会主动选择执行政策。从博弈模型的公式可看出,不执行政策的成本和收益与中央政府查处概率以及惩罚成本密切相关。如果中央政府查处概率低且惩罚力度不到位时,就会滋生地方政府、学校的侥幸心理,为避免和杜绝不良态势,中央政府必须确保对地方的监督工作,加大对地方工作的抽查概率和频率;加大惩罚力度,一经查处发现问题,定要给予严厉处罚。除了加大中央查处力度之外,还可以通过社会查处、群众举报等方法拓展对执行单位的查处途径和查处办法,建立系统化的查处模式,加强对执行单位的监管力度从而保证地方政府和学校按质按量地完成青少年体质健康促进任务。

(3)保证健康促进政策的长期性和稳定性。上述的"囚徒困境"博弈过程,是以一次博弈进行解释分析的。在一次博弈中,博弈主体根据自身利益需求,选出该博弈中的最优决策。然而对于多次、重复博弈,该决策结果就不一定是最优选择,博弈结果会因为博弈条件的变化而发生改变,博弈双方必须根据博弈条件重新进行选择。关于青少年体质健康促进政策,如果中央政府下达是一个长期的、持续的政策,那么对于地方政府和学校来说,这一过程就不是一个一次博弈过程,而是多次、重复的博弈过程。在一次博弈中,可以选择收益较大的短期利益;但在一个多次博弈过程中,博弈主体就必须依据博弈条件,重新进行利益分配,做出更为有利的长远决策。这就要求中央政府在推行健康促进工作时,要保证政策的长期性和稳定性,使得地方政府和学校在执行过程中,各阶段的工作都是持续相连的,每一环节的执行效果都会直接影响到下一阶段工作的开展和整体收益。政策的长期性和稳定性也是督促地方政府和学校有效执行健康促进政策的重要保障。

第三节 "竞争-合作"模型:部门间的协调配合

政府是解决我国青少年体质健康问题的主体部门,是一个纵横交错的组织系统。政府部门间协调是政府运作的重要环节。加强政府部门间协调对于政府管理和政府运作具有重要的意义。就青少年体质健康问题,要做好青少年体质健康促进工作仅靠某一部门是不够的,需要各部门之间的相互配合、相互协调,根据不同的工作职能,划分各自的工作任务。因此,应关注不同部门间的职能互补与协调,形成一个完整的青少年体质健康促进工作管理系统。但是,在既定职能的条件下,各职能部门之间除了合作还存在着竞争关系。各个部门之间为了尽可能获得自身利益最大化,必然要进行博弈。

对于地方政府各部门来说,政策的执行过程也是各部门利益决策的过程,在这一过程中,各部门会根据自身利益需求而做出不同选择,诱使部门利益私有化。诸如在地方教育系统内部体卫艺处和基础教育处对于学生健康促进政策执行中的利益需求就存在较大差异,使得部门单位在政策执行中的重点、实施目标和途径存在明显不同。对于基础教育处来说,发展学校健康教育固然重要,但在当前保证学校的教学质量、优化招生资源、提高地区升学率更加重要,将过多时间和精力投放于学生的健康促进中,不仅需要投入成本,还可能会影响到本部门的利益需求。但体卫艺处对于学生体质健康促进政策的态度是积极的,它们希望学校可以重视学生健康教育,加强健康促进建设,重视体育教育,从而培养学生的运动兴趣,提升身体素质从而体现自身的利益价值。在现行行政评价体系下,两个部门都会为获得上级部门的认可和赞许,尽自己最大努力获取自身最大利益,从而形成竞争关系。但作为执行教育政策的两个重要部门,二者在工作上也需要相互帮助、相互合作,在协调合作中完成任务。因此,政府部门与部门之间就形成一种"竞争-合作"的博弈关系。

一、"竞争-合作"关系模型构建

根据政府系统内部部门与部门之间的博弈,假设基础教育处是博弈中一方局中人,体卫艺处是博弈中另一方局中人,二者在执行青少年体质健康政策过程中构成某种利益竞争与合作的关系。在"比较利益人"假设下,博弈双方的效用函数中都附有"利益诉求因子"。局中人对是否执行政策有不同选择,若青少年体质健康促进政策只得到局中人一方的执行,则博弈双方可获得 M 单位的效用;若局中人双方都拒绝执行政策,则双方都损失 N 单位的效用;若博弈双方都执行政策,所花费的总成本为 X,双方各承担一半;若局中人单独执行政策则需承担所有成本 X;基础教育处和体卫艺处的"利益诉求因子"分别为 m、k,且 m、k 越大,则局中人执行政策的动机越强。对于博弈双方来说,执行政策需要付出一定成本,但政策执行也可以带来相应的经济利益,基础教育处和体卫艺处作为政府部门,在竞争的同时,也是一个整体。因此只要一方执行政策,另一方即可坐收"搭便车"之利。

在"竞争-合作"博弈模型中 M 是政策执行后为双方带来的期望效用;X 为基础教育处和体卫艺处共同执行政策所花费的总成本,双方约定各自负担一半,X 属于 $[a,b]$($0 \leqslant a \leqslant b$)上连续型随机变量均匀分布函数 $X \sim f(X)$,$a \leqslant X \leqslant b$。假设"利益诉求因子"$m$、$k$ 都属于在 $(0,Z)$、$(Z>0)$ 上的连续型随机变量均匀分布函数 $m \sim G(m)$,$0 \leqslant m \leqslant Z$;$k \sim G(k)$,$0 \leqslant k \leqslant Z$。$x$、$y$ 分别为均衡状态下基础教育处和体卫艺处执行政策的概率,反之,基础教育处和体卫艺处不执行政策的概率为 $(1-x)$、$(1-y)$;$m*$ 和 $k*$ 分别为基础教育处和体卫艺处选择执行或抵制政策的临界点。根据以上条件建立基础教育处与体卫艺处的"竞争-合作"博弈模型,如图 5-4 所示。

均衡博弈:青少年体质健康促进的生态竞争模式及其实践

<table>
<tr><td rowspan="3"></td><td rowspan="3"></td><td colspan="2">基础教育处</td></tr>
<tr><td>执行</td><td>不执行</td></tr>
<tr><td>执行
体卫艺处
不执行</td><td>M−X/2+m, M−X/2+k

M, M−X/2+k</td><td>M−X/2+m, M

−N, −N</td></tr>
</table>

图 5-4　关于执行青少年健康促进政策的"竞争-合作"博弈模型

关于青少年健康促进政策执行"竞争-合作"博弈模型求解：

对于基础教育处和体卫艺处,可设此博弈的贝叶斯均衡策略组合为(a_1*,a_2*),a_1*代表基础教育处,a_2*代表体卫艺处。其中策略a_i*能够使参与人i的期望效用最大化,考虑下列纯策略：

情况 1:对于基础教育处来说,如果 $m \geq m*$,则执行政策(当 $m=m*$ 时,执行政策和抵制政策期望效用相同,选择执行政策);如果 $m<m*$,则不执行政策。

情况 2:对于体卫艺处来说,如果 $k \geq k*$,则执行政策(当 $k=k*$ 时,执行政策和抵制政策期望效用相同,选择执行政策);如果 $k<k*$,则抵制政策。

x 和 y 分别表示为均衡状态下两位局中人执行政策的概率,$(1-x)$ 和 $(1-y)$ 表示两位局中人不执行政策的概率。因为 $m*$ 和 $k*$ 分别为基础教育处和体卫艺处选择执行或不执行政策的临界点,且 $0 \leq m \leq Z, 0 \leq k \leq Z$,故可得:$x=(Z-m*)/Z, y=(Z-k*)/Z$。若体卫艺处的选择已定,则基础教育处选择执行政策或不执行政策的期望效用分别用 U1(1) 和 U1(0) 表示：

$$U1(1) = y(M-X/2+m)+(1-y)(M-X/2+m) = M-X/2+m$$
$$U1(0) = yM+(1-y)(-N) = (Z-k*)M/Z - Nk*/Z$$
$$= [ZM-(M+N)k*]/Z$$

$k*$ 满足条件 U1(1)=U1(0),等式化简后得：

$$M-X/2+m = [ZM-(M+N)k*]/Z \qquad ①$$

相反,若基础教育处的选择已定,则体卫艺处执行政策或不执行政策的期望效用分别用 U2(1) 和 U2(0) 表示：

$$U2(1) = x(M-X/2+k) + (1-x)(M-X/2+k) = M-X/2+k$$
$$U2(0) = xM + (1-x)(-N) = (Z-k*)M/Z - Nm*/Z$$
$$= [ZM - (M+N)m*]/Z$$

$m*$ 满足条件 $U2(1) = U2(0)$，等式化简后得：

$$M - X/2 + k = [ZM - (M+N)m*]/Z \qquad ②$$

联立方程①②，化简后得：

$$k* = [Z(m* - X/2)]/(M+N)$$
$$m* = [Z(k* - X/2)]/(M+N)$$

此博弈具有对称性，解以上方程组得：

$$k* = m* (XZ/2)/[Z-(M+N)]$$

所以对基础教育处和体卫艺处来说，不执行政策的概率为：

$$(1-x) = (1-y) = k*/Z = m*/Z = (X/2)/[Z-(M+N)]$$

由以上等式可以看出，政策项目执行成本（即 X）越高，则参与部门抵制政策的可能性越大。对于基础教育处来说，若执行青少年体质健康促进政策花费的成本过高，且得不到有利的回报，那么该部门就会采取消极态度执行或者不执行政策。但由于这项政策对于体卫艺处来说至关重要，且执行该政策也可满足体卫艺处的利益诉求，因此体卫艺处将积极执行该政策，这就使基础教育处坐享"搭便车"之利。

二、"竞争-合作"关系的实现策略

（一）建立利益表达机制，适当满足执行主体的利益诉求

在上述"竞争-合作"博弈过程的分析中可以发现对于执行部门来说，执行动机与执行主体的"利益诉求因子"有关，利益诉求因子越大，执行主体的执行

动机越强。也就是说如果政策执行收益能够满足执行主体的利益需求,执行主体选择执行政策的概率会大大提高。这要求上级政府制定政策时,需要考虑到执行部门的利益需求,从执行主体的角度出发将更有益于政策的推进。通过建立利益表达机制,拓宽部门利益表达渠道,帮助中央政府获取有效信息,充分了解不同地区、不同部门的合理需求。根据不同部门的利益表达需求,权衡利弊制定出符合实际情况的政策要求,适当满足执行主体的利益需求。通过资金补贴、利益补偿、资源共享等措施有效协调执行主体间的利益矛盾。在健康促进政策制定阶段,充分了解政策执行主体的利益诉求,在一定程度上整合、体现各方利益,将有助于提高执行主体的积极性,减小执行阻力。

(二) 加强部门间利益整合,推进合作式执行方式

通过对"竞争-合作"关系模型分析,发现同级部门之间的利益关系主要是竞争与协作。部门之间需要通过相互配合完成政策目标,但是由于部门间权限范畴、利益目标、工作思路的不同让部门间处在矛盾和冲突中,部门利益分歧、工作职能不明确、责任追究模糊等问题导致部门间处在收益独享、责任互推的尴尬局面,这样的关系状况直接影响到政府的行政效率。就我国青少年体质健康促进工作而言,基础教育处和体卫艺处都发挥着重要作用,为了避免两部门出现孤立分歧的问题,首先要明确部门职能,对工作内容和部门权限进行明确的划分,实施责任追究制。在规定范围内,充分发挥各部门的资源优势,履行各自职能,避免出现归咎模糊、相互推卸责任的现象。其次,加强部门间协调与合作,建立互补机制,实现部门力量之间的相互辅助、优势互补。以政策整体利益为前提,实现互帮互助、互惠共赢的利益整合效应。

(三) 促进部门间有效沟通,实现执政主体信息公开化

青少年体质健康促进生态系统的政府层面是健康促进政策执行的关键层面,然而在上述博弈过程分析中,可以发现政府与政府间、部门与部门间多在不完全信息条件下进行利益博弈,执行主体之间的执行信息不完全公开化更容易出现政策执行效率低、阻碍政策执行效果等问题。特别是跨部门领域中,由于

组织机构的独立性,信息更为闭塞,这就更难实现优势互补、资源共享的合作状态。针对这一现实情况,必须加强部门间的有效沟通,避免出现部门垄断信息资源的现象。建立信息沟通机制,打破部门间信息阻碍,提高沟通效率,以实现信息资源一体化共享状态。搭建信息资源共享平台,优化资源配置。加强部门间信息公开化体系建设,通过信息共享渠道,分享工作进程、工作成效,及时发现工作问题,提出解决方案,有效调整工作方向。信息公开化体系的建立有利于政策执行主体更加深入全面了解政策目标、政策内容,从而推动健康促进工作的有效开展。

第四节 "委托-代理"关系:治理体系的优化

一、"委托-代理"关系原理

委托代理理论起源于20世纪30年代,美国经济学家伯利和米恩斯发现了企业所有者兼具经营者的做法存在着极大弊端,他们指出企业所有者兼具经营者的做法存在着极大的弊端,倡导所有权和经营权分离,企业所有者保留剩余索取权,而将经营权利让渡。但是,此时的委托代理理论框架并没有真正建立起来,他们的理论还仅限于"两权分离"的问题。到了20世纪六七十年代,委托代理理论进一步发展[①]。亚当·斯密在《国富论》中就注意到了经理阶层存在"疏忽与浪费"的问题,并指出在股份制公司中就存在着委托代理的关系。随着生产力的不断发展、企业规模不断壮大,企业管理与经营决策的难度也随之增加。企业所有者由于在精力、能力、知识和管理技巧等方面的局限性,导致其越来越无法完全独立地控制企业的经营活动,经营效果达不到理想的预期。因此,众多企业所有者逐渐脱离企业经营者的角色,开始尝试雇佣具有超常决策能力、丰富经营管理知识的专业人员作为其代理人行使经营管理权。在这种所

---

① 满婧. 委托代理理论视角下中国公共政策制定问题分析[D]. 上海:华东师范大学,2011.

有权与经营权分离的企业制度下,经济学家詹森和麦克林正式提出了委托代理理论[①]。

"理想的委托代理关系是委托人作为权力的最终所有者有权利对代理人的行为进行监督和控制,代理人则有义务按照委托人的意愿进行企业管理。委托人获得了企业收益,代理人获得了应有的报酬,最终达到两者双赢的结果。但在实际的委托代理的契约关系中,由于信息非对称性造成的代理损失是无法完全避免的。在良好的制度环境中,代理损失可以得到有效的控制并降低到最低。就逆向选择而言,研究事前的信息非对称主要涉及如何降低信息成本的问题。一方面,委托人可以向代理人提供足够份额的经济剩余或租金,促进所需信息的公开化。另一方面,利用检测机制对代理人进行严格的筛选和考查,确保委托人选择代理人的正确性和科学合理性。"[②]"就道德风险而言,研究事后信息非对称性主要涉及如何降低激励成本、提高激励效用的问题。委托人可以通过设计合理的激励机制和建立科学的监督制度严格控制代理人的行为,抑制代理人的出轨意向,确保委托人的利益,实现委托代理关系的持续。"[③]

在委托代理理论产生之前,企业管理的相关理论就对企业管理实践中所有权与经营权分离的现象做出了一定程度的研究。随着委托代理理论的产生,委托代理问题得到了系统的研究,研究重点逐渐开始向所有者如何约束经营者投机、如何激励经营者行为的方向转变。经过长期发展,委托代理理论从经济学领域发展到社会学、政治学等领域,受到广大学者和专家的关注和重视。

二、"委托-代理"关系模型

博弈论中的委托代理关系从宽泛意义上来说,是指所有权和经营权相分离的组织中、拥有不同信息的主体之间,以契约的形式谋求各自利益最大化的一种关系。其中主体之间授权者为委托人,被授权者为代理人。二者之间信息不对称,代理人拥有更有优势的信息资源,且代理人的行为不易直接被委托人观

---

① 满婧. 委托代理理论视角下中国公共政策制定问题分析[D]. 上海:华东师范大学,2011.
② 同上.
③ 张维迎. 博弈与社会讲义[M]. 北京:北京大学出版社,2014.

察到①。由于青少年体质健康促进生态系统的特殊性和复杂性,各层面之间形成了一种链条式的"委托-代理"关系。在四个层面中,把个体层面(学生)和家庭层面视为第一层委托人,政府层面视为第一层代理人。主要是因为学校教育属于一种公共利益,服务对象为大众群体,公众是学校教育利益的诉求者和直接享用者。并且公众作为纳税人,有权利和义务委托政府和各级基础教育处实现公众教育利益诉求,期望通过国家和教育行政部门对学校教育的实施得到利益上的满足。但是,政府和各级教育行政部门由于职能和信息不对称的限制,不能直接产生教育利益,因此政府和基础教育处作为第二层委托人,委托各级各类的学校(代理人),为公众提供教育服务。在这个"委托-代理"关系中,政府扮演了双重身份,既是委托人也是代理人,如图 5-5 所示。

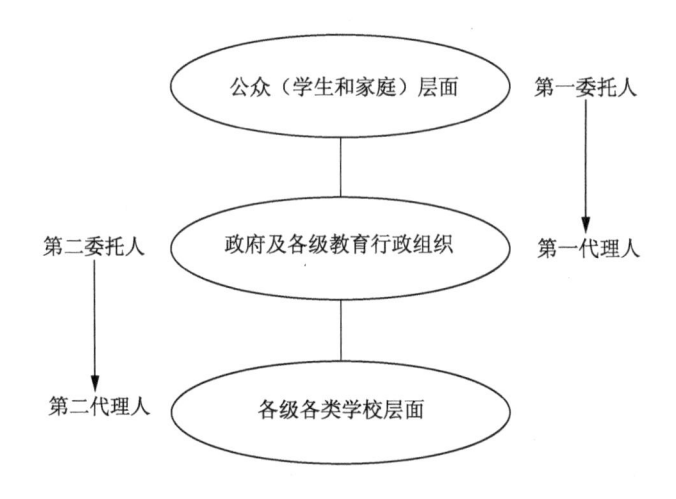

图 5-5 青少年体质健康促进生态竞争系统中"委托-代理"关系图

在委托代理理论中,最理想的委托代理关系是委托人也就是由学生和家长组成的公众作为权力的最终所有者,有权委托代理人即政府及各级基础教育处满足委托人的需求,并且有权对代理人的行为进行监督和控制,代理人有义务按照委托人的义务进行管理和运行。委托人在获得收益的同时代理人也享有应得的报酬,达到双方共赢的结果。当然,这种理想的委托代理关系仅限于理

---

① 张维迎. 博弈与社会讲义[M]. 北京:北京大学出版社,2014.

论上,在实际情况中,这种理想式的委托代理关系很难实现。从青少年体质健康促进生态竞争系统中"委托-代理"关系图(图 5-5)中可以看出,从公众到政府,再从政府到各级学校都是一个单向关系,该过程中没有任何反馈、监督机制对代理人的权限和职能加以监督和控制。也就是说,公众即使扮演了委托人的角色,将自己的利益诉求委托于政府及教育行政部门,但对于委托结果、委托人的利益诉求是否能够满足或实现,委托人无从而知。造成此现象最主要的原因是委托人(公众)与代理人(政府及学校)之间是一场信息不对称的动态博弈。在这场博弈中,委托人和代理人作为博弈主体,有着各自的利益诉求,但由于委托人和代理人之间存在信息不对称性、利益目标不一致、委托人监督机制和监督能力的缺失等问题,造成政府和学校部门容易出现信息隐瞒、窃取群众利益满足自身利益、执行懈怠等现象。在这场博弈较量中,由于先天条件的缺失,公众在博弈开始就完全处于劣势地位,不平等的"委托-代理"关系直接导致实现公众诉求的低效性。

三、"委托-代理"关系再设计

在上述分析中,可以看出在青少年体质健康促进生态竞争系统中的"委托-代理"关系中存在一定的问题和缺陷,针对公众监督机制和监督权力的缺失问题,本研究对公众和政府、学校间的"委托-代理"关系进行了重新设计,通过创建监督机制和激励机制保障原始委托人的合法权益,尽可能避免代理人出现"投机取巧"的自利行为,使委托人的利益最大化。

(一)优化关系结构,重新定位政府职能

"委托-代理"关系链中政府及各级教育行政组织扮演了双重身份,它既是公众的代理人又是各级各类学校的委托人,作为中间人它既要扮演好委托人的角色又要完成代理人的使命,但由于理性人自利性的本质特征使得委托人与代理人处在某种利益矛盾中,这种矛盾性加大了政府执政难度,同时政府角色转换的复杂性也是造成委托人监督难度大、代理人执行任务不到位的一个重要原因。在整个"委托-代理"关系中,只有初始委托人拥有监督代理人的积极性,代

理人在严格的监督下才能有效完成代理使命,帮助委托人获取最大利益。而在青少年健康促进生态系统中,初始委托人和最终代理人之间存在间接性委托代理关系,从而拉大了初始委托人与最终代理人之间的距离,使得整个关系链中缺乏有效监督,造成代理人出现"偷懒"倾向。因此,优化青少年体质健康促进生态系统中"委托-代理"关系结构,加大委托人的监督力度,是提高代理人代理积极性的重要措施。

根据实情需要,本研究在以往的基础上,对公众、政府及各级教育执行部门以及各类各级学校的角色进行重新划分。把之前双层代理关系优化为直接代理关系,公众(学生和家长)作为原始委托人,各类各级学校作为初始委托人的直接代理人,而原来作为双重身份的政府及教育行政组织退出了关系链,成为单独的监督协助部门,帮助委托人做好监督管理工作。新的"委托-代理"关系如图5-6所示。

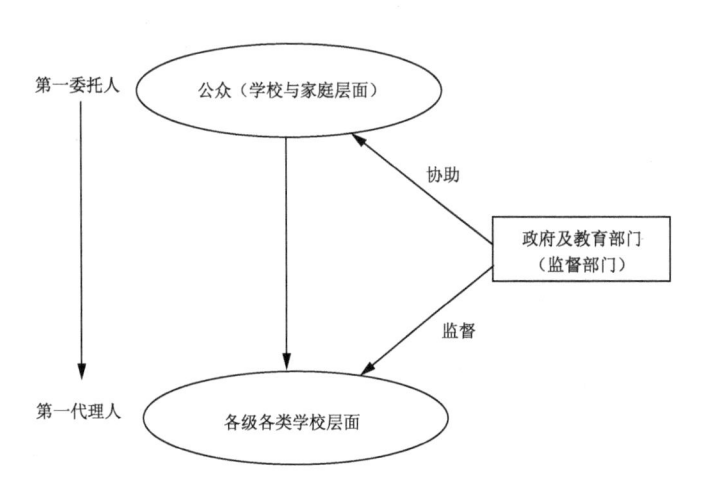

图5-6 新"委托-代理"关系图

新的"委托-代理"关系链中层级的减少,可以使公众更直接、有效地观察代理人的行动,更便捷地获取信息,有助于委托人和代理人的沟通和交流,避免了委托代理关系中信息不对称的弊端。学校直接面对委托人,可以更加全面了解委托人的需求,及时有效地进行信息反馈,直接委托代理关系提高了双方信息获取的便捷性、高效性和信息来源的真实性,从而有效地降低委托人的代理成本。另外,政府及各级教育执行部门在新的关系链中有了重新定位,由原来的代理人转换成学校的监督者,政府部门的自身优势在学校监督工作中将发挥强有力的作用,可以极大改变代理中的不当现象。同时政府部门也是委托人的协助者,有效保证了委托人的合法权益,减少了委托代理过程中的阻碍因素。政府及各级教育执行部门工作职能的重新定位,维护了公众利益,满足了公众的需要,更加符合政府为大众服务的社会形象。

(二) 创建监督-激励的双重机制

在原"委托-代理"关系链中,以学生和家长为主的公众群体与政府和学校在权力制衡中处于不均等的状态,公众缺乏有效监督权力和监督机制,导致政府和学校自主性过大,使得公众的利益诉求无法得到满足。在新"委托-代理"关系中将政府及各级教育行政部门从原有的关系链中抽出,作为独立的监管部门,完成政策制定、学校教育监督的重要职能。将监督管理权授权给第三方,有效弥补了关系结构中监督机制不健全的缺陷,对代理人起到约束作用。监督机制的建立是公众和学校"委托-代理"关系正常运营的必要保障。

除了加强监督机制之外,重视激励机制的设计是调动代理人为委托人服务积极性的另一有效手段。为了诱使代理人投入更多的时间和精力为委托人服务,以达到委托人的利益最大化,通过激励机制采用一些激励手段是十分必要的。在现实中,委托人和代理人之间通过合同形成契约关系,委托人依据合同,对代理人进行激励和约束,使得二者利益尽量保持一致。这个合同内容的规定和限制,就是激励机制的设计问题。在设计一个激励机制时,委托人就会预测给定什么样的条件,代理人就会行动。在"委托-代理"的过程中,虽然委托人很难完全掌握代理人的信息,但是委托人可以采用间接的方式诱导代理人,尽可能地让代理人满足委托人的利益需求。在新的青少年体质健康生态系统"委托-代理"关系中,帮助公众(学生和家长)设计出有效的激励机制来激励和约束代理人,是获得公众利益最大化的有效措施。当然激励机制的有效实施也需要政府部门的积极配合和协助。对于执行效度好的学校,以政府名义,对相关学校进行一些物质奖励(学校资源资助、福利补助等)和精神奖励(社会荣誉称号等),这可大大增加学校行动的积极性。在设立奖励机制的同时设置严格的惩罚机制,对消极执行政策的学校,实行连带责任制同样十分必要。所谓连带责任,是指当某一群体中的个别成员对群体外的人有违约行为时,群体之外的人将对该群体所有成员进行连带惩罚。[①] 对于不积极配合的学校,不仅会影响学校声誉还会遭受其他学校的排斥,失去公众、政府和其他学校的信任,在某些方面将限制与该校进行合作,如社会机构不再给该校提供奖学金资助,若有学校进行超出限制范围的合作,也将会受到同样的惩罚。这意味着如果学校违约,将会付出沉重的代价。激励机制的设置进一步约束了代理人的自主权,给委托人的利益加上了双重保险。

监督-激励机制的创建从制度上保证了委托人对代理人的监督权和约束力,同时加强了代理人的责任和义务,职能的新分配增强了代理人对公共委托人利益负责的意识。在青少年体质健康促进生态系统中,新"委托-代理"关系从公众角度出发,有效维护了学生和家长的切身利益,这将提高青少年体质健康水平,为推行学校体质健康促进工作提供有力保障。

---

① 李帮义,王玉燕. 博弈论及其应用[M]. 北京:机械工业出版社,2010.

第六章　创新实践：
省域青少年体质健康促进模式

在我国,青少年体质健康促进工作主要是由政府主导,通过政策过程实现的。国务院、教育部、国家体育总局、卫计委等政府部门制定颁布政策,再由地方各级政府执行实施并评估政策,是国家治理的一部分。所谓国家治理,指的是以政府为核心的公共部门通过整合社会的各种力量,广泛运用政治、经济、管理、法律的方法,提升政府绩效,强化国家的科学发展能力,从而实现社会公平和效率原则。我国的国家治理主要是通过政策制定、执行和评估等政策过程来实现的。中国的国家治理主要是通过省级层面具体实施的,省域治理在国家治理中发挥着极为重要的作用,是国家治理的主要途径。随着国家对青少年体质健康促进工作的日益重视,青少年体质健康促进工作也逐渐成为省域治理的重要内容。国家的各项青少年体质健康促进政策出台后都是下发至各省(直辖市、自治区),再由各省引领和推动本地区相关工作的开展,如中央7号文件下发后,各省都积极响应并制定了适合本地区的政策,《"健康中国2030"规划纲要》颁发后,许多省也制定了本省的落实政策,如《"健康江苏2030"规划纲要》。对于省域而言,青少年体质健康促进就是国家政策的实践过程。在这一实践过程中,部分省在制定落实国家政策的执行方案或措施中,也逐渐形成了具有自身经验和特色的青少年体质健康促进模式,如上海市的"学生健康促进工程"、江苏省的"学生体质健康促进工程"等。这些在实践创新基础上形成的具有特色的省域青少年体质健康促进模式越来越成为青少年体质健康促进政策的有效落实途径。

第一节 省域治理:中国国家治理的主要途径

一、省域治理的概念

治理这一概念源自古希腊拉丁文或古希腊语"引领导航"(steering)一词,原意是控制、引导和操纵,指的是在特定范围内行使权威,它隐含着一个政治进程,即在众多不同利益共同发挥作用的领域建立一致或取得认同,以便实施某项计划[①]。它是使不同的利益或相互冲突得以调和并采取联合行动的持续过程,其基本内涵是指在一个既定范围内运用权威维持秩序,满足公众需要。省域是指按照我国现行的行政区划划分标准而划分形成的一个省、自治区或直辖市的空间范围[②]。为叙述方便,本研究中的"省域"均指"省(自治区、直辖市)域"。根据现代区域发展理论,可以认为"省域"是一个区域概念,但本研究将"省域"作为研究的空间范围,而没有使用"区域"这一概念,是因为"省域"比"区域"更适合我国学生体质健康促进工作的实际。区域的概念是在地理学中最早提出的,按照赫特纳的观点,"区域就其概念来说是整体的一种不断进行的分解,一种地理区划就是地表不断地分解它的部分"。从国家管理的角度来说,省域是一种行政区域,它既有地理区的特点,也有经济区的特征,综合了自然、经济、人文、政治、民族、历史等多方面的因素,是自然地理、经济地理与人文地理综合统一的完整地域。与西欧的众多国家相比,中国的省就是一个在自然与文化空间、经济社会发展、政府治理方面相对完整的"准国家"单元。省域治理是国家治理的重要组成部分,国家治理有狭义和

---

① 俞可平.治理与善治[M].北京:社会科学文献出版社,2000:16-17.
② 周伟.省域科技资源配置效率评价研究[M].北京:中国科学技术大学出版社,2014.

广义之分,各自有不同的内涵与覆盖面。广义上的国家治理指整个国家空间和权力范围内的所有层次和方面的治理,狭义上的指国家层面的治理,指以国家为单位的顶层设计和宏观治理问题[①]。综上所述,本研究中省域治理是指省域范围内通过各方治理主体,对事关公民与社会的公共事务所进行的有序的管理活动。

我国的省域治理位于国家治理与基层治理之间,拥有多个复杂类型。如直辖市治理,其具有独特的政治、经济、权力运行机制,与中央联系密切;如区域的自治权,囊括了民族管理的特殊内涵;如香港、澳门特别行政区,拥有"基本法"和"港人治港,高度自治"的权限;而其他各省,按地域的不同,也都拥有不同的特色。总体来说,作为我国国家治理体系的内在有机组成部分,省域治理具有鲜明的中国特色[②]。它不仅忠实有效地贯彻落实中央的国家治理的意图、理念、法律、政策,还要创造性地组织省域行政区划内的所有事务,承担着重要的国家治理责任,同时也可以为国家治理提供可参考的个案,是国家治理的主要途径。

二、省域治理的地位

我国的行政区划体系从纵向上划分为国务院、省、市、县、乡五个层级,省级行政区划在地方各级行政区划中处于最高层级,省域治理在政府机构的设置上与中央政府直接对应,中央的国家治理在很大的成分和程度上是通过省域治理来实现的。作为中央政府在地方的最高派出机构,省域治理承担着多位一体的复杂使命。它既是中央治理的继续和延伸,又要在其特殊地域和环境条件下创造性地展开。优秀的省域治理不仅可以造福一方民众,也可以为国家宏观治理提供先行先试的宝贵借鉴和先进个案,塑造优秀政治家,丰富国家治理体系,提升国家治理能力,甚至可以引领国家治理和改革的发展方向。省域治理的地位可以从省政府与中央政府的关系、省政府与下级政府的关系两方面进行阐述。

---

① 欧阳康.省级治理的定位与使命:在国家治理与基层治理之间[J].华中科技大学学报,2015, 29(4):5-6.

② http://www.cssn.cn/gd/gd_rwhz/xslt/201505/t20150528_2014143.shtml(中国社会科学网).

（一）省政府与中央政府的关系

我国宪法和地方组织法规定："中央和地方的国家机构的划分，遵循在中央统一领导下，充分发挥地方的主动性、积极性的原则。""全国各级人民政府都是国务院统一领导下的国家行政机关，都服从国务院。"这是确定省政府与中央人民政府关系的总原则。这一总原则包含着两层基本的含义：一是保证中央政府的集中统一领导，二是充分发挥各级地方行政机关的主动性、积极性和创造性。在中国，按照中央政府统一领导、各级政府分级治理国家和社会事务的原则，中央政府在其下设置了金字塔式的逐级向下的地方各级政府。"地方政府结构又分为纵向的层级结构和横纵交错的条块结构。地方政府层级结构与条块结构的相互交错，构成了中国庞大而又坚固的地方政府治理体系。"[①] 其中，中央与省的条块分割是我国条块分割的主旋律，也是其他层级条块分割产生的渊源。省是我国地方政府的第一级，是中央政府的直接下级，直接接受中央政府的领导。

在中国政府的层级关系下，中央和各省有直接的行政隶属关系，中央和各省所设立的职能部门和具体工作大体能一一对应。省级政府的领导人不是由地方政府选举，而是由中央政府直接任命，省级政府和中央政府在层级结构上的一个突出特点是一体性，这种一体性具体表现在三个方面。一是在治理权限各要素的配置上与中央政府大体上呈现出"同构"和"一体"的特色，基本上是中央政府中各权限构成要素及其相互关系的"投影"与"复制"；二是在机构设置上表现为中央有什么样的权限机构，省级政府也有相对应的权限机构，在中央层面的九大权限机构中，除国家主席和中央军委外，中共中央委员会、中共中央纪律检查委员会、全国人民代表大会及其常务委员会、国务院、全国政协、最高人民法院和最高人民检察院等国家权限主体在省级及以下地方政府均设有相对应的机构设置；三是省级设有几十个与中央政府部门相对应的职能部门，这些职能部门在业务上受到中央相关部门的指导、监督

[①] 谢庆奎. 中国地方政府体制概论[M]. 北京：中国广播电视出版社，1998：1.

或领导,这种状况使每一级最主要的治理主体都是一个"小中央"[①]。处理好省级政府同中央政府的关系,是理顺我国行政管理体制的关键。因此,省域治理是国家治理中由中央到地方下移的非常重要的层次,也是地方治理的高端层面。其作为贯彻落实国家治理任务的总承包方,是落实中央大政方针的第一个环节,也是中央政策地方化实施的第一步。正确和有力的省域治理,对于国家治理的落实、地方治理的统摄以及其他各方面治理的实际而有效的展开都起到至关重要的作用。

(二) 省政府与下级政府的关系

省级人民政府同市、县、乡各级人民政府的关系是地方政府间的关系,也是一个国家行政体系中的上下级关系问题。随着我国改革开放事业的深入和商品经济的发展,这一问题将更加尖锐地提出来,并给各项建设事业带来巨大的影响。处理省级政府同下层各级人民政府的关系必须以下述两点为前提:一方面,我国的行政体制实行层层领导、逐级隶属的原则,省政府领导市政府,市政府领导县政府,县政府领导乡政府;反过来说,乡政府向县政府负责并报告工作,县政府向市政府负责并报告工作,市政府向省政府负责并报告工作,这就决定了,下层各级政府必须自觉接受省政府的领导、指令以及监督检查,完成省政府和上一级政府下达的任务。[②] 从实际政治运作来看,中央为保证重要决策的科学性,允许和重视省级政府表达意见,对中央决策过程影响最大的是各省,这成了中国政治生活中的一个惯例。地级市政府、县政府和基层政府虽然也必须执行中央政府的决策和命令,但一般不和中央直接发生联系,对中央的决策影响有限。因为各地方一般不得越级请示和报告,乡镇政府、县政府和地级市政府的意见需要经过各省的综合才能到达中央决策层。另外,各省对于地级市政府和行政公署的请示,认为有必要向中央汇报的,一般附上各省的处理意见。[③] 另一方面,市、县、乡都是独立的行政区域,是我国行政体系中相对独立的层次,

---

[①] 周振超. 当代中国政府"条块关系"研究[M]. 天津:天津人民出版社,2009:30.
[②] 李善阶,王振海. 省级行政管理[M]. 北京:中国广播电视出版社,1991:40.
[③] 周振超. 当代中国政府"条块关系"研究[M]. 天津:天津人民出版社,2009:62.

它们不是省政府的手脚,而是自成体系的政权系统。市、县、乡政府除了接受省政府的领导外,还要接受同级人民代表大会的领导,它由同级人民代表大会产生,对其负责并受其监督,同时,宪法和法律也都赋予它们独立行使职权的权力,在工作中可以自主地决定事务,管理本行政区域内的经济、政治、科技、文化、教育、体育、卫生等各项事业,这就决定了下层政府绝不是省政府的"接收器""传声筒",而是有"大脑",有"四肢"的完整独立的"人",它们在省政府和上一级政府的指导下独立自主地开展各项管理活动和建设事业。[①] 因此,相对于国家治理而言,省域治理是国家治理体系中的二级单位,属于中观治理范畴,但相对于其下的地方治理,尤其是基层治理而言,又具有一定程度的宏观性,应充分发挥其统筹规划、宏观调控的权力和职责。

三、省域治理的特点

第一,省域治理具有相对独立性。省域治理是地方治理的最高层面,是进行国家治理的主要环节,也是执行国家政策的主要途径。国家赋予省级人大和政府相应的立法权和政策实施空间,因此省域治理具有相对独立性。应当在国家宪法和总体法律体系允许的范围内,制订最贴近地方实际和人民需求的地方法律法规,为省域治理提供最科学完备、最切实有效的法律法规体系;国家政策出台后,制定最适合地方实际和人民需求的地方政策,并积极引领和推动本地区相关工作的开展。

第二,省域治理强调统一性与灵活性相结合。省级政府处于中央与地方(市、县地方政府)的治理结构的接点上。一方面,受中央政府委托和授权管理省域的地方事务,督促一线政府部门人员积极完成各项政策、实现国家治理的目标。另一方面,将国家治理的目标与本省的特殊省情相结合,因地制宜地制定省域治理的科学实施方案,突出重点,整合优势,充分发挥组织、协调、监督等功能,从而促进本省各方面的发展。可见,省域治理既强调全国统一性,又强调地方特殊性、实践性和灵活性。

---

① 李善阶,王振海.省级行政管理[M].北京:中国广播电视出版社,1991:40.

第二节　青少年体质健康促进:省域治理的重要内容

一、省域青少年体质健康促进概况

在我国,国家教育、卫生或体育等相关部门出台一系列青少年体质健康促进的纲领性文件后,由各省、直辖市、自治区来引领和推动本地区相关工作的开展,制定相应的文件和政策,并积极出台办法具体执行落实。例如:中央7号文件下发后,中共河南省委2007年11月5日下发了《中共河南省委河南省人民政府关于贯彻落实〈中共中央 国务院关于加强青少年体育增强青少年体质的意见〉的实施意见》,中共新疆维吾尔自治区2007年12月13日下发了《自治区党委自治区人民政府贯彻〈中共中央 国务院关于加强青少年体育增强青少年体质的意见〉的实施意见》,中共辽宁省委2007年12月18日下发了《中共辽宁省委辽宁省人民政府关于加强青少年体育增强青少年体质的实施意见》等。在办法的具体落实上,各省主要从广泛开展阳光体育运动、认真落实学生每天一小时体育锻炼、全面组织实施初中毕业升学体育考试和积极采取措施,加强体育师资队伍建设等方面来落实。同样《"健康中国2030"规划纲要》颁发后,各省也积极出台相应的文件。例如:山西省发布实施《"健康山西2030"规划纲要》、福建省出台《"健康福建2030"行动规划》、河北省出台《"健康中国2030"规划纲要》等实施意见。以省区为载体实施国家青少年体质健康促进政策,是现行国家治理体制下的必然选择,青少年体质健康促进工作越来越成为省域治理的重要内容。同时,每个省在执行中央政策的过程中都形成了自己的一些特色和经验,有一些省已经在实践过程中逐步形成了一定的模式。

(一)上海市"学生健康促进工程"

上海作为中国的经济中心,学生体质健康工作也走在全国的前列。早在2007年,上海市教育委员会就批准成立上海市学生体质健康监测中心。2011

年,上海市政府启动了"学生健康促进工程"计划;2012—2013年又将各区建立1所区级学生体质健康监测中心列入当年的市政府实事项目。上海围绕市、区两级学生体质健康监测中心,开展了大量的学生体质健康的培训、测试、督查、指导、评价和专题研究等工作,切实提高了该市学生的体质健康水平。自此,上海初步形成了多级的学生体质健康监测网络。[①] 其中学生健康促进工程(2011—2015)是作为未来五年上海市全面保障学生身心健康发展的一项基础性、全局性的重要工作,其实施方案制定的基本思路如下:①明确指导思想,体现本市教育发展的核心理念。②立足现状,科学合理地设定目标任务。③以学校体育卫生事业的全面推进,促进学生健康全面发展目标的实现。工程实施方案的主要特点如下:①强调课程的基础性作用。②发挥"体教结合""医教结合"的传统优势,实现学校体育卫生工作的科学发展。③强化体育卫生事业发展中的保障性工作。④强化督导评估,坚持发展与保证底线并重,着力落实政府、学校促进学生健康全面发展的基本责任。⑤创新实现途径,服务全体学生。⑥注重学生身心全面健康发展。工程实施方案的主要项目及举措是:根据工程的总体目标,工程实施方案拟定了八大行动计划。主要包括学校体育和健康教育课程体系建设行动计划,阳光体育与体教结合工作推进行动计划,学校卫生与医教结合推进行动计划,学生体质健康监测及干预行动计划,学校生命教育及心理健康教育促进行动计划,学校体育、卫生师资队伍建设行动计划,学生健康促进保障体系建设行动计划,学生健康促进与社会联动行动计划。为确保工程的顺利推进,八大行动计划细化为75个项目,进一步明确项目实施的责任部门、配合部门以及时间节点要求。为推进工程的实施,成立了上海市学校体育卫生工作联席会议,下设办公室(设在市教委),负责统筹协调全工程的推进工作。[②]

(二) 江苏省"学生体质健康促进工程"

2009年江苏省颁布了《江苏省学生体质健康促进条例》,这是全国第一个

---

① 王向军,杨漾,杨璨.上海市学生体质健康工作的创新与发展[J].中国学校卫生,2017,38(2):164-165.
② 上海市教育委员会.上海市学生健康促进工程总体介绍[EB/OL].(2012-06-04)[2013-08-11]. http://www.edu.sh.gov.cn/web/xwzx/show_article.html?article_id=65155

地方立法,也是全国唯一的一部地方性学生体质健康促进条例。2010年江苏省教育厅发文,成立江苏省学生体质健康促进研究中心,并将监测制度列入教育发展规划,建立江苏省学生体质健康监测体系,中心的成立是江苏省学生体质健康促进工程的一项重要举措。2011年启动"学生体质健康促进工程"。2012年颁布了《江苏省学生体质健康促进行动计划(2012—2015年)》,其总体目标是:到2015年,全省学生体质健康各项指标明显改善,体质健康水平进入全国先进行列。其主要措施如下:①实施"健康素养提升行动"。②实施"体育活动推进行动"。③实施"卫生服务改善行动"。④实施"心理健康促进行动"。

(三) 内蒙古"健康促进工程"

2011年2月,内蒙古自治区教育厅推出的"健康促进工程"是对《中共中央国务院关于加强青少年体育增强青少年体质的意见》的进一步贯彻落实,是"十二五"期间全面增强内蒙古广大青少年身体素质、切实提高健康水平的重要举措。内蒙古自治区在逐步推进"健康促进工程"的过程中,要求校园体育有新形式、新项目,各校体育活动各有特点、自成风格,形成全区体育教育百花齐放的新格局。同时,将群众体育适时引进校园,把学校体育和群众体育相结合,更好地为提高学生健康水平服务。[①]

(四) 山东省"学生体质提升计划"

《学生体质提升计划(2014—2018年)》是山东省为深入贯彻党的十八大和十八届三中、四中全会精神,落实《国务院办公厅转发教育部等部门关于进一步加强学校体育工作若干意见的通知》(国办发〔2012〕53号)要求,进一步加强学校体育工作,提高学生的身体素质和健康水平,特制定的计划。其总体目标是:用5年时间,建立学生体质健康促进工作长效机制和健全的学生

---

① 内蒙古自治区教育厅. 新学期全面启动实施"学生健康促进工程"[EB/OL]. (2011-02-04)[2012-05-13]. https://wenku.baidu.com/view/9c24221baf1ffc4ffe47ac89.html.

体质监测公布制度与评价制度;加强学校基础体育设施建设;让每位学生都至少可以掌握两项运动技能,形成良好的体育锻炼行为;学生体质健康水平逐年提高,到2018年全省大中小学生《国家学生体质健康标准》合格率达到90%以上。主要任务有:①加强中小学体育教师队伍建设。②加强中小学体育场地和器材配备。③开齐、开足、开好体育课程,认真开展校园体育活动。④提供符合学生个性特点的体育活动课程"超市"。⑤广泛开展富有地方特色的民间和传统体育项目。⑥积极推进义务教育体育活动多样化和高中体育教学专项化改革。⑦组织开展丰富多彩的阳光体育运动会。⑧加强教育与体育部门的合作共建。⑨加大校园足球等集体项目改革。⑩建立大、中、小学相互衔接的青少年体育人才培养体系。⑪进一步完善学生体育学业成绩考核评价制度。⑫建立学生体质健康年度监测公布制度。⑬建立中小学校体育工作年度评估制度。⑭建立市县学校体育工作年度报告制度。⑮加强学校体育和学生体质健康立法工作。保障措施有:①组织保障;②经费保障;③督导监督。①

此外,2016年5月国务院办公厅印发《关于强化学校体育促进学生身心健康全面发展的意见》后,一些地区按照要求制定出台了本地区的"实施意见"。其中,力度较大的是内蒙古自治区和陕西省。内蒙古自治区设立了许多硬性数据指标,如中小学各学段每周5节体育课,确保100%的学生每天进行一小时体育锻炼,足球特色学校每周2节足球课,100%的中小学校按编制和课时配齐体育与健康教师等。陕西省将小学、初中体育课调整为每周4节,高中(含中等职业学校)体育课调整为每周3节。中小学也合理安排家庭"体育作业"。除了陕西和内蒙古,安徽、山东、广东、河北、青海、大连市也制定了本地区的"实施意见"。这六个地区对于体育课的要求是必须跟着国家标准走,也就是小学1~2年级每周4节,小学3~6年级每周3节,初中每周3节,高中每周2节,青海省义务教育阶段每周3节体育课。这些省市都将国家政策积极地转化为各省市

---

① 山东省教育厅.山东省学生体质提升计划(2014—2018年)[EB/OL].(2014-12-11)[2015-06-15].https://wenku.baidu.com/view/9c24221baf1ffc4ffe47ac89.html.

的政策,并采取多方面措施进行落实,青少年体质健康促进工作取得了良好的效果。

二、省域青少年体质健康促进的优势

(一)省的统筹规划职能有利于体质健康促进工作有效开展

省是最高一级地方政府,是直接承接中央管理权限与责任下移的最重要、最直接的一级地方政府,其居于承接中央、启领市县的关键层级。由于处在中央与基层地方政府之间的过渡环节,省在职能上也同样兼具从地方到中央政府的过渡特征,即省级政府承担的主要职能不是面向最直接的地方具体事务,而是制定区域性发展目标、制定区域性政策,协调省内的地区发展,提供区域性基础设施和公共品等宏观调控职能①,再加上其制定地方性行政法规和行政规章的权利,强化了省级政府在本行政区域内决策、指挥、监督、协调等方面的领导职能。这些职能与地方政府负责的具体事权有着显著的差异。省级以下政府,大都是根据省级政府的统一安排部署而开展工作,主要是负责具体的执行性和服务性事务工作,其宏观调控职能弱,更多的是处理和协调辖区内的政府与市场、政府与社会之间的日常运作关系。因此,统筹规划、促进本区域协调发展是省级政府的重要职责。当前,我国学生体质健康促进工作的差距不仅存在于各省域之间,而且在同一省份不同地区、城乡之间也存在着较大的差异,"省"在我国行政区划体系中的特殊地位及其统筹规划职能,更有利于学生体质健康促进工作的有效开展,对实现我国学生体质健康总体水平的提高也具有十分重要的作用。

(二)省级财政管理职能有利于资源合理配置

省域治理是把一个省的行政区划范围作为一个区域,从一个省的角度可以有效地审视资源的配置问题。从纵向上看,作为我国行政区划的重要组成部分,省

---

① 顾朝林,赵民,张京祥.省域城镇化战略规划研究[M].南京:东南大学出版社,2012:28.

级行政区域对上隶属于中央,可及时将国家的各项计划、方案转化为本区域的发展指导思想和实际行动方案,对下统领各级市、县、镇,可结合本区域的特点统筹分配各类资源,提高资源的利用效益;从横向上看,在省域范围内经济、文化、人力资源等方面较为接近,但省域之间发展不平衡,经济和社会条件存在很大差异,从一个省的角度研究资源的配置,可有针对性地发现省域资源配置所存在的问题,及如何采取措施。资源配置既需要计划、政策作为支撑,又需要有完善的法律法规作为保障,需要造就一种公平竞争的制度环境和市场秩序,这些都需要省级政府在区域内进行规划和制定,因此省域层面是我国政策制度的贯彻者,是区域资源配置政策法规的制定者,是提高我国资源配置效率的根本支撑和核心载体。因此,省域学生体质健康促进模式的构建有利于对省域内的体育资源进行合理而有效的配置,弥补部分基层政府提供体育产品的不足,全面提高基层提供体育产品的能力,促进整个省域学生体质健康促进工作的协调发展。

(三) 省的特殊地位有利于平衡中央与地方的利益冲突

根据生态竞争理论,青少年体质健康促进处于一个复杂的生态系统之中,在青少年体质健康促进过程中存在很多竞争,但最核心的还是利益之争。不同的利益主体,在利益竞争之中,都会有自身的利益需求,这些需求往往造成利益主体的矛盾与冲突。然而,通过省域治理的方式开展青少年体质健康促进可以有效地协调竞争,平衡各方利益。

对于政府层面来说,省级政府更像是中央政府和基层政府的中间人。中央政府出台的政策纲领是宏观的、笼统的,由于地区差异性和特殊性导致基层政府与中央政府之间产生利益隔阂,而作为独立的利益主体,基层政府在执行过程中很难做到损害自身利益来满足国家利益的需求,从而导致中央政策推行效果不佳的问题。但省级政府的存在,就可有效化解中央与基层之间的鸿沟,加强中央与基层间的联系。省级政府作为最高级的地方政府,它与地方各级政府的利益趋于一致性。在推行中央政策时,省级政府可将宏观政策具体化,根据本地区的实际情况以及地区的发展特点,制定出区域化的政策方案,采用适宜本地区的方法和手段推行中央工作要求,在保证集体利益的同时也尽可能不损伤自身利益，从而有效规避中央与地方间的利益冲突。这样的执行方式，不仅可以加强中央、省级和基层政府间的协调配合程度，也大大提高了我国青少年体质健康促进的工作效率和工作质量。在学校层面，尤其是对中小学校长而言，在学校健康促进工作推进过程中，最突出的竞争问题就是"升学利益"与"健康利益"之间的冲突。在办学实践中推进体质健康促进之所以步履维艰，很重要的一个原因是其潜在的风险将有可能引发社会舆论和家长的广泛质疑。按照健康促进的理念办学，必然涉及学生学习时间的再分配。一种着眼于学生综合素质培养的教育，必然会部分地压缩学生用于应试科目的时间，尤其是用于"冲刺应考"的时间。在高考升学的巨大竞争压力下，若因此造成考试成绩下降，尤其是高考升学率降低，这对于学校来说，将面临巨大的物质和精神损失。相比而言，通过省级政策推进健康促进会相应减小竞争压力。我国的高考制度也具有一定的区域化特点，对于每个省来说，高考录取的人数都是固定的，固定的名额和指标可以积极化解省与省之间的高考竞争力，同时也给各省级政府在推行本省体质健康促进工作中带来了更多的灵活性和自主性。在省级政府的指导下，可以帮助各级学校减小利益决策的风险性。学校主体可以不用过分担心因削减对升学、应考等环节的时间和精力付出而可能造成高考升学率的暂时下降的问题，从而更好地平衡学生体质与成绩之间的利益，更加关注学生的体质健康促进工作。对于家庭和学生（个体）层面来说，省级政策的制定与执行无疑也更加符合了他们的利益需求。学生作为家庭的重要组成成员，与家庭可以看成一个利益共同体。对于学生、父母而言，"升学利益"和"健康利益"都很重要，甚至在某种程度上来说，家长们会认为孩子的健康比学习成绩更加重要。然而在激烈的竞争压力下，为了迎合社会发展的需要，对于处在这一特殊阶段的学生来说，升学比健康问题更受到关注，健康利益与升学利益相比，更像是一种隐性利益。在功利的利益驱使下，学生和家长们更趋向选择显性利益，即升学利益，而不得不暂时牺牲健康利益。然而省级政府的协调，可以适当平衡双方利益，缓解升学压力，从而给予学生和家长更多的时间和空间去关注健康问题，维护自身的健康利益。

此外，作为国家青少年体质健康促进战略的空间落实，省域青少年健康促进工作与国家青少年体质健康促进战略没有质的区别。但由于空间尺度、实施主体等方面存在差异,省域青少年体质健康促进又具有明显的区域性和空间性。因而它不是对国家战略的简单分解和被动落实,相比国家青少年体质健康促进战略,省域青少年体质健康促进无论在空间尺度、实施主体,还是重点难点、目标进程等方面,都存在明显的特殊性,显现出空间性和区域性。

(1) 空间尺度的差异。在空间方面,国家青少年体质健康促进的空间范围是整个国土空间,涉及"自然-经济-社会"三大系统,体现出整体性、综合性和层次性。省域青少年体质健康促进的空间范围是省级行政区,既是国家青少年体质健康促进战略实施的空间单元,又是省域青少年体质健康促进可持续发展的空间依托,中国幅员辽阔,国土空间多样,在自然、经济、文化、制度等综合因素作用下,区域差异性与非均衡性十分突出。省域青少年体质健康促进不仅要服从中央总体部署,还要立足省情区情,因地制宜,突出特色。

(2) 实施主体的差异。从实施主体看,国家青少年体质健康促进的主体是中央政府,省域青少年体质健康促进则由省级政府组织实施。在我国中央与地方分级管理模式下,中央政府提出实施青少年体质健康促进的战略决策,在宏观上进行调控和指导。省级政府应该按要求贯彻执行,并发挥中央调控职能的("二传手")作用。此外,由于地方政府在综合决策、组织协调上更具灵活性,可以在青少年体质健康促进中积极创新、大胆试验。但另一方面,省级政府作为区域内的利益总代表,以实现地区经济效益最大化为目标来组织经济生产和管理社会事务,其浓厚的理性人政府角色会导致地方政府在落实中央决策时可能走样。所以,在落实青少年体质健康促进政策中,中央政府与省级政府既有一致性,又有冲突和博弈(见第四章、第五章的相关分析)。二者的关系是决定青少年体质健康促进战略(政策)顺利实施和深入推进的一个重要因素。

(3) 工作重点的差异。总体来看,由于生活方式、环境变化所导致的体质健康水平下滑是青少年体质健康促进面临的一个普遍难题。但是具体到不同的省域,青少年体质健康促进工作中所面临的问题存在一定的差异。青少年体质健康促进的重点难点又各不相同,各有特色。对经济、教育、卫生、文化等方面都较发达的东南沿海省区,青少年体质健康促进所面临的问题主要是应试教育及生活方式所造成诸如体力活动不足、用眼过度、网络成瘾等问题,而西部一些省区所面临的却主要是由于经济、卫生、教育等条件不足所导致的营养不良、传染性疾病等问题。

(4) 目标进程的差异。在特定时空范围内,青少年体质健康促进的目标应是有限的、可行的,相比建设之前有适度提高和进步。如果说,总体上讲我国青少年体质健康促进还处于初级阶段,需要立足国情渐进实现的话,那么,对具体的区域而言,青少年体质健康促进就更要与当地的社会经济教育环境发展状况相适应。在现有条件下,通过努力使原本基础较好的地区更上层楼,原本基础较弱的地区得到改善、有所进步。因此,横向来看,不同地区由于发展的起点和基础不同,青少年体质健康促进的目标有高有低,建设进程也有快有慢。

第三节　省域青少年体质健康促进模式的构建

健康促进已成为世界上最受关注的、具有全新意义的提高健康水平的最佳过程与途径。自上而下的行政推动,对健康促进的落实起到了重要的作用。但是,由于我国人口较多,各区域发展情况不均衡,经济发展水平、文化教育水平以及学生体质健康基础状况都存在着差异性,想让全国各地的健康促进进程实现一致化的可能性并不大。而且健康促进是一个全国性的实施工程,仅靠某一地区或某几所学校研究探索虽能起到良好的示范作用,但想要推动整体健康促进的进程,这些力量显得还很薄弱。因此,省级政府及卫生部门应该以自身现有的基础条件为出发点,因地制宜地确立适合自身发展水平、切合省域发展定位、适应当地青少年需要的体质健康促进目标系统。以省域为具体行动单位,以省域内的统筹策划、全局联动为推进机制,在深化省域青少年体质健康促进的过程中积累经验、积聚力量,构建省域青少年体质健康促进模式,并且在条件适当的时候扩大经验和资源的辐射范围,可能是当前社会条件下全面推进青少年体质健康促进工作较为务实的一种选择。

一、省域青少年体质健康促进模式的概念

（一）健康促进模式

理论的作用在于解决实际问题，但在健康促进实践中，尤其在个体以上的健康促进层面中，理论往往并不直接用来解决实践问题，而是借助理论与实践的中介即某种健康教育模式在实践中发挥作用。所谓模式，是指由多个相关因素或多个子系统构成的一种具有内在结构和运行机制的复合系统及其运行方式，是被加工后的一种范式，一种可模仿、推广或借鉴的相对固定的运行方式。把解决某类问题的方法总结归纳到理论高度，就是模式。一般而言，模式是指前人积累的经验的抽象和升华，它是从不断重复出现的实践中发现和抽象出的规律，是解决问题的经验总结。只要是一再重复出现的事件，就可能存在某种模式。给出的模式的经典定义是每个模式都描述了一个在我们的环境中不断出现的问题，然后描述了该问题的解决方案的核心。模式作为主体行为的一般方式，是理论和实践之间的中介环节，具有一般性、简单性、重复性、结构性、稳定性、可操作性的特征。模式在实际运用中必须结合具体情况，实现一般性和特殊性的衔接，并根据实际情况的变化随时调整要素与结构才有可操作性。在一个良好模式的指导下，能够更好地完成任务，做出优良的设计方案，达到事半功倍的效果。

健康促进模式是通过应用某种或多种健康促进理论，是从控制和提高人们自身健康的实践中总结和提炼出的理性认识，是健康行为的理论解释和健康实践的系统方法，包括个人、组织和社区等层面中的理论模式和实践中的综合性模式。在长期的健康促进实践中，人们创建了多种健康促进模式，如有被广泛运用的综合性框架模式——格林模式，有针对学校层面的"有效学校健康促进模式"，还有依据生态学理论创建的"学校、家庭、社区一体化的健康促进模式"等，这些健康促进模式分别被运用于不同实践场域。

Lawrence W. Green 等人创建的格林模式（PRECEDE-PROCEED 模式）是发展较早、运用较为广泛的健康促进模式。PRECEDE-PROCEED 模式的特点是，从"结果入手"的程序，用演绎的方式进行思考，将健康促进实践分成 9 个基

本步骤,从最终的结果追溯到最初的起因(图6-1)[①]。该模式提出,首先应进行系统的评估,以找出目标人群的主要健康问题及其产生的原因,由此确定优先干预项目,然后有针对性地制定健康教育计划,从而实施计划、进行评价。该模式综合运用个体层面的行为改变理论、生态学理论等多种理论来制定综合性的干预计划,既注重健康知识的补充,又注重在信念和行为上的干预。PRECEDE-PROCEED模式并非一个行为干预的单一理论,而是一个能帮助人们将理论科学地应用于实践的综合性的计划制定模式,该模式既有固定框架,又非常灵活,通过运用不同水平的理论来分析拟研究的问题(个体行为的、社会环境的),以及将行为的决定因素与干预措施联系起来,使研究者开阔了思路,跳出了传统的基于单个行为改变理论的健康促进计划制定方法。[②] PRECEDE-PROCEED模式具有固定框架,又非常灵活,被广泛应用于各类健康教育评估和健康促进干预实践中。

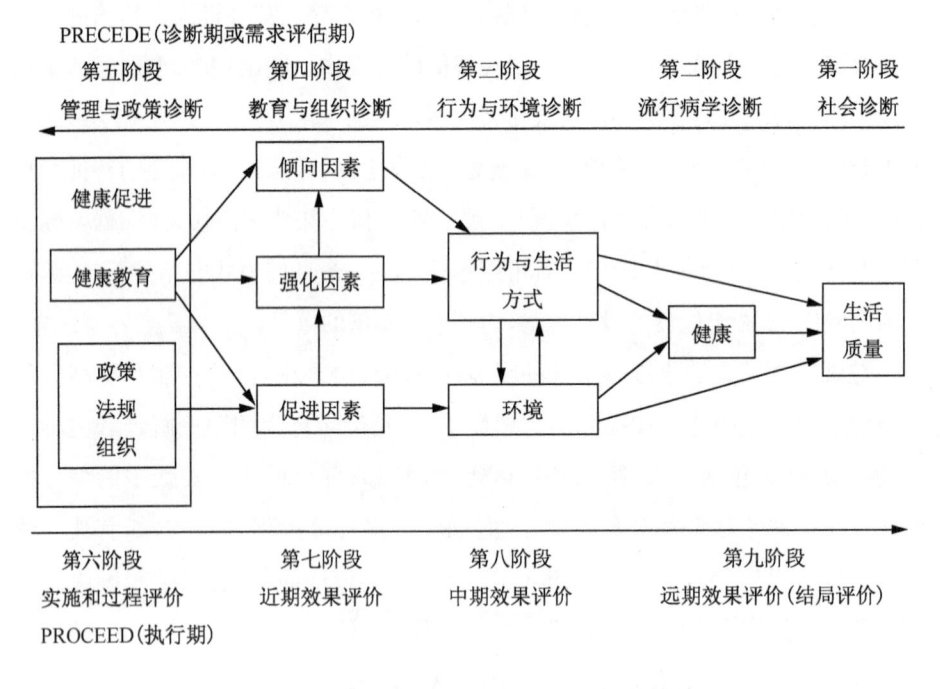

图6-1 PRECEDE-PROCEED模式的基本框架

[①] 郑频频,史慧静.健康促进理论与实践[M].上海:复旦大学出版社,2011:259.
[②] 同上.

乐生龙等人运用社会生态学、组织结构改变等理论,创建了"家庭-社区-医院-高校"四位一体运动健康促进模式(图6-2),"四位一体"运动健康促进模式是以居民为核心,以家庭和社区为基本环境,以预防为主,整合社区、医院和高校的优质资源,使家庭、社区居民、健康促进团队以及研究者之间形成一种伙伴关系,共同解决慢性疾病问题的运动健康促进模式。[①] 该模式从居民的角度出发,将居民作为服务主体、实施主体和评价主体,让居民全面参与到各个组织机构、各项制度制定实施、各项活动组织开展中,实证表明该模式很好地解决了居民参与的各种问题,取得了很好的效果。

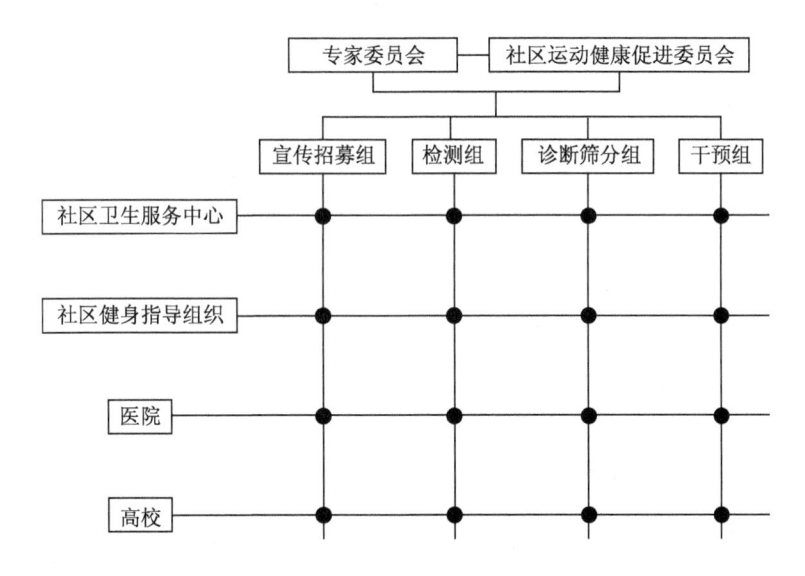

图 6-2 "四位一体"社区运动健康促进模式的组织框架[②]

尚大光等基于"知信行"等个体层面的行为理论,在格林模式的基础上,针对学校一级层面上的健康促进,创建了"有效学校健康促进模式",该模式主要包括以下四个方面的内容:①开展健康促进优先干预项目,特别是把学生健康目标列入项目计划,让学生在知识技能、信念态度、行为习惯改变的基础上,体

---

① 乐生龙,陆大江,夏正常,等."家庭-社区-医院-高校"四位一体运动健康促进模式探索[J].北京体育大学学报,2015,38(11):23-29.
② 同上。

验健康水平的提高。改变了学校健康教育与学生健康实际相脱节的局面,学校健康教育变得生动活泼。②把学生家长和教师纳入干预对象,为创建家庭和学校健康支持环境提供了前提。而支持环境正是学生建立促进健康行为和享有健康的必要条件。③强调工作目标和评价体系,使学校获得做出新的健康教育诊断、开展新的健康促进优先干预项目的能力,从而保证了健康促进过程在学校中得以持续发展。④将学校健康教育扩展到学生家庭,推动社区健康的发展。

上述各种健康促进模式都是针对特定的健康促进实践而制定的,各自所依据的理论基础的侧重点都有所不同,PRECEDE-PROCEED 模式作为一种综合性的健康促进计划框架,依据的理论较多,可以应用到各个层面的健康促进实践中,对各个场域中的健康促进实践都有一定的指导作用。"家庭-社区-医院-高校"四位一体运动健康促进模式针对慢性疾病的预防,着重于不同社会组织的合作,旨在更好地进行资源配置以达到更高效的健康促进。"有效学校健康促进模式"以个体行为改变为目标,以创建支持环境为重要途径,对学校这一特定层面上的健康促进具有一定的实践推动作用。上述各种健康促进模式对于运用健康促进相关理论来解决问题提供了较好的实践思路。

(二) 省域青少年体质健康促进模式

我国的青少年体质健康促进实践作为一个政策过程,是国家治理的一部分,这一政策过程最主要的推进层面是在省域。同时青少年体质健康促进作为一个充满竞争的生态系统,在政策过程中,利益博弈的结果决定着各个层面主体的健康促进行为(政策行为)。显然,原有的各种健康促进模式还没有注意上述特点,也未有相应的理论依据。因此,已有的各种健康促进模式的适用性对于我国的青少年体质健康促进实践而言还具有很大的局限性。为此,本研究根据我国青少年体质促进实践所取得的成功经验,基于所构建的青少年体质健康促进生态竞争模式理论提出了省域青少年体质健康促进模式这一概念。

省域青少年体质健康促进模式是指我国特定省级行政区域青少年体质健康促进的方式,它反映的是省域青少年体质健康促进中具有本质性、规律性的活动特征。具体而言,省域青少年体质健康促进模式是指以省级行政区域为范畴和边界,以提高区域内学生体质健康水平为目的,以政策及相关保障机制创新为主要手段,通过合理配置资源,平衡各方利益,形成的符合区域经济社会发展水平,具有地方传统与特色的青少年体质健康促进工作的运行方式。

由于青少年体质健康促进是多元因素复杂作用的动态的有机体,且从历史的角度看,青少年体质健康促进又是很多周期叠加的结果,所以省域青少年体质健康促进模式的形成,是一个省域政治、经济、文化等诸多方面相互作用的结果。同时省域青少年体质健康促进模式又是随着国际国内青少年体质健康促进大环境和自身青少年体质健康促进工作进程,在实践中不断改进、不断优化,既表现出其相对独立性也体现了历史进步性。青少年体质健康促进以特定的省级行政区划为地理空间,以省级政权为调控主体,以均衡发展为导向配置资源,是具有鲜明地域特色和功能完备的区域青少年体质健康促进过程。从健康促进过程来看,它包括了健康促进的各个环节(政策制定、执行、评估);从结构来看,它涵盖了健康促进生态竞争环境各个要素的关系,涵盖了各利益主体之间的博弈关系;从发展来看,它具有一定的独立性、能动性和不平衡性;从地位上看,它是我国青少年体质健康促进的重要基石,在我国青少年体质健康促进战略实施过程中起着承上启下的重要的基础作用,因为全国青少年体质健康促进状况,从区域空间角度看,即是全国各省域青少年体质健康促进的综合。省域青少年体质健康促进在我国青少年体质健康促进中不仅做出了极其重要的贡献,同时也形成了各自不同特色的发展模式,这些模式,有的反映在一个省域青少年体质健康促进发展方向和路径的宏观层面上,有的反映在"特定领域"发展方式方法的中观层面上,还有的反映在一个特定干预项目或途径选择的微观层面上。因此,研究探索省域青少年体质健康促进模式,深化对省域青少年体质健康促进规律的认识,对深入贯彻落实"健康中国"战略、推动省域青少年体质健康促进工作更好的发展,具有重要的理论和现实意义。

省域青少年体质健康促进模式的构成要素主要包括:省政府、教育厅、体育局、卫生厅以及其他相关部门;市、区、县政府、教育局、体育局、卫生局;学校、家庭和个人。以省教育厅为牵头单位,与省政府相联合,开展青少年体质健康促进,国家的政策到了省政府后,在省政府的主导下,联合其他职能部门以及相关专家,将其转化为省级的政策。同时,可以建立省级相关青少年体质健康促进专门机构,以省级项目为抓手去推动政策的执行以及青少年体质健康促进工作的开展,将国家政策进一步细化与拓展。市或县级相关部门主要是将省级政策以及项目贯彻推行,并实时做好反馈。学校应该积极响应省级政策以及项目,充分重视体育课、课外体育活动、各类体育俱乐部活动以及青少年体育活动中心的活动等,最终实现青少年体质健康水平的提高。

二、省域青少年体质健康促进模式的组织架构

组织架构(Organizational Structure)是指一个组织整体的结构,是在管理要求、管控定位、管理模式及业务特征等多因素影响下,在组织内部组织资源、搭建流程、开展业务、落实管理的基本要素。组织架构包括工作任务的分工、分组和协调合作,反映组织中各个要素之间位置顺序、聚集状态、联络形式以及相互之间关系,它是组织的基本要素,是组织机制发挥作用的基础,组织架构设计是为了能够保证组织目标的实现,对组织各要素进行分工、协作而开展的一系列策划和安排[①]。作为一个政策过程,省域青少年体质健康促进工作涉及省、市、区县等各级政府及其相关职能部门,各级各类学校和相关社会组织,为了解决青少年体质健康问题,这些组织机构之间需要建立高效的管理关系,能够支撑并促进核心业务流程,促进组织内部的决策过程和冲突解决过程,促进各方充分发挥各自功能,明确组织结构中的最佳定位,完成切实有效的管理。根据我国的政策过程和省域治理的特点,结合省域青少年体质健康促进实践,省域学生体质健康促进模式按照其在政策过程中的角色,其组织架构如图6-3所示。

(1)省级政府。在省域学生体质健康促进组织架构中,省级政府处于最顶层,根据国家政策法规要求,针对本省发展实际,主要负责制定和颁布地方性青少年体质健康促进政策。在组织结构中,省级政府为决策子系统的最重要成员。省

---

① 乐生龙,陆大江,夏正常,等."家庭-社区-医院-高校"四位一体运动健康促进模式探索[J].北京体育大学学报,2015,38(11):23-29.

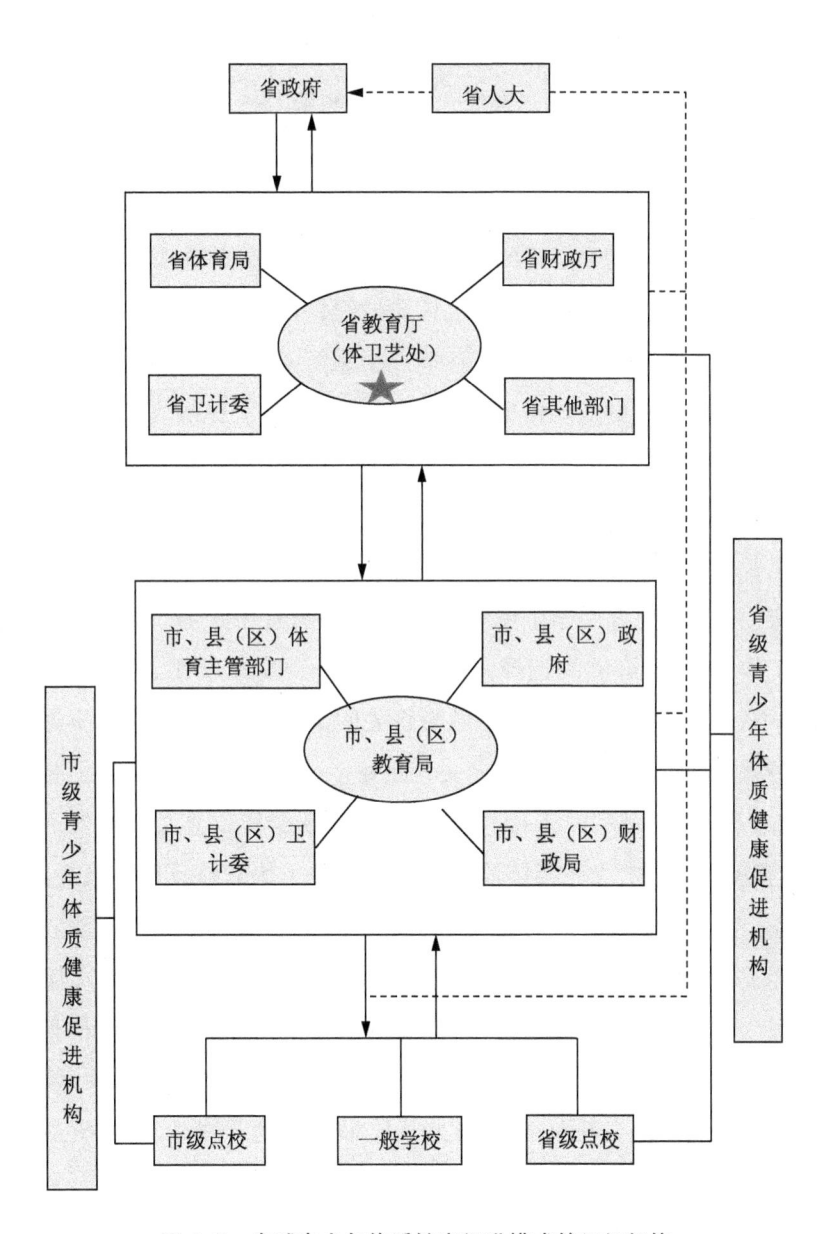

图 6-3 省域青少年体质健康促进模式的组织架构

级政府所制定的政策法规主要是宏观的、战略性的,具体的决策则交由省级政府职能部门。

(2)省级人大。在省域学生体质健康促进组织架构中,省级人大处于最顶层,负责制定和颁布地方性青少年体质健康促进法规。在组织结构中,为决策子系统的主要构成成员之一。省级人大颁发的地方性法规作为省域青少年体质健康促进政策的特殊形式对省一级的政策过程起着非常重要的作用,对结构中各个要素都起着规范和约束作用。但就目前而言,省级人大并不是省域学生体质健康促进组织架构中必需的要素,可作为一个重要的选项。

(3)省级职能部门。在省域学生体质健康促进组织架构中,省级政府职能部门起着核心、关键的作用,是参谋-职能子系统的主体。一方面,省级政府职能部门是决策子系统的重要构成成员,要负责为省政府提供战略层次的宏观政策,还要提出中观层面的具体政策措施,此外还要就某些重要领域制定微观层面的具体举措。另一方面,其为指挥系统中的具体成员。省级职能部门中,省教育厅又是核心的职能部门,因为在我国,青少年的绝对主体就是学生,青少年体质健康促进基本上就是学生体质健康促进,由教育主管部门牵头负责体质健康促进工作,是一个必然的选择。当然,作为一个政策过程,需要多部门的配合,这其中,卫生部门、体育部门是最为相关的部门,因为青少年体质健康促进工作本身就是其重要的工作内容之一。此外,一项政策过程必须匹配相应的资源,因此离不开财政部门的支持,省域青少年体质健康促进工作必须由财政部门介入,省级财政负责青少年体质健康促进相关工作的财政预算批复、财务审核等工作。在省级职能部门内部,青少年体质健康促进工作则由各部门内部下一级的相关职能处室来具体牵头实施,在整个组织架构中,省教育厅体卫艺处则处于最为核心的位置,省域青少年体质健康政策措施规划、制定和实施都由其具体负责,此外,监督子系统、反馈子系统的工作也主要由其引领,教育厅体卫艺处在省域范围内起着沟通内外的作用。而省体育局青少年处、省卫计委疾病防控处则作为所在部门的职能处室与省教育厅体卫艺处密切合作,实现各省级职能部门的统筹管理。

(4)市县(区)政府及职能部门。在省域学生体质健康促进组织架构中,市县(区)政府及职能部门主要构成执行子系统,负责执行省域青少年体质健康促进相关政策法规。在这一过程中,市县(区)同样也会根据所在区域的情况,对国家政策和省级政策进行再加工,制定实施本级行政层面的政策措施。就省域青少年体质健康促进模式而言,市县(区)政府及职能部门作为执行子系统,其职责主要为执行省级政策和监督下一级行政部门和学校的具体执行情况,是监督反馈子系统的主体,但市县(区)政府及职能部门政策制定方面的功能不是省域模式关注的重点。

(5)学校。学校处于这一组织架构中最基层位置,其主要职责是具体执行各种青少年体质健康促进政策法规,不仅要负责学校以内的学生体质健康促进工作,还要辐射扩散到家庭和社区,尤其是要将青少年体质健康促进工作延伸到家庭。在这一模式中,建立的省级实验(监测)点校主要用于省级层面的实验和反馈,而市级点校主要用于市级层面的实验和反馈。

(6)青少年体质健康促进专门机构。青少年体质健康促进专门机构首先是该组织架构中的参谋-职能系统中的重要成员,在此系统中,其主要职责是为政府(包括人大)及其职能部门提供决策(政策)参考,为政府职能部门提供具体的政策方案和可操作的技术指导。其次,青少年体质健康促进专门机构是监督子系统、反馈子系统中的核心成员,此类机构可作为政府授权的组织对政策执行过程进行监督,同时可对政策执行的过程和效果进行评价后向政府及社会进行(双向)反馈。此外,此类机构还与各级实验点校密切联系,开展政策、措施、方法方面的实验及效果评价反馈,为政策、措施和技术推广进行准备。青少年体质健康促进机构可由政府职能部门下属的事业单位组成,也可由政府授权的第三方社会组织(如高校、协会等)组建,尤其是第三方社会组织应成为此类机构的主体。在省域模式中,省级的青少年体质健康促进机构的角色非常重要,是不可缺少的一个要素,以非政府性组织为主的第三方社会组织参与社会治理非常符合当前政府行政改革的趋势和要求。

三、省域青少年体质健康促进模式的流程机制

(一)省域学生体质健康促进模式的运行流程

作为一个政策过程,青少年体质健康促进实践工作包括政策制定、政策执行、政策评估三个阶段,这三个阶段可通过一定的运行流程实现。所谓运行流

程是指在运营管理中实现端到端的运作的整个过程,是为更有效实现目的,总结现有工作经验与知识而制定的一系列相互关联、重复执行的并可衡量的结构化活动的组合,是管理系统完成管理业务的所有活动及其顺序关系(时间与空间关系)。省域青少年体质健康促进模式采取图6-4的循环流程运行。这一运行流程主要包括政策制定、顶层管理、行政执行、干预实施、政策咨询、政策评估6个环节,分别依托决策子系统、指挥子系统、执行子系统、参谋子系统、监督与反馈子系统5个系统具体实施。省域青少年体质健康促进模式组织架构中的各个要素在不同的子系统、不同的环节中承担着不同的职责(图6-4)。

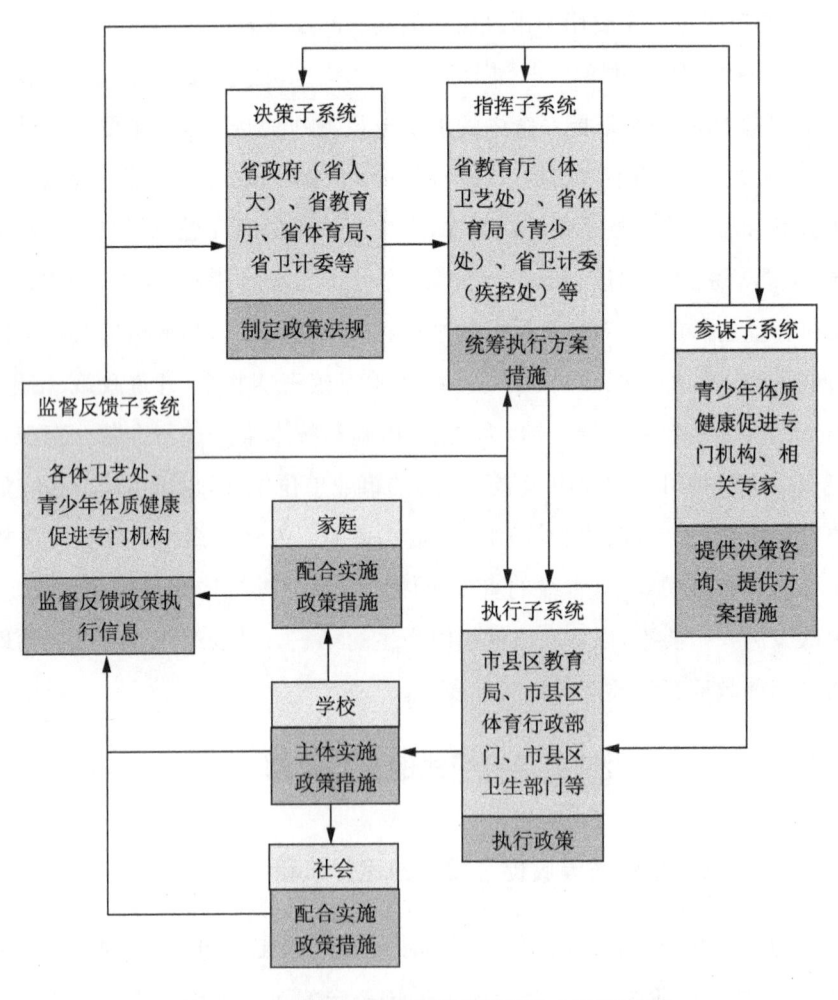

图6-4 省域青少年体质健康促进模式运行流程

（二）省域青少年体质健康促进模式的运行机制

运行机制是指系统内各构成要素之间相互关联和作用的制约关系及其功能。图6-4这一显性运行流程的背后是其隐性运行机制作用的结果。省域青少年体质健康促进模式的整体运行机制设计的最终目的是通过构建合理、完善的省域青少年体质健康促进运行机制，促使相关各方重视促进学生体质健康工作，并能够长期有效地持续运行，使学生体质健康下降问题能够得到解决。具体包括利益平衡机制、动力机制、执行机制、协调机制、监督机制、评价奖惩机制（图6-5）。

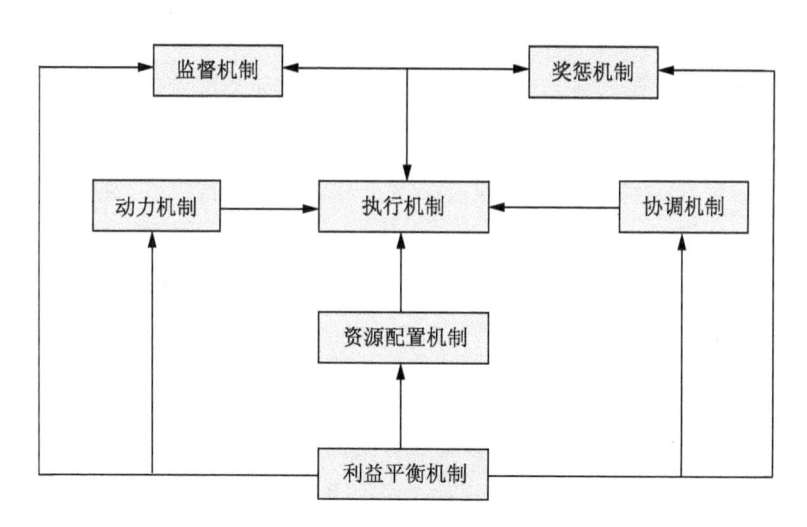

图6-5 省域青少年体质健康促进模式运行机制

利益平衡机制：政府在运用各种政策来推进和实施青少年体质健康促进工作时必然涉及整个生态系统中各个层面的利益，且各层面以及层面中各要素之间是相互交错、相互联系的，同时又是互相独立的。因此，面对如此错综复杂的生态系统，省域模式在运行中，必须充分考虑各方利益，建立利益平衡机制，利益平衡机制是其他机制运行的基础和保障。要实现青少年体质健康促进中的利益平衡，首先要建立政府主导的公共责任制度。根据利益博弈理论中博弈主体的自利性原则，各级政府及部门在执行过程中很难协调好公共利益与自身利益的关系,因此通过公共责任制,加强监督管理,提高自利风险是有必要的。这要求各级政府把提供包括促进学生体质健康在内的公共服务的责任凸显出来,同时要进一步规范政府部门的行为和程序,加强管理、监督和检查。必须把改善青少年体质健康的理念变成各级党委政府的实际行动和具体措施,把青少年体质健康指标切实纳入政府考核和干部评价体系,建立起强有力的责任链条,使好的决策部署真正落到实处。其次要建立有效运行的利益调节制度,对各地各校各部门在青少年体质健康促进中出现的利益冲突进行调节。当体质健康促进与应试教育之间发生利益矛盾时,通过优化资源配置、提高奖惩比例的方式增强健康促进的竞争优势是解决问题的关键。在实施过程中可以通过增加中考体育成绩在总成绩中的比例,加大分差等方法来调节体质健康促进与应试教育之间的利益失衡问题。此外,还要建立顺畅的利益诉求表达制度。民众是政策的实施对象,也是政策的受益者,如果政策实施有违于大众利益,那必将受到民众的排斥,产生利益矛盾。政府必须及时掌握、了解民众的利益诉求,保证渠道的通畅,让民众拥有更多利益诉求表达的制度资源。最后,要建立执行到位的利益补偿制度。对开展青少年体质健康促进工作较好的地方政府、学校、个人等实施一定的利益补偿,如给予资源、资金等方面的奖励或其他优惠政策等。

　　动力机制:如何激发并维持各级地方政府、各部门、学校、家庭及学生个体参与,实施各项政策项目。显然,从前述的利益博弈的理论分析可知,尽可能使系统中的各个参与主体的利益最大化是推进的根本动力。本模式之中,在学生个体层面及家庭层面,自身的利益需求(包括健康、升学等)是激发并维持学生、家庭参与的基本动力机制,教育政策引导、舆论宣传、环境营造等则是外在动力。教育部门、卫生部门、体育部门、青少年体质健康促进专门机构、学校等部门和单位的外在动力则是来自国家的青少年体质健康的政策法规的要求以及自身的职责要求,内在动力在于地方政府、部门和单位自身的利益驱动。政府的资金投入是本模式的经济动力。此外,政策激励及其他方面的激励也是项目实施过程中各方参与的动力。

　　执行机制:组织各方如何依据职责分工开展工作及提供资源支持。政策法规、规章制度及契约合同明确参与各部门、单位、机构的权利义务以及系统各部门的工作职责和各机构的资源投入与配置,保证青少年体质健康干预项目各项工作能够得到正常开展。通过监督和评价反馈,确保各项工作得到各部门的切实执行并且卓有成效。通过协调和联席会解决执行过程中出现的跨部门、跨机构的问题。实施培训、现场推进会、观摩等方式,定期、不定期举办一线教师和管理者的业务技能和服务价值的培训班,提高业务能力。通过问责制,运用学生体质健康监测结果(国家学生体质健康标准测试)倒逼地方政府、学校加大青少年体质健康促进政策执行力度。

协调机制:项目实施过程中不同主体如何进行有效协调、沟通,并协同工作。通过政策法规、规章制度及契约等明确各参与主体的权力责任,明确各项工作的主要负责部门和协助部门,完成基本的协调工作。在具体执行过程中,青少年体质健康促进专门机构(专家委员会)担任系统内各组织部门之间的协调媒介与中间人,解决部门间配合的问题。经常召开跨部门、跨机构、跨层级的工作协调会议,同时,建立各机构联席会议制度,定期召开教育部门、体育部门、卫生部门等部门的联席会议(可分不同层次,如分管厅领导、分管处室领导等),协调解决执行过程中出现的各种问题,改进工作,提高执行效率。此外,各部门(系统)如教育厅内部不同处室之间则由分管领导和处室(体卫艺处)经常性开展机构内部的协调配合分工问题。

资源配给机制:青少年体质健康促进所要的资源分散在不同的部门中,各地各校的资源存在不平衡,多集中于发达地区,使得地区发展不均衡,同时目前青少年体质健康促进的资源仍然不够丰富。如何有效利用现有资源,发挥其最大效益,同时尽可能减小各地各部门和各校在资源上的差异,需要根据社会需要和可能,以计划配额、行政命令来统管资源和分配资源,建立资源配给机制,这样可以从整体利益上协调各方面,集中力量完成重点工程项目。在省域模式中,可通过政策和相应的规章制度规定各方投入的财力、物力、人力等资源投入水平,相关合作机构之间的资源共享方式等,优化资源配给,实现资源的最大最优的配给和资源的最大化利用。如可由省级政府部门向经济落后地区拨发青少年体质健康促进专项资金,为该地区开展专项人员培养,调(借)用发达地区的测试器材等方式对落后地区实施资源配给。

监督机制:如何对项目实施过程及项目实施效果进行监督。首先要建立督查制度,督查制度建设是对督查事项的跟踪监督,明确各部门工作职责,增强全体人员对政策法规和规章制度的执行力。由于中央政府的督查能力的局限性,无法实现对地方政策实施效果进行及时有效的验收,导致地方政府、执行单位出现"上有政策、下有对策""搭便车"的偷懒现象。而省级政府督查机制的设置可以有效弥补中央政府的监督漏洞,实现地方政府的自查和互查,在节约成本的同时也大大提高各地区的监督效度。各省教育厅体卫艺处等行政部门可直接或间接(委托第三方)对青少年体质健康促进政策执行过程进行督查、对青少年体质健康促进的重要环节进行重点督查,如对体质健康监测现场实施督查、对学校体育卫生进行抽查等。此外,实施复命制度,对主管部门所安排的任何工作,不管完成与否,执行任务的下级部门单位都要在指定时间内向上级部门汇报工作的开展进程。没有按时完成任务的部门,必须及时向主管部门反映情况,说明原因,否则无理由不按时完成任务。完成任务的部门或单位,也要及时复命。实施复命制度其主要目的就是保证执行部门的执行效率和执行质量,严把工作质量关,加强工作监督。另外,可建立学生体质健康社会公告制度,要求各地各校定期向社会公布学校体质健康信息,让包括媒体在内的社会公众对青少年体质健康促进工作进行监督。

评价奖惩机制:如何对各主体、项目运行状况及绩效进行客观、合理的评价,并给予激励或惩罚。建立过程评价与结果评价相结合的评价机制。青少年体质健康促进工作的最终成效应是个体的健康收益,就学生而言即为学生个体体质健康水平的提高,在实际工作中主要表现为学生群体体质健康平均水平的提升。因此,《国家学生体质健康标准》测试结果及学校体质健康调研结果是评价各地各校青少年体质健康促进的重要依据。但青少年体质健康促进是一个长期过程,各地各校存在一定差异,还需要对其过程中的环境建设、阶段性成效等方面进行过程评价。在评价制度的基础上,建立激励制度,运用精神激励、物质激励、荣誉激励、工作激励等方式对青少年体质健康促进政策执行成效好、态度积极的地区、单位、个体进行奖励。激励机制尤其要重视实践创新,对创新实施倾斜,加大奖励力度。激励机制也是动力机制的重要部分。此外,还需要根据评价结果建立问责制度,对不履行或不正确、及时、有效地履行规定职责,导致政策执行成效差的地区、单位或个人进行处罚,让执行力弱或有过错者为其行为"买单"。可通过学生体质健康水平排名等方式实施倒逼治理制度,对绩效差的地区、学校进行惩处。

四、省域青少年体质健康促进模式的构建原则

(一) 政府主导原则

在我国国家治理进程中,逐渐呈现出治理主体多元化、治理方式民主化以及治理过程动态化的趋势,因此省域青少年体质健康促进模式应当确立的第一个原则就是政府主导原则。在该模式中,省级政府是主导者和执行主体,政府主导主要体现为三个方面:第一,承担领导责任,肩负创新使命,确保制度供给,完善规则体系;第二,优化公共服务,保障公平竞争,加强市场监管,弥补市场失灵;第三,培育社会组织,引导社会价值,培养公共精神,推动社会参与。[①] 因此要充分发挥省级政府在经济、政治、文化、社会等方面的主导性功能,从而确保省域青少年体质健康促进工作的顺利进行。

(二) 整体性原则

青少年体质健康促进工作是一项庞大而又复杂的系统工程,涉及教育、体育、卫生等多个部门,因此构建这一模式要遵循整体性原则:纵向上,要加强省级政府以及各部门与国家相应部门之间联系,使省级政府及各部门能够及时并正确地分析国家下达的政策文件;横向上,要加强省级政府以及教育、体育、卫生等相关部门之间的协调配合与相互补充,能够根据本地区的实际情况制定相关政策。这样纵横连贯地设计出的模式,才能更好地完成青少年体质健康促进工作。

---

① 欧阳康.省级治理现代化[M].北京:中国社会科学出版社,2016:37.

(三) 因地制宜原则

中国是具有超大规模的发展中国家,不同地区的历史文化背景、经济社会发展程度、地理自然环境,以及民众文化科技素养等方面都存在很大的差异,发展的非均衡性导致不同地区在治理的起点、需求和能力等方面存在着多样性。因此省域青少年体质健康促进模式应遵循因地制宜的原则,充分发挥省级政府的机动性、灵活性和创造性,结合各省级相关部门以自身现有的基础条件为出发点,因地制宜地确立适合自身发展水平、适应当地青少年需要,创建具有地方传统与特色的省域青少年体质健康促进模式。

(四) 平衡利益原则

青少年体质健康促进是一个复杂的生态系统,在这个系统中存在很多竞争,其中利益的竞争尤为突出,不同的利益主体,在利益竞争之中,都会有自身的利益需求,这些需求往往造成利益主体的矛盾与冲突。然而,通过省域治理的方式开展青少年体质健康促进可以有效地协调竞争,平衡各方利益。因此省域青少年体质健康促进模式在运行过程中要遵循平衡利益原则,对各主体之间的权力和利益做出均衡合理的价值安排;在提供公共物品和公共服务时,在公平公正的基础上充分考虑各地区的现实情况;加强各相关机构的协调配合,在省级相关政策的制定、执行以及评估等政策过程中要考虑到各方主体的利益,从而真正保障青少年体质健康促进工作落到实处。

(五) 科学性原则

在省域青少年体质健康促进模式构建中必须遵循科学化管理这一原则。省域健康促进工作的开展需要大量人力、物力和财力的投入,因此对各部门的管理工作要求较高,不仅要保证组织部门、机关单位、管理人员的协调管理,还要对后期工作特别是服务类工作进行检查、评估,对其完成质量进行评价,形成完整的运行模式,保证省域青少年体质健康促进工作的正常开展。这些必要的工作要求方法,仅凭经验化或直观化的管理手段是远远不够的。因此科学化管理是构建省域青少年体质健康促进模式的必要条件。

第七章 实证分析：
江苏省学生体质健康促进工程

　　作为青少年体质健康促进理论与实践的中介环节，省域青少年体质健康促进模式在实际运用过程中，因地域、经济、文化及传统等方面的不同，各省可在遵循该模式一般规律和要求的基础上，根据实际情况的变化随时调整要素与结构，以提高该模式的可操作性和实效性，从而形成不同的省域特色。在实际运用中，省域青少年体质健康促进模式是一个不断创新的实践过程。近十年来，江苏省一直在大力开展青少年体质健康促进方面的工作，该省将青少年体质健康促进工作作为一项系统性的社会工程进行推进落实，并冠名为"江苏省学生体质健康促进工程"，通过近十年的创新实践和扎实工作，江苏省的学生体质健康促进工作已取得了丰硕成果，其行动效力不断彰显，其示范效应不断增强，其影响力不断扩大，江苏省的学生体质健康促进工作被公认为领跑全国。江苏省学生体质健康促进工程是省域青少年体质健康促进模式成功运用的一个典范。对其开展深入的实证分析可进一步验证和理解前述的体质健康促进的生态竞争、利益博弈等理论假设。

第一节 江苏省学生体质健康促进工程的实施背景

江苏省学生体质健康促进工程最早可以追溯到 2008 年,2010 年江苏省政府正式启动江苏省学生体质健康促进工程,拉开了中华人民共和国成立以来在我国省域范围内规模最大、力度最强、措施最全面、辐射范围最广的一次学生体质健康促进行动的序幕。这一工程是在下列背景下产生并持续进行的。

一、国内:中国学生体质水平持续下滑

2005 年,国家体育总局、教育部、科技部、国家民委、民政部等 10 个部门联合在全国 31 个省(区、市)进行了第二次国民体质监测工作,监测结果表明,自 1985 年以来我国学生的体质健康状况呈持续下滑状态,速度、耐力、力量等身体素质指标不断下降,肥胖、超重等现象不断加剧。这一结果引起了极大的社会反响,学生体质健康水平的发展水平与我国二十年来在经济、民生、教育、体育等方面取得的巨大改革成效完全不相符合。这一结果也引起了有关部门的高度重视,2006 年 12 月,教育部、国家体育总局先后联合发文《关于进一步加强学校体育工作切实提高学生健康素质的意见》《关于开展全国亿万学生阳光体育运动的通知》,之后教育部、体育总局又颁发了《国家学生体质健康标准》等多个青少年体质健康促进的政策文件。青少年体质健康更是引起了党中央的高度重视,2006 年 4 月,中央政治局召开专门会议研究加强青少年体育工作,2006 年 12 月,全国人大常委会修订《未成年人保护法》,提出对未成年人的身心健康、体质进行保护。胡锦涛同志就青少年体质健康问题做出重要批示"增进青少年健康成长,是关系国家和民族未来的大事,需要各级党委、政府的高度重视和全社会的关心、支持",2007 年 5 月 7 号《中共中央 国务院关于加强青少年体育增强青少年体质的意见》(中央 7 号文件)出台,意见提出"增强青少年体质、促进青少年健康成长,是关系国家和民

族未来的大事""认真落实健康第一的指导思想,把增强学生体质作为学校教育的基本目标之一",要求各地高度重视并认真落实加强青少年体育、增强青少年体质健康的各项工作。① 中央7号文件作为我国青少年体质健康促进中的一个具有里程碑式的政策文件,有力地促进了全国各地的学校体育和学生体质健康促进工作,包括江苏省在内的各省都对这一中央文件迅速给予了省级层面的回应。"江苏省学生体质健康促进工程"便是江苏省对国家系列政策的有力回应之一。

"江苏省学生体质健康促进工程"立项后,学生体质健康的现实状况及国家层面的高度重视继续维系着这一工程的不断持续深入。2012年、2016年国务院相继颁发了《国务院办公厅转发教育部等部门关于进一步加强学校体育工作若干意见的通知》《国务院办公厅关于强化学校体育促进学生身心健康全面发展的意见》两个直接推进学校体育、增强学生体质的政策文件,教育部相继发布《实施〈国家学生体质健康标准〉的通知》《切实保证中小学生每天一小时校园体育活动的规定》《学生体质健康监测评价办法》等文件,进一步使该工程得到不断强化。2014年7月第十二届全国学生运动会开幕之际,召开了全国学校体育工作座谈会。刘延东同志在座谈会上发表题为《全面深化学校体育改革,促进青少年学生身心健康体魄强健》的重要讲话。该讲话在充分肯定学校体育工作取得显著成绩的同时,明确指出:目前我国青少年体质健康状况还没有根本改变,令人担忧。虽然"豆芽菜"体型有所改善,但是"小胖墩"还是不少,中小学生视力不良和肥胖检出率上升势头尚未得到有效遏制;大学生耐力、速度、爆发力、力量等身体素质继续下降等。针对上述问题,刘延东强调要切实增强促进青少年身心健康的责任感和紧迫感。2016年全国卫生与健康大会上中共中央总书记习近平主席讲话指出,没有全民健康,就没有全面小康。他要求"要把人民健康放在优先发展的战略地位,以普及健康生活、优化健康服务、完善健康保障、建设健康环境、发展健康产业为重点,加快推进健康中国建设,努力全方位、

---

① 中华人民共和国教育部. 国务院关于加强青少年体育增强青少年体质的意见[EB/OL]. http://www.moe.edu.cn/publicfiles/business/htmlfiles/moe/moe_1778/200710/27692.html.

全周期保障人民健康,为实现'两个一百年'奋斗目标、实现中华民族伟大复兴的中国梦打下坚实健康基础"。[①] 之后国务院颁发了《"健康中国2030"规划纲要》,这些更加促使了江苏省决心将此项工程作为落实《"健康中国2030"规划纲要》的重要抓手之一。

二、国际:全球青少年体能水平普遍退化

早在20世纪50年代初,即第二次世界大战后的"婴儿潮人口"刚刚进入小学,美国科学家就发现了"新生代体质体能退化"的现象。除少数国家外(日本等),全球主要国家中一茬一茬新生代的体能整体水平在不断地"退化",他们成年后的健康后果也越来越清晰,但却始终没能得到根本的扭转。导致这一现象的主要原因是由于生产生活方式的改变而导致的人类的体力活动的不断下降。研究表明体力活动的缺失已成为世界范围当代人类疾病发生的主要诱因。大规模的队列研究证据表明,体力活动不足是很多疾病发病与死亡的重要原因,如体力活动与心血管疾病、冠心病、Ⅱ型糖尿病、精神疾病、中风、骨质疏松、心肌梗死,癌症等疾病相关联。据世界卫生组织(WHO)报道,长期缺乏身体活动导致全球每年约320万人死亡,已成为引发死亡的第四大诱因。现代生活中的青少年越来越成为体力活动不足的受害者,全球范围内的青少年运动普遍不足,为减少由于体力活动不足导致的慢性疾病和社会问题,世界各国和许多国际组织都已经开始积极采取各种措施进行干预(表7-1)。对青少年体力活动进行有效干预已经成为当前世界范围内的一项共同行动。

表7-1 世界各国或国际组织采取的主要体力活动干预行动

序号	国家或国际组织	干预行动名称
1	联合国	千年发展计划
2	联合国教科文组织	青少年竞技运动提升计划
3	世界卫生组织	饮食、身体活动与健康全球战略

[①] 曾钊,刘娟.中共中央 国务院印发《"健康中国2030"规划纲要》[J].中华人民共和国国务院公报,2016(32):5-20.

(续表)

序号	国家或国际组织	干预行动名称
4	美国	健康美国人2020、Let's Move
5	欧盟	欧盟学生体育现状与展望
6	英国	英国人身体活动指南
7	日本	体育振兴基本计划
8	新西兰	三高(高糖、高脂、高盐)食品禁入校园行动
9	丹麦和瑞典	体育运动家庭作业计划

三、江苏:学生健康状况与江苏地位不符

江苏是一个经济发达的省份,其教育、经济、科技、文化、体育、创新等多项实力领衔全国。在经济方面,多年来,江苏省的GDP一直处于全国前三位,江苏人均GDP、综合竞争力、地区发展与民生指数(DLI)均居全国各省第一,成为我国综合发展水平最高的省份,已步入"中上等"发达国家水平。2015年,全国经济综合竞争力研究中心发布的《中国省域经济综合竞争力发展报告(2013—2014)》蓝皮书显示,江苏省域经济综合竞争力居中国第一位。在教育方面,江苏教育发展规模、整体水平和综合实力稳居全国前列。截至2016年,全省有幼儿园6 867所,在园幼儿257.22万人;小学4 036所,在校生522.2万人;初中2 121所,在校生194.95万人;普通高中571所,在校生95.15万人;中等职业学校(不含技工学校)235所,在校生65.25万人;普通高校141所,普通高等教育在校生190.73万人,其中研究生16.15万人,普通本专科生174.58万人。其中本科院校(公办,不含独立学院)50所,数量均居中国各省首位,国家"211工程"大学11所,数量居中国各省首位,比例占江苏省本科院校的1/4,占中国"211工程"大学的1/10。23所高校的97个学科进入ESI全球前1%,进入机构数和学科数分列全国第一和第二。全省高校获教育部高校科学研究优秀成果奖(科学技术)86项,居全国第一。江苏省同样也是全国的体育大省,竞技体育方面,在全国性大赛中,江苏省在许多项目中保持着领先优势,在第十届全运会奖牌榜中曾名列第一。培养的奥运冠军也名列全国前茅。在体育产

业、群众体育方面也位于全国前列。此外,江苏省在文化、科技等诸多方面也领跑全国。

然而,自1985年以来的学生体质监测数据显示,江苏省学生体质健康水平也一直处于持续下降趋势,学生力量、耐力水平不断下降,近视、超重率不断增加,2005年的监测数据表明,江苏省学生体质健康水平在全国仅仅处于中等偏上水平,而超重、肥胖率明显高于全国水平,近视率则处于全国前列。显然学生体质健康现状与江苏作为一个经济大省、教育大省和体育大省的地位极不相称。为此,江苏省开始高度重视青少年体质健康促进工作,2008年江苏省发布《中共江苏省委江苏省人民政府关于切实加强青少年体育增强青少年体质的意见》(省委〔2008〕3号)等文件,要求牢固树立"健康第一"的理念,把学生健康成长作为学校工作的出发点和落脚点,把促进学生体质健康作为实施素质教育的切入点和突破口,不断提升广大学生的健康素质。同年,江苏省政府召开学校体育工作会议,提出了"三升一降"的学校体育工作目标,即学校体育工作整体水平明显提升,学生耐力、力量、柔韧性等体能素质明显提升,体育后备人才数量和质量明显提升,肥胖和近视发生率明显下降,使全省学校体育和青少年健康水平位居全国前列。2009年7月29日,江苏省第十一届人民代表大会常务委员会第十次会议审议通过《江苏省学生体质健康促进条例》,在国内率先以法律的形式要求推进青少年体质健康促进工作。在此背景下,江苏省于2010年正式启动实施全省学生体质健康促进工程。

第二节 江苏省学生体质健康促进工程的实践举措

作为一项系统性的工程,江苏省学生体质健康促进工程的内容涉及青少年体质健康促进的诸多方面,包括政策制定、组织架构、制度保障、具体措施等方面工作,这些工作不仅体现了省域青少年体质健康促进模式的一般要求,更凸显了江苏的特色。

一、人大立法,部门联动,规划制定

江苏省学生体质健康促进工程虽然正式启动于 2010 年,但此项工程早在 2008 年就已经开始。2008 年 2 月 25 日,为贯彻《中共中央、国务院关于加强青少年体育增强青少年体质的意见》,中共江苏省委、江苏省人民政府颁发了《关于切实加强青少年体育增强青少年体质的意见》(苏发〔2007〕7 号),将国家政策进行省级化落实。该意见要求全省充分认识加强青少年体育的重要性和紧迫性,指出"切实加强青少年体育,使广大青少年在增长知识、培养品德的同时,锻炼和发展身体各项素质和运动能力,是全面落实科学发展观的必然要求,是深入贯彻党的教育方针的重要内容,是培养'全面达小康、建设新江苏'新一代江苏人的重要举措。各级党委、政府及有关职能部门要从提高全民族素质的战略高度,深刻认识增强青少年体质、促进青少年健康成长的重要意义"。意见明确提出了江苏省加强青少年体育的指导思想,并提出了明确目标任务:"到 2010 年,全省学校体育工作整体水平有大幅度提升,使我省青少年体质健康水平位居全国前列,率先达到《国家学生体质健康标准》的基本要求,耐力、力量、柔韧等体能素质明显提高,肥胖和近视发生率明显下降,体育后备人才的数量和质量有明显提高。"此外,该意见还就加强青少年体育的各项政策措施、完善加强青少年体育的保障机制等方面提出了明确要求。

除上述内容外,《关于切实加强青少年体育增强青少年体质的意见》中还强调要"坚持依法治教、依法办学,切实执行《学校体育工作条例》,加强对青少年体育工作的领导和规划",依法推进青少年体质健康促进工作开始在江苏被强化。在此意见的推动下,江苏省开始了学生体质健康促进的立法建设,2009 年 7 月 29 日,江苏省第十一届人民代表大会常务委员会第十次会议审议通过《江苏省学生体质健康促进条例》,该条例于 2009 年 9 月 1 日起施行。这是新中国成立以来我国唯一的一部地方性学生体质健康促进条例,也是迄今为止的唯一一部关于学生体质健康促进的省级法规。省人大是省级行政区域的最高地方国家权力机关。由其制定专门法律,体现了江苏省对学生体质健康促进工作的高度重视,也体现了江苏省对于包括法律在内的政策因素在青少年体质健康促进中的重要性的重视,起到了极其重要的政策发动作用。

《江苏省学生体质健康促进条例》以《中华人民共和国教育法》等法律、行政法规为依据,从江苏省经济社会发展和学生体质健康促进工作的实际需要出发,着重解决制约学生体质健康发展的突出问题,从体育活动、卫生营养、保障监督、法律责任等方面,全面规定了政府、学校、家庭、社会的相关法律责任。[①]《江苏省学生体质健康促进条例》第三条、第四条分别提出"地方各级人民政府应当加强对学生体质健康促进工作的领导,将学生体质健康促进工作纳入国民经济和社会发展规划,组织和动员社会力量共同做好学生体质健康促进工作""县级以上地方人民政府教育行政部门(以下简称教育行政部门)主管本行政区域内的学生体质健康促进工作"。很明确地规定了省域青少年体质健康促进组织架构中的主要构成要素的位置和功能。《江苏省学生体质健康促进条例》不仅确定学生健康促进工作各方面的法律属性,其本身还具有较强的针对性和可操作性。

早在2008年4月8日,江苏省正式建立了加强青少年体育、增强青少年体质的工作联席会议制度(简称联席会议制度)。联席会议由省教育厅、省文明办、财政厅、卫生厅、体育局、团省委、妇联等单位组成,省教育厅为牵头单位。在第一次联席工作会议上,时任副省长曹卫星提出了"体教融合"的命题,此后每年联席会议召开一次。联席会议制为实现青少年体质健康促进工作的部门联动奠定了良好基础。省级层面的联席会议为达成省域青少年体质健康促进顶层设计的共识、协调各部门之间的权责等提供了良好的互动平台。在联席会议的推动下,与青少年体质健康促进相关的各省级部门下属职能处室也每年定期或不定期举行联席会议,平时还就一些重要事项或干预项目进行相互磋商,在青少年体质健康促进各个方面相互配合,力求实现功能最优化。例如,为了进一步发挥健康促进学校建设在学生体质健康促进中的重要作用,江苏省卫计委将原属于其下属疾控中心和健康教育处管辖的健康促进学校建设的主要职

[①] 吴海英. 学生体质健康促进的和谐观:西方体育与中华养生的辨析[D]. 南京:南京师范大学,2010.

能转交给省教育厅体卫艺处,卫计委负责协助,借助教育行政主管部门在基层学校的强大行政影响力,这一职权转移大大提高了健康促进学校的建设进程。此外,省教育厅体卫艺处在校园足球方面与省体育局青少年处密切配合,充分发挥体育部门在教练和竞赛方面的优势。2011年,江苏省学生体质健康促进研究中心成立,部门之间的联动更加紧密。江苏省学生体质健康促进研究中心作为一个第三方研究机构(社会组织),经常邀请各部门人员共同进行研讨,在研制一些重大政策参考时广泛征求各个部门意见和建议。在青少年体质健康促进政策过程中,从政策制定、政策执行到政策评价,江苏省在省级层面上形成了良好的部门联动机制,包括《江苏省学生体质健康促进行动计划》的许多重要文件都是由多部门联合下发的,学生体质健康监测结果也是由多部门联合发布。部门联动也是《江苏省学生体质健康促进条例》《江苏省学生体质健康促进行动计划》等政策法规的要求,在省级部门联动的推动下,各市也逐步加大部门联动力度,截止到2016年底,江苏省所有13市都实行了部门联动制度,以教育主管部门为主的部门配合越来越紧密,如苏州市就将学生体质监测现场测试工作交由体育局下属的体科所来实施。

《江苏省学生体质健康促进条例》第三条规定"地方各级人民政府应当加强对学生体质健康促进工作的领导,将学生体质健康促进工作纳入国民经济和社会发展规划,组织和动员社会力量共同做好学生体质健康促进工作"。虽然在法律层面上规定了政府必须对学生体质健康促进工作实施规划,但政府职能部门通常仅在做教育规划时只言片语地提及学生体质健康促进工作,缺乏专门性的规划。2011年起,在江苏省教育厅的领导下,江苏省学生体质健康促进中心组织专家对"十二五"期间江苏省的学生体质健康促进工作进行规划设计,2012年《江苏省学生体质健康促进行动计划(2012—2015年)》(苏政办发〔2012〕64号)正式由江苏省人民政府颁布实施。《江苏省学生体质健康促进行动计划(2012—2015年)》(简称《行动计划》)以省教育厅、省编办、省科技厅、省民政厅、省财政厅、省人力资源保障厅、省卫生厅、省体育局多个部门名义联合下发。

《行动计划》提出以后4年江苏省学生体质健康促进工作的指导思想,确立了总体目标"到2015年,全省学生体质健康各项指标明显改善,体质健康水平进入全国先进行列",确定了四项重点任务:健康素养提升行动;体育活动推进行动;卫生服务改善行动;心理健康促进行动。规定了政府、学校、社区、科研机构、家庭、媒体等在学生体质健康促进中的职责。此外,还就学生体质健康促进的保障措施提出了要求,提出了规划。《行动计划》不仅为江苏省实施学生体质健康促进工作提供了一个宏观蓝图,同时也提供了一个中观层面的指导框架和行动路线图,此外也为微观层面的实践提供了技术指导。为配合《行动计划》的具体落实,实现《行动计划》提出的总体目标,顺利完成该计划提出的四项重点任务,结合江苏省学生体质健康状况和学校体育卫生工作实际,江苏省教育厅联合相关部门于2012年又颁发了《江苏省学生体质健康促进行动计划实施方案(2012—2015年)》(简称《实施方案》),就四项重点任务的具体实施提出了明确计划和措施。《行动计划》和《实施方案》为江苏省学生体质健康工程确立了明确和具体的行动路线图和重点领域的具体举措。

二、强化监测,社会公告,倒逼治理

江苏省学生体质健康工程把学生体质健康测试作为促进学生体质健康的重要抓手,2010年,借第六次全国学生体质健康调研之机,江苏在全省建立了省级学生体质健康监测网络,在原有3个市10余所国家监测点校的基础上,扩大到全省13个市83所中小学和10所高校,这一年对全省10万余名大中小学生进行体质健康监测,由此开始了省域学生体质健康监测制度的创建。2010年9月,"全面实施学生体质健康监测制度"被写进了《江苏省中长期教育改革和发展规划纲要(2010—2020年)》,2013年,省政府将"学生体质健康合格率"纳入江苏教育现代化指标体系,2016年再次将其纳入江苏教育现代化监测指标体系。2016年,江苏省制定颁布了《江苏学生体质健康监测方案(2016—2020年)》,对"十三五"期间的学生体质健康监测工作进行全面规划。从2010年起,每逢国家监测年,江苏省对全省13个市10万名大中小学生开展体质健康监测,其余年份,每年对5万名大中小学生进行体质健康监测。此外每年还对全省大一新生进行体质健康测试,对测试结果进行生源地反馈。为确保监测质量,每年江苏省要组织学生体质健康工作二级培训,省教育厅首先对13市参与测试的技术人员和行政管理人员进行培训,各市再开展二级培训。此外,还有针对监测点校校长和相关人员的专门培训。为保证测试的可靠性和测试的真实性,自2013年起江苏省13个市所有学生的体质健康监测全部实现第三方测试,不再由监测点校自行测试上报。为保证测试过程的规范性和科学性,江苏省实施了严格的体质监测现场督查制度。省教育厅委托江苏省学生体质健康研究中心和各地高校对监测点校开展现场督查工作。督查工作分两个方面进行,一是由驻点全程督查。由测试所在市的两位高校教师和一名南京师范大学的研究生组成的督查小组全程跟踪督查。二是由江苏省学生体质健康研究中心专家组成的督查组对各监测(市)进行巡查。为保障督查质量,每年都会事先召开督查培训会,事后召开督查总结会,最后还会召开督查结果反馈会。每年监测结束后,省教育厅都会对监测结果进行全面统计分析,形成年度江苏省学生体质健康蓝皮书,对外公开发布,对各市体质健康状况分别进行统计分析并反馈给各市。还会不定期召开各市教育局分管领导及体卫艺处长关于监测工作的总结会。在省教育厅的示范带领下,各市也纷纷效仿省里的做法,成立各市的学生体质健康监测中心(站),建立市级监测网络,开展本市的监测督导巡查工作,将监测结果撰写成蓝皮书,对外进行公布。

除了不断强化学生体质健康调研(监测)工作外,江苏省对另一项学生体质测试工作,即《国家学生体质健康标准》数据上报工作也给予高度重视,除狠抓各地的上报率以外,还非常重视数据的准确性和真实性。2013年以来教育部对全国各省《国家学生体质健康标准》上报数据抽查复核的结果显示,江苏省《国家学生体质健康标准》上报数据的一致性一直处在全国前列。2016年,江苏省教育厅仿效教育部做法,对全省开展《国家学生体质健康标准》上报数据一致性抽查复核。2017年,省教育厅制定颁发了《江苏省学生体质健康标准测试抽查复核工作方案(2017—2020年)》,正式将抽查复核作为强化监测的一项制度确定下来。以评促建,监测已经成为江苏省开展青少年体质健康促进工作的基石,所有的学生体质健康促进工作都是围绕监测工作而展开的。

2011年开始,江苏省每年都根据前一年全省体质健康监测的结果编撰成年度《江苏省学生体质健康监测蓝皮书》,公开向社会公布学生体质健康监测结果,向各市发布《江苏省学生体质健康预警地图》,同时每年的 5 月 7 日(中央 7 号文件发布之日)由省教育厅召开江苏省学生体质健康新闻发布会,向媒体和社会公布学生体质健康结果,向社会公示江苏省学生体质健康存在的主要问题,一方面向社会公告,另一方面希望通过新闻发布会引起全社会对学生体质健康促进工作的关注和支持,同时借此接受社会媒体和公众对学生体质健康促进工作的监督。《江苏省学生体质健康促进行动计划实施方案(2012—2015年)》要求各地对学生体质健康监测结果实施社会公告。自 2012 年开始,各市开始逐渐效仿省里做法,也实施蓝皮书制度和社会公告制度,每年召开新闻发布会。截止到 2016 年,江苏省所有市都编撰了学生体质健康蓝皮书(监测结果分析),约 7 个市实施了新闻发布会制度,其他城市则通过媒体向社会发布监测结果信息。除此之外,《江苏省学生体质健康促进行动计划实施方案(2012—2015 年)》还要求学校要将学生的体质健康状况、体育学习情况和学校的干预指导方案反馈给学生家长,2014 年,江苏省教育厅研发了"江苏省学生体质健康评价与运动指导平台",此平台可以查阅学生体质健康测试结果和评价报告,同时还可以获取根据测试结果提供的个性化运动指导处方。2015 年,这一平台已开发出手机 App,于 2017 年底对全省 1300 万中小学生及其家长开放使用。

自 2007 年起,江苏省开始对部分高校约 1 万名大学一年级江苏籍新生进行体质测试,将测试结果按生源地排名反馈给各地党委、政府,并予以社会公告,实施大一新生体质测试结果生源地回溯制度,开展倒逼治理。从多年实践来看,这一制度取得良好效果,各市、县(市、区)主要领导高度重视这一"排行榜",根据反馈结果,着力加强和改进学校体育工作。很多市、县(市、区)比照省里做法,在高中、初中层面建立相应的监测制度,将学生体质健康促进链向下延伸,引发了很好的"蝴蝶效应"。此外,江苏省每年对学生体质健康监测的各单项指标进行排名,并将排名最后三位的指标(薄弱体能指标)连同《江苏省十三市学生体质健康干预方案》一并返回各市,倒逼各市重视精准干预。此外,江苏省还对《国家学生体质健康标准》上报率予以明确规定,对于上报率不达标的地方,实施地方政府、学校绩效考核,对学生体质健康水平连续 3 年下降的地区和学校,实行"一票否决"。倒逼各地各校重视《国家学生体质健康标准》相关工作。

此外,将过程评价与结果评价相结合,将监督与指导相结合是江苏省学生体质健康促进工作的另一特色。江苏省建立了较为全面的督导评估机制,开展较全面的督导评估工作,针对学生体质健康促进的重点方面开展专项评估。每年,江苏省教育厅针对学校体育卫生工作组织专家组开展调研性督导评估,专家组由体育专家、卫生专家组成,专家成员来自高校、中小学一线教师及卫生部门人员(疾控中心人员、校医等),督查工作采用飞行检查的方式进行。事先不告知所督导的学校,进驻学校后对学校的体育、卫生方面的工作进行全面检查,如检查学校体育各方面的文本,包括学校制定的体育发展规划、教案、体质测试文件、学生体质健康档案等,还会对运动场地、运动器材进行检查。卫生专家会对医务室软硬件、健康体检、健康教育课、预防接种等方面的工作开展调查,同时专家组还会与学校及当地教育主管部门进行座谈,指出其存在问题,给予相应的整改意见,同时还积极听取当地的意见和建议。现场督导调研工作结束后,会形成督导调研报告并召开督导工作总结会,向省教育厅、省学生体质健康促进研究中心反馈意见,为今后改进工作、实现精准干预提供依据。2014年起,江苏省还定期进行健康促进学校验收检查工作,对被评上"健康促进学校"称号的学校按照《江苏省健康促进学校评估标准(2013年版)》进行督导评估。此外,还开展了学校场地器材、阳光体育等方面的专项评估。加之体质监测督导评估、国家学生体质健康标准抽查复核,江苏省建立了一整套学生体质健康促进工作长效评估机制。

另外,除采用社会公告、倒逼治理等方式来加大青少年体质健康促进政策执行力度外,江苏省还非常重视运用表彰奖励的手段来积极推动学生体质健康促进工作。从2010年起,每年进行的学生体质健康监测督查总结会议上都会对开展学生体质健康工作较好的市、校进行表扬。2012年省教育厅出台了《江苏省学生体质健康促进工作考核奖励办法(试行)》,每年拨专款对过去一年中,在学生体质健康促进工作中取得优异成绩的机构、点校、个人进行奖励表彰,分别授予年度考核优秀工作机构、年度考核优秀监测点校、年度考核优秀个人等荣誉称号,并给予经费奖励。

三、提升师资，改善条件，资源配给

学生体质健康促进政策最终和最直接的执行者是一线的体育教师、健康教育教师和学校卫生人员、管理人员等，一线人员对学生体质健康促进成效起着关键的作用。自2010年起，江苏省教育厅会同省体育局联合启动"江苏省万名中小学体育教师培训工程"，每年江苏省对所有学校一线体育教师开展培训。每年江苏省教育厅对全省监测点校负责学生体质监测工作的人员进行工作培训，各市则开展相应的二级培训，对各市区级点校监测人员进行培训。每年江苏省教育厅还会同省卫生部门开展学校医务人员培训。为配合《江苏省中小学体育与健康课程实施方案》的落实，江苏省还专门就《江苏省体育与健康课程实施方案》及其教学指南对实验点校进行师资培训。此外，江苏省教育厅还委托江苏省学生体质健康促进研究中心举办了全省高校医疗机构负责人培训、全省高校医务人员急救技术培训等多项培训，与省红十字会开展"十二五"彩票公益金计划学校健康安全辅导员培训。为推动校园足球、龙狮进千校等干预项目的落实，自2015年起，江苏省教育厅每年与体育局联合开展全省中小学校园足球培训，2017年起开展校园龙狮教练员培训。江苏省学生体质健康促进工作工程所开展的一系列师资培训工作为推动青少年体质健康促进政策的有效落实提供了强大的师资保障。

2012年1月12日，为保障学校体育工作的正常开展，促进体育教师积极参加体育锻炼，提高体育教师体质健康水平，省教育厅研究制订并印发了《江苏省体育教师体能测试标准（试行）》，要求体育教师保持必要的体能水准。省教育厅印发《江苏省中小学体育教师职业技能标准（试行）》（简称《技能标准》）的通知，《技能标准》是对中小学合格体育教师专业素质的基本要求，是中小学体育教师开展体育教育教学活动的基本规范，是引领中小学体育教师专业发展的基本准则，是中小学体育教师培养、培训、考核等工作的基本依据。通知要求各地教育行政部门、高等学校体育学院（系）、中小学校要把贯彻落实《技能标准》作为加强体育教师队伍建设的重要任务和举措。这是我国首次在省级层面上对中小学体育教师提出的职业技能标准。

为保障学生体质健康促进政策得到有力执行,江苏省逐步完善了相应的保障制度,不断改善相关条件。《学生体质健康促进条例》要求政府提供专项资金用于学校体育和学生体质健康促进工作。《江苏省学生体质健康促进行动计划2012—2015年》也是联合省财政厅一起下发的。自2010年起,省教育厅加大学生体质健康监测专项费用,2011年起要求各市财政配套学生体质健康专项资金,截止到2016年,所有13市都将每年的学生体质健康监测列入了财政预算,每年下拨专项资金,所有市不仅配套了完成省级以上学生体质健康促进工作所需资金,还配套了市级监测资金,一些区县还效仿省市做法,配套了相应的专项资金。目前,江苏用于学生体质健康方面的专项资金较为充足,如南京市每年用于市级以上学生体质监测的专项资金就达到150万,其下属各区县有相配套的资金。除体质测试方面的专项资金外,江苏省还设置了体质健康促进研究和推进方面的专项资金,如省教育厅每年下拨给各个研究中心专项经费用于开展工作和研究,拨款设立教育规划课题、体育卫生专项课题,扶持基层教师开展科研,此外,江苏省学生体质健康促进研究中心还设立体质健康促进研究专项课题,给予基层教师科研资金上的资助。各市也效仿省里做法,为各体质健康促进专门机构提供专项资金。此外,省、市、区县各级还下拨专项资金,每年用于体质监测培训、教师培训,为学校添置体质测试器材等,改善基层软硬件条件。

此外,江苏省还启动了"农村中小学体育场地塑胶化工程"。2011年省教育厅组织相关部门和专家,对全省学校塑胶跑道建设工作进行调研。调研结果显示,全省有三分之二的农村学校运动场地还是传统的煤渣或落后的泥巴跑道,特别是苏北、苏中及黄茅老区等一些经济薄弱地区,由于财力不足,学校运动场地建设滞后,严重制约学校体育的发展。根据苏北、苏中地区农村中小学的强烈要求和专家论证意见,江苏省教育厅、财政厅于2012年启动实施了农村中小学运动场地塑胶化建设工程,省教育厅、省财政厅、省体育局面向苏北、苏中地区及黄茅老区采取以县为主,以奖代补的方式,给予每个项目县市区资金补助,此工程被省政府列为年度"十大重点工作、百项考核指标"。每年省财政拨款近亿元。2012年至2015年期间,共建成塑胶场地552片,当时在建113片。这一工程大大改善了基层学校体育条件。

针对基层开展学生体质健康促进工作资源不足、能力不足的情况，除了提升师资质量、改善硬件条件外，江苏省还就学生体质健康促进实践的各个环节在省域层面上进行了大量的资源开发，并配给到市县基层。江苏省在国内率先研制了省级体育与健康课程方案《江苏省义务教育体育与健康课程实施方案》（简称《方案》）及《江苏省体育与健康课程教学指南》（简称《指南》），《方案》和《指南》有效解决了基层对课程标准理解存在偏差，增强体质、提升技能的课程目标被淡化，课程内容选择呈现经验性、随意性和盲目性，教学评价缺乏规范要求等问题。而由江苏省学生体质健康促进中心研发并配置给各地的《中（小）学室内体育教学》《江苏省中小学大课间体育活动的设计与实施》《中（小）学生体育与健康家庭锻炼指导手册》对于一些课程资源匮乏、开发能力弱的地区和学校起到了非常好的弥补作用。另外，面向高校点校卫生机构编写的《高校常见传染病诊疗汇编》，以及小学健康教育教材（网络版）、《健康教育一刻钟》系列宣传片为基层学校健康教育和学校卫生实践弥补了资源上的不足。研制的《江苏省十三市学生体质健康干预建议》《江苏省学生体质健康预警地图》等为各地开展干预提供了有针对性的指导。2014年后，江苏省学生体质健康促进中心先后研制了《江苏省学生体质健康评价与运动指导平台》、《江苏省中小学生营养配餐指南》及其相应的App，有力地丰富了各地各校学生个性化评价、运动指导、营养指导等方面的资源。

四、搭建平台，科研引领，专项推进

2010年以前，江苏省学生体质健康促进工作主要由江苏省教育厅体卫艺处负责管理实施，江苏省卫生厅、江苏省体育局等部门的职能处室配合实施。从政策制定、监管督导、检查验收等各个环节，教育主管部门都需要亲自参与，政府部门被大量的事物性工作羁绊，此外，在重大决策措施的研制方面，也主要由政府部门内部决定，虽然有少量的社会力量参与，但社会参与较为松散，大多是临时性的，缺乏制度性的参与。2010年，江苏省教育厅委托南京师范大学筹建"江苏省学生体质健康促进研究中心"，这所全国首家省级学生体质健康促进研究机构于2011年正式挂牌。该中心以承担江苏省学生体质健康监测中的科研工作、开展学生体质健康促进学术研究为主要任务,为政府部门提供政策建议和咨询意见。同时,该中心还承担学生体质健康促进方面的科研成果推广、科研项目管理、高层次学术交流、师资培训、社会服务等职责。该中心的宗旨是立足于学生体质健康促进领域的科学研究,用高质量的研究成果为政府和社会服务,以提高江苏省学生的体质健康水平。该中心建立了包括学生体质健康测量与评价研究、运动健康促进研究、体育课程研究、学校健康教育研究、学生营养干预研究、健康促进的生态学研究等较完整的学科研究体系,涵盖了青少年体质健康促进工作的方方面面。中心的研究工作采用专家团队研究模式,在各研究领域设立专家组,聘请了一批国内外专家作为专家组成员,同时吸纳本领域的中青年骨干学者共同组建相应的研究团队,以团队方式开展研究。

江苏省学生体质健康促进研究中心成立后,协助省教育厅在全省建立了覆盖13个市90所省级点校和近400所市级点校的学生体质健康监测网络,每年对5万~10万名大中小学生进行体质监测,每年开展省级学生体质监测培训并组织体质监测督导巡视,每年组织专家对全省进行学校体育与卫生工作进行调研性督导,每年发布江苏省学生体质健康蓝皮书,并协助省教育厅每年召开学生体质健康新闻发布会。中心组织专家团队为政府部门研制相关政策和规划,为省教育厅草拟了《江苏省学生体质健康促进行动计划》《江苏省体育与健康课程实施方案》等多项政策方案。中心还开展学生体质健康干预研究工作,每年针对学生体质健康监测结果制作学生体质健康预警地图,为各市制定干预方案,积极开展课程资源的开发,如研制了《江苏省体育与健康课程教学指南》等大量教辅材料。每年中心还开展学校体育现场推进会和师资培训,此外还建立了江苏省学生体质健康管理平台,制作了学生营养配餐指南等为学生体质健康实践直接服务。该中心成立后,江苏省学生体质健康促进的大量具体事务都交由该中心处理,使得有关政府职能部门从具体的事务中解脱出来,将主要精力放在宏观管理上,大大提高了行政效能。

随着江苏省青少年体质健康促进工程的不断推进,该中心的体量已经不能满足实践的需要,2016年江苏省教育厅在原有江苏省体质监测中心的基础上委托南京体育学院成立了"江苏省学生体质监测与行动干预中心",具体负责学生体质健康监测与干预方面的具体工作,同年,江苏省教育厅又委托扬州大学成立了"江苏省学生心理健康促进研究中心",以专门应对日益突出的学生心理健康问题。2013年以后,江苏省13个市也开始效仿省里做法,均成立了市级学生体质健康促进专门机构,甚至一些条件较好的区县也成立了相应的专门机构。上述平台的成立,进一步完善了学生体质健康促进的机制体制,增加了学生体质健康促进工程的科学性,提高了体质健康促进的社会参与度,提升了政策执行的有效性。

江苏省非常重视科学研究在学生体质健康促进中的理论引领、实践指导和推动作用,早在2010年,江苏省教育厅就委托南京师范大学开展了中外学生体质测试方法与标准的比较研究,试点在全省部分中小学引入美国"FITNESS-GRAM"测试方法开展体质监测。2011年正式成立江苏省学生体质健康促进研究中心,其目的就是希望通过高质量的科研成果为青少年体质健康促进实践服务,提高青少年体质健康促进的时效性。该中心成立后,集聚了一批青少年体质健康方面的研究专家,组成了学校体育、学校卫生、心理健康、学生营养四个研究团队,以专家领衔的方式开展研究和实际推进工作。在专家的带领下,中心开展了大量的学生体质健康科研工作,包括社会调研、实验研究、理论探索、应用研究等多个方面,建立了覆盖全省近400所试验点校的行动研究学校网络,先后研制了《江苏省学生体质健康促进行动计划(2012—2015年)》《江苏省学生体质健康促进行动方案》《江苏省中小学体育与健康课程实施方案》《江苏省体育与健康课程教学指南》《江苏省学生体质健康蓝皮书》《江苏省中小学大课间体育活动设计与实施》《江苏省健康促进学校评估标准(2013年版)》《江苏省高校毕业生体能考核标准》《江苏省体育教师职业标准》《中小学合格卫生室(保健室)建设标准》《江苏省中小学生营养配餐指南》《江苏省学生体质健康评价与运动指导平台》等多项成果。此外,江苏省学生体质健康促进研究中心还针对全省一线教师设立学生体质健康促进专项课题,通过课题来提高教师参与青少年体质健康促进工作的积极性和能力。江苏省还对教育规划课题进行改革,将体育卫生单列出来设置专项课题,划拨专项课题资金,增加课题立项数量,积极鼓励更多基层教师参与课题研究,强化"教师即研究者"的教育理念,不断发挥科研在健康促进实践中的效能。

在发挥科研引领作用的同时,江苏省还将体质健康促进专项活动为重要抓手之一,以项目引领,推动青少年体质健康促进实践不断深入。《江苏省学生体质健康促进行动计划(2012—2015年)》将学生体质健康促进工作分为四大行动,即"健康素养提升""体育活动推进""健康服务提升""心理健康促进",在领衔专家的带领下,实施了多个具体的青少年体质健康促进项目。其中比较大的项目有健康促进学校建设项目、校园足球项目、阳光体育节项目、体质薄弱通讯赛项目、学校体育现场推进会项目、江苏省中小学体质健康测试点校、试验点校体育组长培训项目、百万大学生急救技能提升计划等,这些专项项目的开展,极大地推进了青少年体质健康促进政策的有效落实。比如,通过健康促进学校建设项目,不仅出台了我国第一个省域《江苏省健康促进学校评估标准》,同时在江苏创建了299所金牌学校、1 203所银牌学校、2 431所铜牌学校,合计3 933所健康促进学校(截至2015年),使江苏省成为全国拥有健康促进学校数量和比例最高的省份,健康促进学校比例超过了50%。通过健康促进学校建设,大大提升了这些学校在学生体质健康促进方面的能力。通过专项推进,使得江苏省青少年体质健康促进工作在制度建设、资源配置、环境建设、课程开发、部门联动等方面的能力得到有效提升。

江苏省学生体质健康促进工程正式实施以来,取得了良好的实效。2016年全省学生体质健康监测结果显示,自2010年以来江苏省学生形态发育水平持续提高,学生的速度、力量、耐力、柔韧性等身体素质指标总体上比2010年有明显改善,多数指标明显优于全国平均水平,在可比较的22项学生体质健康指标中,江苏省有19项指标优于全国平均水平,为江苏省取得25年来中小学生体质健康水平首次止跌回升的良好开端做出了重要贡献。工程促进了青少年体质健康促进各类各项政策在江苏省的有效执行。实现了预期的干预目标,基本实现了江苏省学生体质健康促进工作的全面性、公平性、可持续性。在全国学生体质健康水平持续下滑的大背景下,江苏省在遏制与扭转学生体质健康下滑方面可以说是起到了领跑者的作用,不仅止跌回升还基本完成了"三升一降"（学生体育工作整体水平明显提升，学生耐力、力量、柔韧性等体能素质明显提升，体育后备人才数量和质量明显提升，肥胖和近视发生率明显下降）的目标任务。此外，工程的实施使得江苏省学生体质健康促进的创新意识不断增强，机制体制不断健全，工作更加规范，质量不断提升，各级各类学校的《国家学生体质健康标准》数据上报率连续多年达99%，自2013年以来教育部开展的四次全国《国家学生体质健康标准》上报数据抽查复核结果显示，江苏省上报数据的一致性一直处于全国前三行列。学生体质健康促进工程的实施不仅使"健康第一"的理念在江苏得到有效落实，也产生了重要显著的社会影响，所取得的系列成果被中国教育报、江苏卫视等媒体广泛报道。教育部的相关领导先后来到江苏对成果进行考察。山东、河北、广东等省也先后派人来学习成果经验。该工程对全国的学生体质健康促进工作产生了较好的示范辐射作用。

第三节　江苏省学生体质健康促进工程的经验启示

在全国学生体质健康水平持续下滑的大背景下，江苏省学生体质健康促进工作之所以能取得较好的成效，是江苏省在学生体质健康促进工程中大量创新实践、不断扎实工作的结果。作为省域学生体质健康促进模式的一个典型，江苏省学生体质健康促进工程给我国各省的学生体质健康促进工作带来了诸多启示。

一、工程统筹、全员参与，注重健康促进的生态观

江苏省将青少年体质健康促进工作作为一个系统工程看待，冠以"工程"之名，体现出健康促进的社会生态观。所谓"工程"，通常是指"科学和数学的某种应用，通过这一应用，使自然界的物质和能源的特性能够通过各种结构、机器、产品、系统和过程，以最短的时间和最少的人力、物力做出高效、可靠且对人类有用的东西。它是将自然科学的理论应用到具体工农业生产部门中形成的各

学科的总称。"工程可以从广义和狭义两个方面来理解,广义的是指一个全面的、大型的、复杂的包含各子项目的工程,需较多的人力、物力来进行较大而复杂的工作,要一个较长时间周期来完成。狭义而言,是指"以某组设想的目标为依据,应用有关的科学知识和技术手段,通过有组织的一群人将某个(或某些)现有实体(自然的或人造的)转化为具有预期使用价值的人造产品过程"。江苏省的学生体质健康促进工程是一个广义的工程,而且将其看成为一个系统工程,运用系统工程的技术方法来推进。系统工程方法的主要特点是:①把研究对象作为一个整体来分析,分析总体中各个部分之间的相互联系和相互制约关系,使总体中的各个部分相互协调配合,服从整体优化要求;在分析局部问题时,是从整体协调的需要出发,选择优化方案,综合评价系统的效果;②综合运用各种科学管理的技术和方法,定性分析和定量分析相结合;③对系统的外部环境和变化规律进行分析,分析它们对系统的影响,使系统适应外部环境的变化。[①] 现代健康促进的生态学模式认为人的行为受到多方面的环境因素影响,包括生活方式、文化习俗、政治、经济、生活条件、自然环境、教育、政策、遗传等方面的影响,这种影响体现在学生个体、家庭、学校、社区、政策等不同层面,实施青少年体质健康促进需要对环境中诸多因素进行统筹考虑,需要从不同层面对诸多因素进行考虑,优化处理最佳行动方案,并要求系统的各个要素之间通力合作。从利益博弈的角度来看,体质健康促进要充分考虑环境中各方的利益,最大可能平衡各方利益,实现利益共赢。体质健康促进工作实际上就是一个非常复杂的社会系统工程。运用系统工程方法来统筹青少年体质健康促进工作,非常贴合现代健康促进的社会生态学理论要求。基于此,江苏省学生体质健康促进工程,不仅注重课程、资源、卫生、生活方式等方面的干预政策之间的协同配合,注重政府、社会、媒体、社区、家庭、学校、学生等利益相关者之间的社会联动,同时还注重政府内部不同职能部门之间的部门联动,如《江苏省学生体质健康促进行动计划(2012—2015年)》中提出"以政府主导、部门合作、社会联动为支撑,以构建学校、社区、家庭'三位一体'的服务体系为主线,以体育锻

[①] 赵玉明,王福顺.中外广播电视百科全书.北京:中国广播电视出版社,1995:772-773.

炼、健康教育、疾病防控和氛围营造为重点"①。

此外,以"工程"来冠名体质健康促进工作,也充分体现了江苏省学生体质健康促进的实践观。系统工程作为一种工程技术,旨在用以改造客观世界并取得实际成果,强调成果的质量。学生体质健康促进的最终目的是要提高学生的体质健康水平,以解决实际问题为出发点和归宿,强调工作的实效性,强调实践是认识的源泉、实践是认识发展的动力、实践是检验理论的标准。"工程"较好地体现了学生体质健康促进工作这一实践倾向。

二、顶层设计、高位推动,充分发挥政策治理优势

对于学生体质健康促进工作,江苏省在省域范围内首先是根据国家有关政策,结合江苏省学生体质健康工作现状,由省级层面政府、人大等机构牵头,对江苏省青少年体质健康促进工作进行顶层设计,全面布局。顶层设计具体体现在省级层面上出台的各项政策、法规和规划上。2007年,中央7号文件下发后,中共江苏省委、江苏省人民政府就随即颁发了《关于切实加强青少年体育增强青少年体质的意见》(苏发〔2007〕7号)。2009年,江苏省第十一届人民代表大会常务委员会第十次会议审议通过《江苏省学生体质健康促进条例》,之后,《江苏省学生体质健康促进行动计划》《江苏省体育与健康课程实施方案》《江苏省中长期教育改革和发展规划纲要(2010—2020年)》《江苏学生体质健康监测方案(2016—2020年)》《江苏省学生体质健康标准测试抽查复核工作方案(2017—2020年)》等大量具有规划性的政策相继出台,在这些具有前瞻性的规划政策的行政指令和指导下,全省的青少年体质健康促进工作按照省级最高层的规划开始实施。各项政策在执行过程中,江苏省给予了强大的行政保障。省政府及相关省级职能部门,尤其是省教育厅直接推动了各项政策法规的执行,省级政府(部门)始终保持高压态势,采用直接行政指令、倒逼治理、检查评估、行政通报、资源配给、奖励表彰等多种手段强力

---

① 江苏省办公厅.江苏省学生体质健康促进行动计划(2012—2015年)[EB/OL]. http://www.js.gov.cn/jsgov/tj/bgt/201207/t2012070460146.html.

推动各级政府执行上述政策。省级政府采取面点结合的方式,不仅对接市级政府及其职能部门,有时会越过市级政府,直接对接区县政府,甚至直接对接学校,采取所谓"顶天立地"的做法。

正如第一章中所述,在我国健康促进过程实际就是一个政策过程,以政府为主导的政策治理是我国国家治理的重要特征和优势。健康促进作为一项社会活动或政策过程,是一个获取健康利益的过程,但这个过程涉及多种利益相关者的多种不同利益,形成了错综复杂的社会利益关系,而这种不同利益间的矛盾和斗争,最终对健康促进的效果或者说健康促进行为的选择起着决定性作用。公共政策作为一定利益的确认形式,同时作为利益的调整工具和分配方案,其所体现的意志的背后乃是各种利益集团的博弈。政府作为公众利益的协调者,在青少年体质健康促进政策过程中,能较好地平衡各方面利益。就青少年体质健康促进而言,最大的利益冲突就是健康促进与升学(率)之间的利益冲突,由于在一省范围内,升学率是基本固定的,因此在省级层面上不存在这一利益冲突。这一利益冲突主要存在于市、区、县和不同学校之间。因此,就省级政府而言,在学生体质健康促进政策方面,省级政府与中央政府之间的利益基本是一致的,没有明显的利益冲突。江苏省从全局利益的角度考虑,不仅与中央的政策保持高度一致,还积极发挥省级政府的主动性,创造性地运用中央和人民的赋权,积极作为,运用政策手段和行政手段,用"看得见的手"积极调节基层青少年体质健康促进中存在的利益冲突,化解各类利益博弈对青少年体质健康带来的负面影响。而江苏省"顶层设计、法规先导、高位推动"系列措施的背后体现的是省级政府(人大等)及相关职能部门(主要是教育厅)在青少年体质健康问题上的高度政治敏锐性和组织服从性以及在省域治理方面的主动性和创造性。从第五章中的模型分析可知,我国在青少年体质健康促进政策省域执行过程中,省级政府对地方政府的制约作用是达到博弈均衡的关键因素。省级政府尤其是职能部门(省教育厅体卫艺处)是省域青少年体质健康促进模式执行的关键所在。江苏省政府(职能部门)较为准确地把握了这一点,采取了"政府主导",以教育、体育、卫生等部门为实施主体,部门联动的政策治理方式。

三、资源配给、奖惩并举，主动关照各方利益诉求

正如第四章、第五章中分析的，青少年体质健康促进中存在诸多利益冲突，不同利益相关者之间有着复杂的利益博弈，这些错综复杂、根深蒂固的矛盾，短时间内通过强行的行政手段是根本解决不好的。现实中，在中考、高考压力的指挥棒下，学校领导轻视体育，体育教师的素养不高，部分学校人均活动场地面积严重不足，城乡中小学体育教师严重失衡，农村体育教师的数量不足，学生体质健康监测数据未能被充分利用等问题涉及多方面利益。以往很多青少年体质健康促进政策都较为孤立，破坏了原有的利益平衡，未能调和各方利益，导致政策效果差。江苏省学生体质健康促进工程一开始就在顶层设计的基础上对学生体质健康促进工作进行了长远规划，如《江苏省学生体质健康促进行动计划（2012—2015年）》《江苏省中长期教育改革和发展规划纲要（2010—2020年）》等，提出"学生体质健康促进工作经费保障机制不断完善，优先保障学校体育和卫生设施建设，并确保达国家或省颁标准，公共体育、公共卫生设施条件达到规定标准"等多项政策要求。同时配套出台了许多跟进政策，以逐步化解学生体质健康促进中存在的利益冲突。比如，逐步增加中考体育在中考总成绩中的比例，逐步引导各地中考体育成绩中平时成绩的比重，逐步增加体育教师在中考体育成绩打分中的权限等，以调和体质健康促进与升学之间的利益冲突。再如，开展农村体育场地塑胶化工程，以满足农村学校的利益需求。江苏省初步建立了学生体质健康促进的长效机制，逐步推进各类学生体质健康促进政策措施，并逐步推行"健康融入一切政策"，并使各政策之间协调配合，旨在减少各种利益博弈带来的负面影响，使整体利益最大化。为调和各类利益冲突，江苏省还给予地方职能部门划拨专款，给各地各校提供免费师资培训，为地方开发配给课程资源，多方面、多维度地为地方政府和基层学校提供资源补贴，降低基层政策执行成本，从而有效调动地方政府和学校的积极性。比如，基础教育《体育与健康课程标准》颁发后，基层学校实施新课标时需要各地各校对课程资源进行重新配置和开发，但绝大多数基层学校课程资源开发能力有限，尤其是教法、教材等方

面,而在省级层面上又没有给基层学校配备课改所需的基本教学资源,"新瓶装旧酒"的现象在教学实践中普遍存在,导致新课标难以落实。为此,江苏省专门开发了《江苏省体育与健康课程教学指南》等多种教辅材料并配发给各地各校以弥补课程资源不足。此外,还通过加大对地方政府学校奖励力度,通过政策优惠、拨款等物质方式以及提高社会声誉、授予荣誉称号等精神奖励方式提高学生体质健康促进政策执行的收益。最后,通过公告警示、倒逼治理的形式,逐步强化惩罚机制,如实行地方政府考核中学生体质不达标一票否决制度,增加地方政府不执行健康政策的成本,提高地方政府、学校执行体质健康促进政策的比例和力度。上述措施,使江苏省在一定程度上改变了"囚徒困境"博弈格局,较好地维护了省域层面上的集体利益。

四、创新机制、优化体制,不断提升社会治理能力

江苏省学生体质健康促进工程在实施中不断优化其机制体制,逐步建立了"人大立法、政府主导、学校落实"的学生体质健康促进工作体制,并逐步形成了"政府牵头、机构代理、专家领衔、部门联动、全员参与"的工作机制,通过机制体制的创新,不断提升各参与主体的学生体质健康促进能力。在机制体制及手段创新中,江苏省首先充分发挥了我国社会治理方面的优势,通过人大立法和强制性行政干预来推动学生体质健康促进工作,对各方面利益在省域层面上进行社会利益的权威性分配。其次,政府相继授权建立了"江苏省学生体质健康促进研究中心"等多个学生体质健康促进研究机构,委托这些专门机构开展具体工作,同时还依托"江苏省体育教学委员会""江苏省高校体育科学学会"等多个社会组织以及"江苏省中小学教研室(体育)"等事业单位开展一些具体工作。这是青少年体质健康促进工作体制和机制上的一个重要创新。这与我国正在大力构建的"执政党-国家-社会-市场"多中心参与合作的治理结构改革是非常符合的。现代治理理论认为,社会组织是参与国家治理的重要力量。社会组织民间性、中介性、非营利性等本质属性决定了其在参与国家治理中具有政府和市场难以替代的优势,不仅可以对政府部门权力进行制约以减少权力寻租现

象,还可以降低市场中的信息不对称来维护市场秩序。① 在非市场领域的公共政策过程中,社会组织同样可以发挥重要作用。首先,它可以作为政府的智囊机构,为政府提供决策参考;其次,它可以作为政府权力的延伸,在政府授权下实施、监督政策执行过程;最后,它还可以作为第三方对公共政策的效果进行评估。随着我国行政体制改革的不断深入,我国社会组织也越来越被作为国家治理的重要力量。2013年十八届三中全会通过的《中共中央关于全面深化改革若干重大问题的决定》(以下简称《决定》)中指出"要更好发挥社会力量在管理社会事务中的作用"。《决定》明确指出"激发社会组织活力,正确处理政府和社会关系,加快政社分开,推进社会组织明确责权、依法自治、发挥作用,适合由社会组织提供的公共服务和解决的事项,交由社会组织承担"②,《决定》在肯定国家治理的重要主体是社会组织的同时也表明其是政府转移职能的有效载体。江苏省学生体质健康工作充分发挥社会组织的作用,一方面充分发挥研究机构等社会组织的智囊作用,另一方面授权这些社会组织去代理完成监测组织、数据分析、督查巡视、社会动员、部门协调、评估反馈等工作,从而使政府职能部门从大量具体的事务性工作中解脱出来,将主要精力放在宏观的利益调控方面,这大大提高了学生体质健康促进工作能力。积极发挥第三方社会组织的力量,提高学生体质促进工作的组织化程度,实现不同利益主体的合作博弈,提高政策效果,这是江苏省学生体质健康促进工程取得较好成效的重要经验,也是体质健康促进生态竞争理论在政府社会治理实践中的成功运用。

五、聚焦体测、项目引领,积极创新健康促进手段

"工欲善其事,必先利其器。"江苏省学生体质健康促进工程在实施过程中,采用了监测强化、项目干预、科研支撑、点校实验、滚动推进、资源配给、公告预警、倒逼治理等多种手段,这些创新性的方法手段,对于学生体质健康促进政策的有效执行给予了强大的技术性支持。这诸多手段中,强化监测是基本的手段。体质测

---

① 郭娜,史曙生.体育行业协会改革研究[J].体育文化导刊,2016(10).
② 中共中央,国务院.中共中央关于全面深化改革若干重大问题的决定[EB/OL].[2013-11-15]. http://news.xinhuanet.com/2013-11/15/c_118164235.html.

试(包括国家学生体质健康调研、《国家学生体质健康标准》测试)在我国已经实行了许多年,许多地方政府及基层学校对其认识都还不够深入,重视程度也不足,很多地方及学校只是疲于应付,体质测试的质量得不到保障,更主要的是体质测试游离于学生体质健康促进之外,不仅其评价奖惩功能没有得到有效发挥,体质测试的结果也未能反哺学校体育和卫生工作,同时学校体育教学等也未为体质测试提供服务。江苏省在实施学生体质健康促进工程一开始就将体质监测作为工程的核心,将监测作为最主要的抓手。因为学生体质健康水平的提升是学生体质健康促进工作的出发点和归宿,体质监测不仅评估促进工作的成效,也可为未来工作确定明确目标,同时还可诊断现存的主要问题。监测的结果代表着各方面利益博弈的结果,通过监测可以了解各方利益上的主要冲突,为后续工作提供思路。江苏省的学生体质健康促进工程始终围绕着体质监测展开,通过强化监测,建立覆盖全省的学生体质健康网络,推动了地方政府和学校对监测的重视,同时加强了省级政府、市县区级政府、学校、家庭之间的沟通合作。此外,通过体质监测,构建了专门机构,给各地各校配给了一定的资源,减少了各方政策执行的成本。而监测后采取的公告预警、倒逼治理的手段则改变了地方政府、学校之间的利益博弈格局,使得各方的利益博弈朝着省域青少年体质健康整体利益的方向发展。根据体质监测结果,江苏省实施了一系列专项推进项目即"项目干预",如健康促进学校的建设、体质薄弱项目通讯赛、学校体育推进行动等,有针对性地解决了学生体质健康促进中的突出问题,提高了政策执行的短期效应。由于青少年体质健康促进中的利益矛盾是长期存在的,短时间内难以解决,因此江苏省将青少年体质健康促进工作视为一个研究性的工作,而不是简单的政策执行工作。江苏省非常重视科研的作用,建立的学生体质健康促进研究中心等多个研究机构开展了多项课题研究,课题成果首先是在局部地区的少量实验学校推行的,取得了一定的干预成果并在具备可操作性的基础上才逐步推广,此外,青少年体质健康促进有许多工作要实施,但不是所有工作要同步进行,需要分步进行,这就是江苏省采取的"滚动推进"的方法,旨在资源供给和调节能力有限的情况下,逐步化解当前最突出的问题,在各方利益博弈中形成更佳的利益博弈关系,为今后取得政策执行的长期效应奠定基础。

第八章 均衡博弈：
青少年体质健康促进的有效对策

基于青少年体质健康促进生态竞争理论和省域青少年体质健康促进模式，结合我国青少年体质健康治理的成功经验，针对我国青少年体质健康促进工作实际，本研究认为我国的青少年体质健康促进工作可采取以下策略来提高其实效性。

第一节 平衡多元利益，创新政策治理

一、重视利益问题，提高政策制定的科学性

（一）政策过程要关注各方利益及其竞争

青少年体质健康促进的生态竞争模型认为青少年体质健康促进是一个由多要素构成的复杂生态系统，且各要素之间相互影响、相互关联。在整个生态系统中，尽管利益主体的行为选择受到不同因素的影响，但竞争因素尤为突出。纵观青少年体质健康促进生态系统，不管是个体还是家庭、学校、政府层面，竞争无处不在，它贯穿于生态系统的各层面之中。"竞争"是青少年体质健康促进

生态系统中最核心的特征。

当然在竞争的背后还隐藏着更为深层的动力之源,那就是利益。正是因为利益的存在,构成了生态系统中错综复杂的竞争关系。系统中每一个主体在做出行为选择之时都会受到利益的驱使,根据自身利益得失进行利益抉择。"利益"是各要素间形成竞争关系的根源,是否采取健康促进行为的最终决定因素亦是"利益驱使"。因此在这个充满"利益竞争"的关系网中,青少年体质健康促进政策在推行过程中,必须关注到生态系统中各层面间的利益关系和竞争要素。在健康促进政策的制定阶段,应把各方的利益要求考虑到健康促进政策的制定系统中,上层政府作为政策制定者,在关注自身利益和国家利益的同时,还要考虑到地方政府利益以及学校、家庭和学生利益。若只从"自利"角度出发,政策在推行过程中必定影响到其他利益主体的利益关系,造成他方的利益失衡。利益损耗会引起其他利益主体的抵抗和排斥,导致政策在实施过程中利益相关者不配合、不执行等消极现象。所以在政策制定中,要围绕各利益主体的利益安排和利益得失进行利益权衡,在此基础上形成切实可行的政策方案。政策过程实质就是一种利益调节的过程,利益主体在整个过程中会通过各种手段以达到自己在决策中的利益目的,最大化地满足自身利益需求。因而作为政策推行的首要环节,政策制定阶段应关注到生态系统各利益主体的竞争要素,重视主体间的利益关系,为接下来政策执行和评估工作的有效开展打下基础。

(二)优化公共健康政策利益平衡途径

大数据时代的到来已将我们带入一个全新的网络社会,网络平台的高效性和信息渠道的多元性为各主体的利益获取提供了无限可能。社会的进步打破了传统利益格局,在这个更加开放、更加透明的信息时代,公共政策制定者与公众之间的信息阻碍越来越小,这给现有的利益平衡途径提出了新的要求和挑战。优化青少年体质健康公共政策利益平衡途径,实现利益主体间的均衡博弈符合当今时代发展需要。

生态利益圈中的整体利益是相对恒定的,也就是说,在博弈双方利益竞争中若一方利益获得就意味着另一方利益受损,为避免利益损失博弈主体总在不断权衡以获得利益最大化,但由于博弈主体间信息不对等性以及博弈主体的自利性原则常导致恶性竞争的出现,造成利益不平衡或极端化分布。虽然在博弈中利益冲突是不可避免的,但在信息时代下资源共享为博弈双方提供了更多的利益选择和协作机会,将有效规避不必要的利益竞争和利益消耗。当然主体间的协作离不开政策方针的指引,各级政府部门充分发挥青少年体质健康政策的指引作用,利用政府的主导地位引导利益平衡的发展方向,从全局和系统的角度统筹规划政策方针,为利益主体建立合作共赢的平台。在我国青少年体质健康促进工作实践中,公共健康政策的指引作用还有很高的提升空间。目前,不管是政府、学校、家庭还是学生层面,在面对健康利益和升学利益时还存在着偏见和失衡,在急功近利的利益驱动下,健康利益常常处在一个"失落"的地位。要改变当前不乐观的发展形势就必须充分发挥青少年体质健康公共政策制定的指引作用,帮助利益群体改变抉择方式,提倡更加合理的竞争模式。

广大青少年是体质健康促进工作的最终受益者,健康政策必须符合青少年的利益需求,及时掌握家长、学生的需要是体质工作开展的出发点。因此拓宽民主参与渠道,搭建民意征集、民众意见反馈、民众监督等网络交流平台,及时掌握公众信息,根据青少年的切身利益制定满足大众的利益需求的政策,利用信息技术创建高效快捷的网络渠道,集中发挥民众参与政策制定的积极作用是必要的。在信息时代背景下,利用网络手段通过发挥公共政策引导作用、搭建网络民众平台等方式优化和拓展青少年体质健康公共政策利益平衡途径,从而弱化利益主体间的利益冲突,形成资源整合、利益共享的双赢格局。

(三) 将健康融于一切政策,有效平衡各方利益

在我国青少年体质健康促进的主渠道是专门的青少年体质健康政策过程,但这并不意味着青少年体质健康政策是独立的,基于健康促进的生态学模式视角,青少年体质健康政策过程是一个整体,与其他政策相互关联,构成一个完整的政策体系。尽管健康教育与健康促进的相关理论进入我国的时间还相对较

短,健康促进的生态学理论也不为政策决策者们所熟悉,但在中国,政策手段一直是开展青少年体质健康促进的最主要的途径和手段。政策作为一项重要的健康影响因素受到国家政府和地方政府的高度重视,国家(地区、地方)政府通过制定政策来直接或间接改善青少年的健康问题。从新中国成立初期的《准备劳动与卫国制度暂行条例》到《中共中央 国务院关于加强青少年体育增强青少年体质的意见》(7号文),以及《国务院办公厅关于强化学校体育促进学生身心健康全面发展的意见》(27号文),直至《"健康中国2030"规划纲要》,我国从中央到地方各部门先后颁布了大量直接或间接与青少年体质健康相关的政策法规文件。如果说健康促进是一个动员一切社会力量包括个体、家庭、社会、国家乃至国际社会在内的各种力量和资源来促进人们保持健康的过程,那么在中国,这一过程则主要是通过国家或者说是通过政府制定的政策来实现的。健康促进的相关理论及人们对于健康的观念等都体现在政策过程之中。政策在青少年体质健康促进中如此重要,以至于青少年体质健康促进本身就是一个公共政策过程,与中国的国家治理制度密切相关。

利益和政策是密不可分的,利益是政策产生的前提和目的,政策则以利益的调整和实现为内容。在青少年体质健康促进生态系统中,健康促进政策过程涉及包括学生、家庭、教师、学校、地方政府、中央政府等多个利益相关者,涉及个人利益、集体利益、国家利益等不同利益。对于青少年体质健康促进工作来说,需要从生态学的视角,将健康向卫生、教育领域渗透,向社会、学校和家庭领域渗透,向学校除体育之外的其他领域、学科渗透。将健康融入一切政策,考虑各级利益主体的利益需求,从更广阔的层面平衡各方面利益是保证生态系统良性循环、稳定发展的重要前提。通过建立多方面、全方位的健康促进政策体系,调和各方利益,有效保持利益平衡。在生态系统中整体利益是恒定的,资源的稀缺使利益主体陷入利益竞争中,当新的公共健康政策制定出台时有可能会打破原有的利益平衡,这要求健康与其他政策相融合,保持与其他政策、资源密切联系。现有的健康促进政策不仅要从自身利益出发,还要重视其他利益的变化,对失衡的利益各方进行有效的调和,保证政策的实施效果。

二、关注博弈行为，提高政策执行的实效性

（一）关注利益博弈行为，科学制定具体的政策执行措施

在青少年体质健康促进（政策）实践中，政策执行阶段是整个推进工作中的核心部分。正如前文所分析，政策执行阶段同样也涉及多个利益主体的不同利益。由于公共政策的不完全公平性，使得在政策实行过程中总会使一部分人受益，而另一部分人的利益受损。各个利益集团为了维护自身利益彼此间展开激烈的竞争、冲突。不同的利益主体为了各自利益的最大化或者利益损失最小化而相互博弈。这样在执行政策的过程中形成了政策执行部门与政策对象之间、政策实施部门与政策制定部门之间、政策执行部门之间、政策对象之间的复杂的博弈，整个政策执行过程中都伴随着各种各样的利益博弈行为。归根到底，人们健康行为的选择最终是由利益而开展的博弈行为所决定的。因此在政策执行阶段就必须对隐藏在其后的利益博弈行为加以关注，以利益博弈的行为为出发点，科学制定具体的政策执行措施，提高政策的执行力度。

政策执行的有效力直接决定了我国青少年体质健康促进的成效。加强青少年体质健康促进政策执行能力建设是当下我国健康促进工作的重点。健康促进工作中应充分分析我国青少年体质健康问题产生的根本原因，做到及时调整政策目标，同时借鉴国外经验，把青少年体质健康促进提升到与健康医疗、社会保障同等的高度，以国务院为主导，多部门、多领域联合制定、执行青少年健康政策，提升政策目标和政策认同度。此外，要注重多渠道拓宽政策执行资源，加大政府对青少年体质健康促进经费的投入力度，开辟学校体育经费的多元投入途径，突破政府单一投入形式的制约，将学校体育设施纳入体育公共服务体系。注重加强学校体育师资队伍建设，大幅度增加体育师资，保证健康促进政策执行人力资源的数量和质量。最后，要注重加强政策执行机制和监控机制建设，成立以政策制定主体、执行主体、评估主体和青少年群体相结合的一体化、多层次的政策监督主体。

（二）建立以行政为主、经济法律为辅的多手段运行模式

利益博弈视角下，在我国青少年的健康促进中健康利益想要在众多利益竞争中占得先机，就必须拥有足够的发言权，想要在博弈中获得优势地位，就要以经济和法律的权威性作为保障。因此，健康促进中要改革过去以行政手段为主导的单一路径，发展以行政手段为导向，同时重视发挥法律、经济等多种手段并进的作用，将我国的青少年体质健康促进工作上升到法律层面，真正提高健康促进政策执行能力。

以法律形式增强健康促进工作强制执行的效力，建议有针对性地修订《中华人民共和国义务教育法》、《学校体育工作条例》和《体育法》等，保障青少年体质健康促进工作有法可依、有法必严；通过立法，增强违反青少年体质健康促进政策的惩罚力度，重视学校、社区和家庭健康促进环境的重要性，依法创设健康促进支持性环境，建立学生健康促进法律权益问责机制，监督学校、家庭与社区生活中青少年健康促进工作的依法开展。同时可借鉴国外经验，以立法形式将学校体育提升到与健康医疗、社会保障一样的地位，以国务院为主导，多部门、多领域联合制定、执行青少年健康促进政策。建立涵盖多方利益主体的政策执行监控保障体系、完善政策执行监控机制，成立以健康促进政策制定利益主体、执行利益主体和青少年利益群体结合的多层次政策监控主体，加强制度管理，对政策执行情况进行切实有效的监控。此外，还要加大对青少年体质健康促进政策实施的资金投入力度，并建立专项的健康促进奖励基金，给予在青少年体质健康促进中表现优异的各政府、学校直接性的经济奖励，形成同级之间的良性竞争模式。

（三）加强政策评估，强化惩罚机制，化解"囚徒困境"

青少年体质健康促进离不开政策的引领，而政策评估是提升政策效果的关键，但在我国青少年体质健康促进政策执行过程一直处于薄弱环节，面临多重困难。由于健康促进政策评估组织结构的不合理、政策重叠现象，政策资源的多元化等主客观原因，评估中想要获取及时、全面、真实的信息绝非易

事。因此，一方面，要在健康促进政策过程的开始就建立政策信息评估系统，对政策过程每一阶段的信息进行全面收集、分析与储存，以满足健康促进政策评估的信息需求；另一方面，需要建立相应的青少年体质健康促进信息公开机制，除国家法律规定应该保密的信息之外，健康促进政策过程应做到全程公开、透明、客观。此外，还要依法创建相应的青少年体质健康促进责任问询机制，使社会组织和公众有权依法问询健康促进政策制定、执行与评估中的相关信息，被问询的相关机构和成员必须依法根据有关制度和程序做出及时回应，并对所公开信息的真实性和完整性负责。同时强化惩罚机制，加大惩罚力度是政策执行成效的有力保障。由于健康促进政策涉及各方利益主体相关利益的分配，因此只有通过法律制度将政策评估结论与相关人员的奖惩直接联系起来，才能真正实现我国青少年体质健康促进政策过程的权、责、利相统一。惩罚力度不到位必会出现执行主体消极怠慢、敷衍了事的现象。当前我国在上级政府对下级政府的监督与管理中还存在着漏洞，进一步完善惩罚机制，对于执行主体、部门以及公务人员实施责任追究制，将有利于提高政府政策的执行能力。

在生态系统的政府层面，不管是上级政府与下级政府之间，平行政府之间，还是不同部门之间，都很难打破公共利益与个体利益相冲突的"囚徒困境"利益格局。任何利益主体在面对集体利益和个体利益的单项选择时，都会出于本能地选择优于自身的个体利益，而牺牲集体利益。面对这样的利益困境，完善的政策评估体系和健全的惩罚机制就显得非常重要。如果没有"火眼金睛"对执行主体进行监督和制约的话，那么各利益主体就会永远沉沦在追求自身利益的恶性循环中。强有力的政策评估制度和惩罚机制无形中增加了执行主体选择个体利益而牺牲集体利益的成本，对于执行主体来说选择个体利益意味着要承担一旦被上级政府查处就要付出远大于收益的惩罚金额的风险，这样的收益结果迫使执行主体不得不重新进行利益分配，达到均衡的博弈结果。政策评估和惩罚机制的设置通过倒逼的手段督促利益主体进行利益抉择，从而化解"囚徒困境"的利益封印。

(四)遵循"智猪博弈"原则,有效发挥政府作用

在前文中,本研究根据政府、学校、家庭和个体层面的主体特征,将政府与学校、家庭和个体的博弈类型归结于"智猪博弈"。在"智猪博弈"中,政府扮演着"大猪"的角色,也就是博弈双方的主导者,由于"大猪"的实力远甚于"小猪",所以"大猪"在主动出击获得利益收益时会顺带帮助"小猪"获得它的利益。可以发现,"智猪博弈"是一个合作式的共赢博弈过程,因此该博弈最重要的前提就是博弈主体的利益一致性原则,只有博弈主体的利益需求趋于一致时,才可能达到双方共同获利的结果。这对于扮演强者角色的政府来说,要帮助其他层级的博弈主体赢得利益,就必须和其他利益主体的利益需求保持一致。

"智猪博弈"的规律要求政府必须加强与其他利益主体的有效联系和沟通,通过建立利益表达机制,拓宽主体间利益表达渠道,帮助政府获取其他利益主体有效信息,充分了解各层级利益主体的利益需求。根据不同利益主体的利益表达需求,权衡利弊制定出符合实际情况的政策要求,适当满足不同利益主体的利益需求。通过资金补贴、利益补偿、资源共享等措施有效协调执行主体间的利益矛盾。特别是对于家庭和学生层面,政府更要搭建公开性、畅通性和高效性的信息反馈平台,从而及时掌握有效的公众信息,充分了解其他利益主体的利益诉求是保证各主体间利益一致性的前提。除此之外,占据主导地位的政府必须发挥其强者作用,敢于突破利益重围,勇于先行,做好导向和指引工作,带领学校、家庭和学生获取所需的利益。

第二节 完善政策途径,积极挖掘潜力

一、推动学校体育与学校健康教育协同发展

学校体育与学校健康教育都是学校教育的重要组成部分,同时也是学校健康促进的两个重要实施途径。作为我国青少年体质健康促进政策实施的主要

渠道，学校体育与学校健康教育的关系尤为密切。特别是新课改后，在"健康第一"的思想指导下，学校体育与学校健康教育协同发展已成为时代发展的必然趋势。目前，我国学校健康教育、学校体育课程与教学改革虽取得了不菲的成果，课程设置日趋合理、课程类型逐步健全，但是在促进学生体质健康的具体实践中仍然存在各种现实问题，特别是在应对"应试教育"所造成的各种利益冲突与碰撞中，由于学校体育和学校健康教育与"升学利益"的低关联度，迫使学校体育和健康教育一直处在学校教育的边缘化地带，这样"冷落"的待遇堵塞了学校体质健康促进主渠道的畅通和发展，更抑制了学校体育与学校健康教育的良好结合。目前两者在结合发展的过程中还存在诸多不足，学校体育与学校健康教育政策的脱节，学校健康教育学科建设的滞后以及学校体育在实践中健康教育内容的难以落实，健康教师师资力量薄弱等问题都直接阻碍了学校体育与健康教育的实施。解决当下现实问题，推动学校体育与学校健康教育的协同发展，积极发挥两者的促进作用。

加强顶层设计，确立学校体育与健康教育政策协同观。学校体育和学校健康教育一直受到国家的高度重视，但在实际操作中，由于政策纲要间没有良好的衔接导致工作难以落实，政策上的模糊性导致实践中体育与健康课程难以开展。在国家政府主导下，加强顶层设计，重视各部门间的协调配合，建立学校体育与学校健康教育政策协同观是实现学校体育与学校健康教育协同发展的前提。作为国家层面的上层建筑部门，在顶层设计时要从实际出发，围绕体育与健康教育协同的目标、内容、具体可实施手段和方法等问题切实展开，根据实际需要制定相应政策，建立相应的保障机制。在政策制定过程中必须重视各部门间的合作，均衡各方利益，全面协作共同化解问题，否则部门间的不衔接、政策制度间的不呼应都将直接影响到实际工作的落实和开展。当然在现行体制下，现实中的矛盾与利益冲突问题是无法避免的，这也给体育与健康教育的融合带来了阻碍和难度，因此一步到位的政策协同是无法做到的，制定主体在此过程中，坚持统筹兼顾、循序渐进、有效评估、及时发现问题化解分歧，修补漏洞，不断完善政策制度才能实现政策与政策之间、制度与制度之间的有效衔接。政策的协同加强了政策之间的紧密度，为学校体育、健康教育的共同发展指明了具体的方向,也为学校体育与学校健康教育的进一步结合提供了切实可依的方法,从而避免"政策文件一大堆,实际操作却'无路可寻'"的尴尬局面。

加强学校健康教育课程建设,提高课程意识,形成完整的体育与健康课程体系是目前学校健康教育急需解决的问题。在健康教育实践中,要转变人们对健康教育认识的偏差,在重视学校健康环境、健康政策、健康服务等健康内容创建的同时更要重视学校健康课程建设,充分发挥课程的作用与价值。在学校健康教育的实施环节中,课程是最直接也是最重要的组织形式,因此积极强化人们的健康教育课程意识,将课程作为学校健康教育的主要推广手段是必要的。另外,对于健康教育自身学科建设、理论研究不足的问题,邀请课程专家组组建健康教育课程体系研讨组,针对目前课程体系中的问题,寻找解决策略创建适用的理论体系,加强健康教育课程体系的研究和建设。同时不断提高学校健康教育者的专业素养,定期组织健康教育课程理论与技术培训活动,加强学校健康教育的理论指导。2016年国务院颁发了《"健康中国2030"规划纲要》,纲要明确指出"将健康教育纳入国民教育体系,把健康教育作为教育阶段素质教育的重要内容。以中小学为重点,建立学校健康教育推进机制。构建相关学科教育与教育活动相结合、课堂教育与课外实践相结合、经常性宣传教育与集中式宣传教育相结合的健康教育模式。培养健康教育师资,将健康教育纳入体育教师职前教育和职后培训内容。"[①]该纲要的颁布再次强调了健康教育推进的重要性。在健康教育与学校体育结合发展过程中,重视体育与健康课程设计模式,转变传统观念,利用课程资源开设综合化新课程理念,同时加强体育与健康课程理论研究,目前关于体育课程与健康教育课程如何结合的理论研究还很薄弱,理论研究的缺乏导致实践中可参考的经验少之又少,"摸着石头过河"式的实践方式降低了学校健康促进成效的同时也提高了工作成本。因此在学校体育与学校健康教育协同发展道路上加强课程体系的理论建设是化解二者冲突的有效途径。

---

① 曾钊,刘娟. 中共中央 国务院印发《"健康中国2030"规划纲要》[J]. 中华人民共和国国务院公报,2016(32):5-20.

要注重加大专业师资培养,加强学校健康教育包括身体与心理两方面的教育内容。目前我国基础教育阶段各级学校师资中极少有从事健康教育的专任教师,多数情况下学校健康教育工作是由学校校医、体育教师等兼任。由于受知识结构等多方面因素的影响,教学中讲授的健康教育内容的深度和广度不能满足学生对健康知识的需求。而学校健康教师的综合素质要求较高,必须通过严格的职前教育和培训,并通过相关资格考试才可能达到健康教师的要求。作为当下青少年学生体质健康促进主力军的学校体育教师不仅要提高理论与实践教学水平,更应该注重创新教育理念,能够做到同时兼顾健康教师角色的转变,努力拓宽知识理论结构,在做好体育教学本职工作的同时,更要注重培养学生生活中的健康行为习惯,加强职前职后的专门化培训,通过严格系统的师资培训体系将体育教师发展成为改造学生体质的建造师与保障学生健康的健康管理者。

二、强化体力活动干预,推进校园强度体育

目前,我国青少年体质健康水平不断下降的一个重要原因就是体力活动不足。当前青少年学生校园体力活动的强度明显不足,青少年学生日常活动多以在教室中的静坐学习为主,身体活动量与活动强度都无法达到促进健康的标准,加之交通性和家务性体力活动更是少之又少,仅剩的校园体育锻炼成为青少年学生主要的体力活动。然而,受当今社会应试教育制度的影响,学生在校期间绝大部分时间都集中于文化课学习,体育课程和大课间体育活动的时间被大大压缩,尽管国家制定发布了一系列的政策来保证学生在校期间的体育活动时间,但实施效果却不尽如人意。加之现代化生活方式的影响,学生在课余时间宁可使用手机或电脑进行网络交流和电子游戏等方式来放松身心,也不愿主动参与到体育活动中去。综合多方面原因,我国当前的校园体力活动严重缺少强度负荷,根本达不到促进青少年身心健康发展的标准。然而通过增加学校体育活动的密度和强度可以提高学生的体力活动能力,促进青少年身心的健康发展,特别是在改善体质、降低体脂含量、心血管和代谢疾病的预防、骨骼的健康成长、消极情绪的排泄、健全心智的发展等方面都有着积极影响。因此,加强学

校体力活动的干预,将体力活动作为健康促进行为干预的重心,不断推进校园强度体育,使校园体育的活动强度真正达到能够刺激青少年身心健康发展的水平,是逐步提高青少年体质健康水平的有效途径。

为达到强度体育的目标,首先政府主管部门要进一步完善学校体育考评、监督机制。青少年体质健康促进政策的制定只是起点,需要在执行的过程中不断强化监督、落实考评。要注重加大对各级学校体育课、大课间体育活动等校园体育具体落实情况的监督力度,不断创新、深入、科学有效地开展校园阳光体育活动。各地方政府应加大对学校体育资金的投入力度,为各级学校提供完备的体育设施,教育部门督促体育教师及学校相关人员保质保量地完成学校体育教学任务和大课间体育活动的组织协调工作。省级政府在省域健康促进模式中应努力做好其本职工作,发挥其地区性的主导作用,以国家相关政策为导向,不断创新符合本地区实际情况的健康促进省域项目,协调各地区学校之间的利益关系,真正使青少年学校文化学习成绩与青少年体质健康促进共同协调地稳步前进。其次,学校体育教师需要不断增强自身的使命感和责任感,提高自身业务素质,创造性地丰富体育活动的组织形式,注重将体力活动干预作为学生健康促进行为干预的重心,体育教学中注重强调学校的体育活动从"温和状态"提高到"活跃状态"的理念,努力使实际体育活动时间达到课堂教学时间的50%以上、学生运动时的目标心率持续一定时间。实际教学中通过体育课教材、专业发展讨论和教师现场指导等干预形式进行。体育课的主要目标是给学生提供足够的机会让他们主动参与到体育活动之中,使运动强度在相对轻松、愉快的氛围中达到有效刺激其身心发展的水平,让学生真正能够在身体承受一定负荷的愉快氛围中习得各项体育运动技能。最后,青少年体质健康促进的体力活动干预不应只局限在学校,要将家庭、社区等生活环境容纳进来,健康促进体力活动干预的最终目的是将体力活动渗透到青少年学生的生活中,让其成为一种生活习惯进行固化,促进学生健康行为习惯的养成,使青少年体力活动的干预效果持久化、生活化。因此,还应建立多领域协调与互动的青少年体育活动干预模式。此种干预是一种体系化的干预策略,不仅利用了学校中的健康促进资源,也对校外资源进行整合,包括家庭的参与、社区健康促进资源补充、市政机构的配合等。此外,干预中要注重突出学生参与的自主性,尤其注重锻炼内容的选择,同时结合家庭开具运动处方并对结果进行及时反馈,这些措施有利于提高青少年学生的运动质量,使得青少年体质健康促进更加科学高效。

从利益的角度来看,如果将青少年体质健康促进看作是一种"健康"利益,虽然"健康"利益与学生个人利益、学校集体利益、地方教育行政机构的部门利益以及中央政府的国家利益都有密切的关系,但正如前文所分析的,不同的利益主体都具有自利性特征,面对"健康"利益的选择,各利益主体有着不同的利益抉择,健康利益更多是从国家收益的角度来考虑。而对于学生或家长来说,"健康"只是学生该阶段众多利益需求中的一种,而非首要利益,因此很难把"健康"利益置于最重要的地位。对于学校、地方政府部门来说,国家重视体质健康,追求"健康"利益的需求与它们的利益需求也没有直接联系,它们对"健康"的利益诉求更小。因此面对这样的利益分布格局,强化体力活动干预,推进校园强度体育可以有效提高学校体育的效率,运动强度和运动密度的提高在合理压缩学生在体育锻炼上所花费时间的同时也确保了学生运动量的达标,高效快频的运动模式避免了对学生有限时间的额外占用,这在一定程度上减轻了"健康"利益对其他主体(领域)的利益损害,利益的相对平衡也将提高学生、学校以及地方政府等各层级利益主体参与健康促进的积极性和主动性。

三、改革体质监测制度,反哺学校健康促进

学生体质健康监测一直是我国青少年体质健康促进政策评估的最主要手段和方式。青少年体质健康促进政策的最终目的是提升青少年体质健康水平,然而对政策效果的评估最直接的方法就是对青少年体质健康状况进行监测。《国家学生体质健康标准》已成为我国落实青少年体质健康促进政策的最主要的推手。但现实情况的反馈表明《国家学生体质健康标准》执行情况并不理想,数据质量备受诟病,反馈调整功能及引导锻炼功能基本还没有开通。在实际过程中上报数据质量不高,数据失真,上报虚假数据或篡改数据,以获取私利等问题严重制约了《国家学生体质健康标准》制度评估、反馈和引导锻炼功能的发挥。同时对于测试结果学校体育在教学中也没有对《国家学生体质健康标准》

等体测数据进行重视,体质测试结果不能够反哺教学,同时体育教学也未能对体测及结果开展针对性的改革,《国家学生体质健康标准》上报数据结果的低使用率造成巨大数据资源被浪费,使国家的大量投入受到严重损失。

《学生体质健康监测评价办法》文件对《国家学生体质健康标准》测试结果使用的范围以及如何使用均给出了翔实意见,在《学生体质健康监测评价办法》的第十条"有效应用监测评价结果"中就明确规定:小学阶段需要将《标准》测试的结果如实记录在学生成长记录中,写进学生素质报告中,初中以上阶段,学校须将成绩或结果写进学生档案;高中阶段要纳入学业水平考试和学生综合素质评价,作为重要考核指标和内容。并且学校要按规定定制"国家学生体质健康标准登记卡",将学生测试成绩及依据学生成绩对应获得的评定等级按照规范记录在登记卡上。将《标准》测试结果,纳入学生评先、毕业考核,以及升学等考核重要指标中。各级教育行政部门要将学生体质健康状况作为评价学校教育质量和地方教育发展水平的重要指标[①]。然而在实际结果应用的调查中发现很少有学校会按照《学生体质健康监测评价办法》的文件要求执行。各地方行政部门对于各学校的监测结果进行排名,对于监测结果较差的学校进行通报批评,除此之外并没有实质性的惩罚。如此"蜻蜓点水"般的惩罚力度不能引起学校领导、教师和学生的重视,导致学生体质健康监测完全达不到预期的效果,成为耗资耗力的徒劳工作。

从现状来看,国家花费大量人力物力,投入大量资金成本然而却与回报不成正比。无效的监测制度导致国家利益完全处在"亏盈"状态。而对于地方政府、学校以及学生个体来说,学生体质健康监测结果的好坏对于他们的利益影响并不大。学校若大力配合国家完成学生体质健康监测任务,要花费的成本将远高于收益,它们要投入大量的精力提高学生的体测成绩,然而它们并不会获得较高的收益。相反,如果不积极准备学生体质健康监测任务,不仅可以节省成本,同时低惩罚力度也不会造成过多的额外损失。利益博弈之后对于地方政府、学校以及学生来说,低配合度成为最优选择。利益不均的分布格局导致国

---

① 教育部关于印发《学生体质健康监测评价办法》等三个文件的通知. 教体艺〔2014〕3号文.

家层面处在完全被动的局面。因此改革我国现行的监测制度,加大惩罚比重是调节利益平衡的最佳手段。将监测结果直接应用到各地区、学校和学生升学成绩、工作绩效考评中,根据监测结果进行不同程度的实质性惩罚,惩罚力度的加重直接提高了各利益主体选择不积极实施体测任务的决策成本,新的利益格局转变利益主体的利益决策,监测制度是平衡利益格局的有效手段,监测制度的设置应服务于利益平衡,保证生态利益圈的良性循环。

四、优化资源配给,完善校园足球和阳光体育

健康教育与健康促进干预实践中,通过项目(专项行动)的方式来推进是一个惯用方法。在我国"阳光体育运动"和"校园足球"就是国家层面的两个最重要、最具影响力的综合项目。自2007年开始,结合《国家学生体质健康标准》的全面实施,全国各级各类学校中相继广泛、深入地开展全国亿万学生阳光体育运动和校园足球活动。"阳光体育运动"与"校园足球"作为现阶段我国青少年体质健康促进政策的主要实施途径,近年来在学生体质健康促进中发挥了至关重要的作用。校园足球和阳光体育以综合性项目为手段推进学生体质健康工作,体现了现代健康促进理论模式的特点。经过几年的努力,我国校园体育工作的开展取得了较大进展,学生体质健康状况持续下滑的趋势得到了一定缓解,但在具体实施过程中仍然面临多重问题和挑战。

当下,我国的阳光体育活动和校园足球的开展需要充分考虑各方面的利益,在此基础上,要注重合理优化资源配置。首先,要注重优化体育教师结构,丰富多学科的知识理论结构与提高体育教师综合教学水平并重,不断完善校园体育的方针政策,通过举办各种专业性培训班,从而达到提高校园体育师资的整体水平。其次,要为体育教学与健康促进提供充裕的物质保障,整合学校场地资源,提高器材与教材利用率,制定针对性法律法规,在相关部门的督导与协调下,协调社区与学校场地的高效使用。此外,还要不断拓宽学生体质健康促进资金渠道,合理分配学校教育资金投入与资源分配,可以充分利用市场经济的优越性,主动拉动社会企业资金赞助,建立专项基金,形成校园体育专款专用监督机制,成立政府专项资金督查小组,保证学校体育的每笔专项资金都能够

用在实处。除此之外,还要注重建立并完善青少年学生体质健康促进信息交流与研究服务平台,保证相关信息交流、互动、研究服务平台的对称,增强社会各界对青少年体质健康促进的支持力度,不断扩大校园体育的影响力。

五、深入推进健康促进学校创建

创建健康促进学校是我国健康促进活动的重要组成部分。目前我国健康促进学校的创建成效越来越显著,许多省市都将健康促进学校作为落实青少年体质健康政策的有力推手。"健康促进学校"的主要创建理念是将学校看作是一个健康场所,这里不仅向学生提供学习和生活条件,还要保证学校教育和健康水平在这一健康环境中得到促进和加强。主要通过对健康促进环境的精心设计与维护营造健康环境,帮助学生获得健康。这些健康促进环境可以保证并提高个人和组织水平的健康。当然紧靠学校力量是无法完成健康任务的,因此在健康促进学校创建过程中特别重视学校与家庭、社区的联系。在我国健康促进学校旨在通过学校及学校所在社区所有成员的共同努力,创造一个安全、健康的环境,全面、积极地促进和保护学生及社区成员的健康。它是一个完整的健康促进模式,除了重视身心健康之外,还强调健康躯体、心理、社会方面与环境方面之间的相互联系。这一要求促使了家庭、社区的介入,不仅认识到物质环境对促进儿童健康的重要性,还认识到学校的社会风气对支持一个积极的学习环境的重要性,它把家庭、社区的健康服务与学校联系起来,进而全方位地促进和保护学生与社区成员的健康。参与健康促进学校的不仅仅包括学生,还包括学校全体教职工及学校所在社区的家长和社区机构的成员。健康促进学校虽然是我国政府推进青少年体质健康促进工作的一个重要途径,但整个创建过程囊括了政府、学校、社区、家庭和学生各层面,它不是一个单一的过程,而是需要各层面各要素相互关联、相互协作共同实现。健康促进学校创建充分体现了健康促进的生态学模式,以健康促进学校为主线的生态模式与青少年体质健康促进竞争生态学模式有着共同特征,"利益博弈"依旧是整个生态圈的运行动力。因此,在创建健康促进学校的同时要重视均衡各方利益要素,考量各方利益博弈行为。

与国家学生体质健康监测工作相比,我国健康促进学校的考核评估工作要求更为严格。按照WHO西太区《健康促进学校发展纲领》的精神,我国健康促进学校设定了可信度较高的奖励机制。对于参与健康促进学校评比的单位进行严格的考核评估,依据各指标要求对学校各方面一一进行评分,最后通过考核的学校单位可获得奖励。其奖励标准分为金、银、铜三级,每一级奖励都以制定健康促进学校宪章(即促进和保护学校健康的具体承诺和保证做到实事)为前提,并且逐级递升。对于金牌级别的学校考评最少也需要三年的周期,这样的评比要求保证了健康促进工作的周期性,确保了创建成果的质量,防止了"偷工减料""走捷径"的形式主义现象。健康促进学校金、银、铜奖的奖励活动,激发了各地创建健康促进学校的积极性,含金量较高的奖励机制也刺激了各利益主体参与利益竞争的积极性。对于参与健康促进学校的评比单位,学校健康创建成效直接与评比结果相挂钩,这无疑提高了健康利益在学校利益中的竞争优势,竞争力的上升提高了学校对健康促进工作的重视程度。通过增加健康利益的优势有效平衡了各利益主体的利益分布,深化推进健康促进学校创建遵循了生态系统中利益博弈这一根本规律,符合我国青少年体质健康促进工作的生态模式。

第三节 发挥省域优势,开展特色治理

一、科学制定省域青少年体质健康促进政策

在我国青少年体质健康促进工作中,省级政府作为中央与地方的连接点,一方面要贯彻中央政府的战略决策,积极发挥地方政府职能配合中央完成政策目标;另一方面,作为地方政府的最高层面,省级政府必须领导和督促省域内各级政府工作的开展。省域治理是国家治理中由中央到地方下移的非常重要的层次。没有正确和有力的省域治理,国家治理无法落实,地方治理失去统摄,其他各方面的治理都无法有效地展开。省域治理是开展青少年体质健康促进工

作的关键环节。以省域治理的方式开展青少年体质健康促进可以有效地协调竞争,平衡各方利益需求。从政府层面考虑,省级政府作为中央政府和基层政府的中间人,应该充分发挥其在省域健康促进中的特殊地位与作用。中央政府出台的政策纲领是宏观的、笼统的,由于地区差异性和特殊性导致基层政府与中央政府之间产生利益隔阂,而作为独立的利益主体,基层政府在执行过程中很难做到损害自身利益来满足国家利益的需求,从而导致中央政策推行效果不佳的问题。因此,省级政府应注重有效化解中央政府与基层政府之间的鸿沟,加强中央与基层间的联系。在推行中央政策时,省级政府可将宏观政策具体化,根据本地区的实际情况以及地区的发展特点,制定出区域化的政策方案,采用适宜本地区的方法和手段推行中央工作要求,在保证集体利益的同时也尽可能不损失自身利益,从而有效规避中央与地方间的利益冲突。这样的政策执行方式,不仅可以加强中央、省级和基层政府间的协调配合程度,也大大提高了我国青少年体质健康促进的工作效率和工作质量。

强化青少年体质健康促进省域治理意识,制定科学的政策体系,发挥省域治理优势功能,从而促进部门设置的科学合理化,同时统筹规划、督促和协调省域内各级工作的开展。我国各省、直辖市、自治区在区域治理中均享有一定的独立性和自主性,对于青少年体质健康促进工作的开展,省域模式的推行方式具有一定的优势性。在省域治理中,各省市自治区均拥有一定立法权。为了更加有效推进各区域青少年体质健康促进工作,可以充分运用省级人大的立法权,在国家宪法和总体法律体系允许范围内,根据体质健康促进工作开展的实际需要,制定符合当地实情和人民需求的地方法律法规,为青少年体质健康促进政策的落实和地方健康促进工作的开展提供了更为科学完备和切实有效的法律法规体系。这为体质健康促进工作提供更加科学、具体和可行的行动标准。除了发挥省域治理中的优势功能之外,还要注重省域体质健康促进模式中省级治理体系的科学性和合理化问题,省政府、教育厅、体育局、卫生厅以及其他相关部门权力分布和融合的科学合理化,是达到最佳效能的前提。只有省级健康促进相关管理部门科学设置、相互协调、合理运行才能发挥出其最佳功效。由于省级政府在综合决策、组织协调上具有更大的灵活性和优势性,因此在省级青少年体质健康促进中应该充分利用和发挥区域的优势功能，进行大胆试验、积极创新，探寻积极有效的实施路径。

青少年体质健康促进作为一个政策推行过程，省域青少年体质健康促进工作涉及省、市、区县等各级政府及其相关职能部门，各级各类学校和相关社会组织，为了解决青少年体质健康问题，这些组织机构之间需要建立高效的管理关系，才能够支撑并促进核心业务流程，促进组织内部的决策过程和冲突解决过程，促进各方充分发挥各自功能，明确组织结构中的最佳定位，完成切实有效的管理。

当前，我国青少年体质健康促进工作的差距不仅存在于各省域之间，而且同一省域内的地区与地区、城市与农村之间也存在着较大的差异，"省"在我国行政区划体系中的特殊位置及其宏观协调管理职能，决定了在省域内开展青少年体质健康促进成为当前青少年体质健康促进工作发展的必然选择，对实现青少年体质健康水平的提高具有十分重要的意义。省级政府对下级地方政府具有特殊的领导职能。根据各级市、县、镇的实际情况可结合本区域的特点统筹分配各类资源，提高资源的利用效益；同时还要督促和协调省域内各级政府部门工作的开展情况。在省级政府的统一安排部署下，省级以下政府主要负责具体的执行性和服务性事务工作，市级政府在承担大量的具体行政事务的同时，也具有对本区域内行政事务进行宏观管理的权利和特点。

二、开发具有省域特色的体质健康促进项目

为推动地方青少年体质健康促进工作，可以建立省级青少年体质健康促进专门机构，通过创建具有省域特色的青少年体质健康促进项目，有效推进地方体质工作开展。青少年体质健康促进专门机构是由非政府性的第三方组织构成，是省域体质健康促进模式组织架构中参谋-职能系统中的重要成员。其主要职责是为省级政府（包括人大）及其职能部门提供决策（政策）参考，为政府职能部门提供具体的政策方案和可操作的技术指导。省级青少年体质健康促进专门机构是监督子系统、反馈子系统中的核心成员，此类机构可作为政府授权的组织对政策执行过程进行监督，同时可对政策执行的过程和效果进行评价后

向政府及社会进行(双向)反馈。此外,青少年体质健康促进机构还与各级实验点密切联系,开展政策、措施、方法方面的实验及效果评价反馈,为政策、措施和技术推广进行准备。在省域模式中,省级青少年体质健康促进专门机构在整个机构体系中扮演着至关重要的角色,是省域体质健康促进模式中不可缺少的重要因素。在建立省级相关青少年体质健康促进专门机构的同时,以省级项目为核心抓手全力推动政策的执行,以及青少年体质健康促进工作的开展,将有利于国家政策的进一步细化与拓展。市或县级相关下级政府部门应积极贯彻和推行省级政策及项目,并实时做好结果反馈工作。学校应该积极响应省级政策以及项目,充分重视学校体育课、课外体育活动、各类体育俱乐部活动、学校健康教育、卫生教育、青少年健康活动的开展,共同促进青少年体质健康水平的提高。

在推进青少年体质健康促进项目中,需要加强省与省之间的交流,借鉴区域成功经验,因地制宜地创建适宜本省的促进方案。在现行国家治理体制下,以省区为单位实施国家青少年体质健康促进是必然选择。青少年体质健康促进工作越来越成为省域治理的重要内容。对于国家相关部门出台的关于青少年体质健康促进的纲领性文件,各省、直辖市、自治区积极响应,推动相关工作的开展。但是青少年体质健康促进工作不是短期的,它是一个长期、连续的健康工程项目。因此各省区在开展工作时需注意加强与其他省区的交流和沟通,学习和借鉴其他省区的成功经验。特别像江苏省、上海市这样的地区,工作开展的时间较早,发展相对比较成熟、经验比较丰富,在实践中已逐步形成了一定的区域模式。起步晚、发展相对落后的地区应主动向经验丰富的地区学习,通过组织合作与交流、开展实地考察等活动,有效提高当地体质健康促进工作的工作效率和工作质量。当然,在积极借鉴先行地区成功经验的同时还要重视本地区的特殊性和差异性,切忌生搬硬套。对于各省区的促进工作来说,必须立足本省实情,结合当地社会经济教育环境发展状况,因地制宜地制定出适宜本区域的方针政策。由于不同地区发展起点和基础的差异性,不同省区之间青少年体质健康促进工作的目标和进程也各不相同。对于发展基础较好的地区需总结之前的发展经验,扬长避短,通过努力使地区工作更上一层楼,为其他地区的发展起到良好的指引作用。发展较弱的地区,应加强与先行地区的学习和交流,在借鉴成功经验的同时还要注重结合本区域实情发展体质健康促进工作。

第四节　加强理论研究,提升能力建设

一、强化健康促进理论知识的运用和研究

当前,借助于多学科理论构建的多种青少年体质健康促进理论成功地解释了实践中的青少年体质健康行为问题,并提出了大量富有成效的健康促进干预策略,在实践中取得了较好效果,特别是近些年逐渐被认可的健康促进的生态学理论等。然而,这不意味着现有的青少年体质健康促进理论是完美的,就理论基础而言,目前的青少年体质健康促进理论是借助多学科理论来构建的,许多其他学科的理论还没有被充分引入健康促进理论之中,同时,目前的健康促进理论的实际效用也没有被充分发掘。此外,现有健康促进理论还没有能够很好解释当前我国青少年体质健康促进实践中的突出问题和现象。

青少年体质健康促进工作被视为一项特殊的政策过程。健康促进的相关理论及人们对于健康的观念等都体现在政策过程之中。随着对健康影响因素认识的不断深入,健康促进作为一项社会性的工作,健康促进理论和实践越来越注重政策这一因素的作用。同时现有的行为解释理论也意识到人类行为是多种因素相互作用的结果,各环境因素间存在着复杂的、动态的相互作用,但环境中各种因素是如何相互作用而最终影响人类的行为,其作用机制如何,现有的健康促进理论没有更具体和深入的说明。而本研究根据健康促进的生态模式以及我国实际特点,找出其背后的动力来自"竞争"要素,引入竞争理论弥补了现有理论的不足。在此基础上,研究以"竞争"为切入点,发现我国体质健康促进不仅是一项社会活动或政策过程,更是一个获取健康利益的过程,但这个过程涉及多种利益相关者的不同利益,形成了错综复杂的社会利益关系,利益主体在不同利益间的矛盾与斗争中进行博弈,最终对健康促进的效果或者说健

康促进行为的选择做出决定。将政策、竞争、利益和博弈等理论与健康促进理论相结合,解释和探索我国青少年体质健康促进工作。然而在此之前,现有的部分健康促进理论虽然注意到了政策的重要性,但也仅仅只是从健康促进政策的自身出发,忽略竞争要素的影响,更缺乏对失衡的利益各方进行有效的调和,最终影响了政策效果。但目前对政策与利益之间的关系少有研究,纵观我国的青少年体质健康促进政策实践,其对健康促进中各方利益的关注还很不够,未能很好地扮演各方利益协调者的角色。利益博弈分析还没有被纳入现有主流健康促进理论研究之中,显然,现有的健康促进理论和实践都没有很好地关注到健康促进中各利益相关者的竞争、利益和博弈的关系。目前各种健康促进理论对于健康行为的解释还有较大的局限性,尤其对于以政策过程为主要体现的中国青少年体质健康促进实践,其指导能力明显不足。因此,相关职能部门必须不断加强青少年体质健康促进理论研究能力建设,最终达到提升青少年体质健康的实际效果。

二、创新青少年体质健康促进工作机制体制

青少年体质健康促进作为一个充满利益博弈的复杂生态系统,其中的利益平衡是在一定的利益格局和体系下表现出的利益体系相对平衡的均势状态。本课题中的生态学模式可被看成为一种观点、思维模式、行动的宏观模型,或被强调为一种方法,而不是某个具体变量。在健康促进具体实践中,解释或干预某一行为时,通常应运用生态学模型作为大体框架,同时结合使用其他微观、具体的行为理论,这样可以将各种健康行为学理论统合起来,发挥出更高的效率。生态学模型正朝着从宏观和微观两个方面分析环境对行为影响的这一方向发展。

利益博弈导致青少年学生体质健康促进效果不佳,结合我国政治特点与现实,在中国青少年体质健康促进中想要改变中国社会利益团体强弱博弈格局的设想几乎无法实现,因此,转以博弈平衡的观点从整体性出发构建我国青少年体质健康促进一体化系统,有效促成青少年体质健康促进各利益主体之间利益相互联动,促使各方利益相对均衡,使各利益主体在博弈中各自受益,最终使我

国的青少年体质健康促进真正发挥实质性作用。青少年体质健康促进一体化系统要注重全民参与健康促进政策决定、执行与评价反馈的双向机制建设。健康促进政策执行中要确保相关政策执行的畅通，各利益主体之间要加强以利益需求为主的一体化联动，将利益平均分配到各方利益主体，增强健康促进政策的连贯性和协同度。学校、社区、家庭三方利益主体要协同联动，家庭、学校与社区要多组织健康促进活动、增加青少年运动锻炼项目、完善健身路径等，家长要主动参与到青少年体质健康促进中，促使学生体育锻炼意识与行为的养成。政府、社会组织与社区对健康促进工作开展较好的家庭、学校给予直接的经济奖励，如此，形成学校、社区、家庭三位一体的青少年体质健康促进政策执行体系，进而使青少年体质健康政策的执行有一个多方协调联动的良好环境。为维护健康促进政策评价的客观性，立法部门为提高其评价职能的信赖度，可向专门性学术组织或专门行政机关委托评价业务，设置隶属于立法部门的学生体质健康促进独立评价机构。同时，要重视政策执行中的动态评价，并对青少年体质持续下降的地区和学校实行行政问责和通报批评，给予工作成果突出的地区政府与学校直接性的经济奖励。建立涵盖多方利益主体的政策执行监控保障体系、完善政策执行监控机制，成立以健康促进政策制定利益主体、执行利益主体和青少年利益群体结合的多层次政策监控主体，加强制度管理，对政策执行情况进行切实有效的监控。健康促进工作中立法部门要以立法形式确保教育部门、卫生部门和体育部门互为补充，司法部门、大众舆论团体与隶属于政府的健康促进独立评审团共同致力于健康促进政策的依法执行，并由司法部门负责解决纠纷，健康促进社会公益组织部门负责表达学生健康促进利益诉求，大众舆论媒体以社论、评议等形式来评价在各个体系内进行的政策执行过程与结果，评价内容直接反馈给政策决定者与执行者。

　　青少年体质健康促进政策一体化系统之间的关系如图 8-1 所示，其中，虚线代表非正式的间接关系，直线代表正式的直接关系。青少年体质健康促进政策决策者与执行者同样保持正式与非正式关系，评价内容反馈由处在执行体系的立法部门、司法部门、独立评审团、舆论媒体、公私利益团体等共同参与，直接或间接参与健康促进执行效果评价，同时与学生体质健康促进决策者、执行者

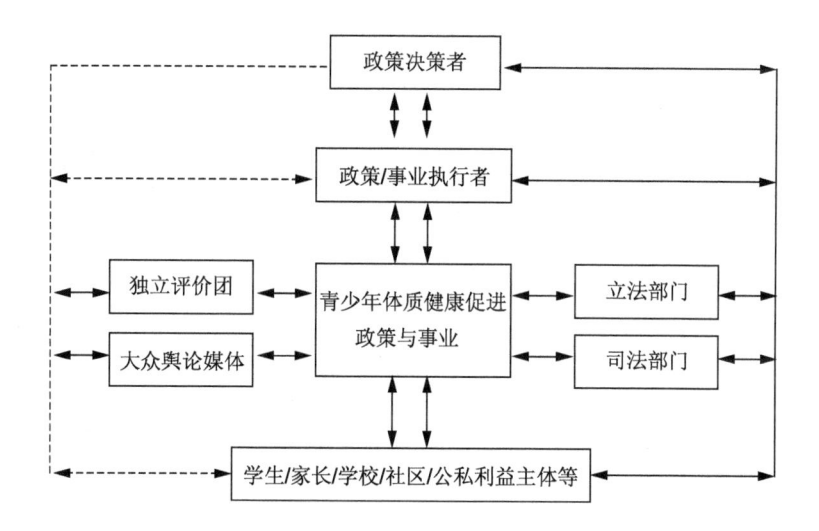

图 8-1 青少年体质健康促进一体化系统

相互影响,最终形成一个真正涵盖强势利益主体与弱势利益主体之间高度联动的青少年体质健康促进一体化系统。

参考文献

[1] MCLEROY K R, BIBEAU D, STECKLER A, et al. An ecological perspective on health promotion programs[J]. Health education & behavior,1988,15(4): 351-377.

[2] BRONFENBRENNER U. Toward an experimental ecology of human development[J]. American psychologist, 1977(32): 513-531.

[3] VINCENT S D, PANGRAZI R P. An examination of the activity patterns of elementary school children[J]. Pediatric exercise science, 2002(14): 432-441.

[4] LAURSON K R, EISENMANN J C, WELK G J. Combined influence of physical activity and screen time recommendations on childhood overweight[J]. The journal of pediatrics, 2008, 153(2): 209-214.

[5] GREENING L, HARRELL K T, LOW A K, et al. Efficacy of a school-based childhood obesity intervention program in a rural southern community: TEAM Mississippi Project[J]. Obesity, 2012, 19(6):1213-1219.

[6] WARBURTON D E, NICOL C W, BREDIN S S. Health benefits of physical activity: the evidence [J]. Canadian medical association journal, 2006, 174(6):801-809.

[7] BOOTH M L, SAMDAL O. Health-promoting schools in Australia: models and measurement[J]. Australian and New Zealand journal of public health, 1997, 21(4): 365-370.

[8] LEGER L S, NUTBEAM D. A model for mapping linkages between health and educa-

tion agencies to improve school health[J]. Journal of school health, 2000, 70(2):45-50.

[9] KOŁOŁO H, GUSZKOWSKA M, MAZUR J, et al. Self-efficacy, self-esteem and body image as psychological determinants of 15-year-old adolescents' physical activity levels [J]. Human movement, 2012, 13(3):264-270.

[10] BERKMAN L F, GLASS T. Social integration, social networks, social support, and health[J]. Social epidemiology, 2000(1):137-173.

[11] PATTON M Q. The evaluator's responsibility for utilization[J]. Evaluation practice, 1988(9):5-24.

[12] PORTER M E. The competitive advantage of nations[J]. Harvard business review, 1990(68):73-93.

[13] Commission on Global Governance. Our global neighbourhood: the report of the Commission on Global Governance[M]. Oxford:Oxford University Press,1995:19-21.

[14] 胡国鹏,冯魏,郭宇刚,等. 社会生态学理论观照下体力活动促进研究的历史、现在与未来[J]. 首都体育学院学报,2000(4):367-370.

[15] 李俊,张惠红. 生态学模型在我国青少年课外体育锻炼中的应用[J]. 湖北体育学院学报,2013,27(5):33-36.

[16] 赵晋喜,温育莎. 生态体育环境视阈下的青少年体质健康影响研究[J]. 体育科技文献通报,2015,23(1):47-48.

[17] 方敏. 锻炼行为生态学模型的理论阐释及展望[J]. 西安体育学院学报,2010,27(1):121-127.

[18] 季燕霞. 我国地方政府间竞争的博弈论分析[J]. 江汉论坛,2014(11).

[19] 丁煌,李晓飞. 逆向选择、利益博弈与政策执行阻滞[J]. 北京航空航天大学学报(社会科学版),2010,23(1):15-21.

[20] 张磊. 公共政策制定的利益博弈分析[J]. 重庆工商大学学报(社会科学版),2008,25(3):84-86.

[21] 朱斌,毛晓荣. 实施"阳光体育运动"的利益博弈与应对策略[J]. 教育与教学研究,2012,26(5):94-102.

[22] 秦婕. 基于政策视角下的青少年体质健康促进研究[J]. 西安体育学院学报,2015,32(1).

[23] 杨成伟,唐炎.青少年体质健康政策的有效执行路径研究:基于米特-霍恩政策执行系统模型的视角[J].体育科学,2014,43(8):56-64.

[24] 杨伟成.美国青少年体质健康政策的演进及执行路径研究[J].西南师范大学学报,2015(8).

[25] 张虎,杨西勇,刘晓军,等.对我国学生体质健康促进模式的思考[J].渭南师范学院学报,2006,21(5):71-74.

[26] 林少娜,陈绍艳,胡英宗,等."学校、家庭、社区"体育教育一体化发展模式[J].武汉体育学院学报,2004,38(6):50-53.

[27] 李凌,李俊.构建青少年健康促进的有效模式[J].教学与管理,2007(7),35-36.

[28] 张瑛秋,孔垂辉.青春发育突增期不同发育类型学生健康促进模式的实施方案[J].北京体育大学学报,2005,28(12):1639-1640.

[29] 张河川.健康教育在促进学生体质中的作用[J].中国学校卫生,2006,27(8):696-697.

[30] 赵彩凤.有效学校健康促进模式研究[J].教学与管理,2007(30):41-42.

[31] 颜昶,徐丽平.学校"体育健康促进"模式的创建与"终身体育"[J].北京体育大学学报,2007,30(11):1534-1536.

[32] 薛海红.高等学校有效体质健康促进模式的研究[J].西安工程大学学报,2006,20(5):652-655.

[33] 林莉,孙仕舜,董德龙.学校体育对青少年体质健康促进的思考[J].北京体育大学学报,2011,34(8):71-74.

[34] 杨桦."深化阳光体育运动",促进青少年体质健康[J].北京体育大学学报,2011,34(1):1-4.

[35] 陈连生.澳大利亚健康促进理念与实践给我们的启示[J].中国公共卫生管理,2003,(5):476.

[36] 卫藤隆.日本青少年的健康研究和健康促进[J].上海教育,2007(12A):9.

[37] 周强.日本青少年体质健康促进政策及其借鉴研究[J].运动,2014(2):1-2.

[38] 欧阳康.省级治理的定位与使命:在国家治理与基层治理之间[J].华中科技大学学报,2015,29(4):5-6.

[39] 丁晓昌.提升省域高等教育治理能力的路径选择[J].中国高教研究,2014,5(12):8-13.

[40] 侯宣杰.近代广西商会与省域经济治理[J].桂海论丛,2015,31(5):108-112.

[41] 韩永辉,李青,邹建华.基于GPCA模型的中国省域生态文明治理评价研究[J].数理统计与管理,2016,35(4):604-613.

[42] 刘丽娜,李俊杰.基于省域视角的我国东中西部地区体育竞争力比较研究[J].山东体育学院学报,2015,31(1):19-24.

[43] 李安娜.省域经济发展水平与省域竞技体育实力的相关分析[J].天津体育学院学报,2011,26(1):12-14.

[44] 曾争,董科,钟璞.我国省域体育公共服务的技术效率及其影响因素研究[J].武汉体育学院学报,2015,49(7):30-35.

[45] 戴维红.我国省域体育产业核心竞争力比较研究[J].北京体育大学学报,2013,36(10):44-50.

[46] 陈志凌,孙娟.城市变迁背景下省域副中心城市群众体育的发展研究[J].中国学校体育,2015,2(3):1-7.

[47] 裴立新.关于构建省域全民健身体系的理论研究[J].西安体育学院学报,2007,24(4):4-8.

[48] 常生,金晶,李少娟,等.江苏省青少年体育锻炼与健康促进现状研究[J].科技资讯,2013(34):236-237.

[49] 顾久贤,李跃,李郑立.江苏省大学生体质健康促进机制研究[J].当代体育科技,2016,6(22):99-100.

[50] 颜中杰,应华,杨光.健康促进工程视野下上海高校公共体育教学模式研究[J].广州体育学院学报,2016,36(2):124-128.

[51] 李光耀.展上海30年健康促进成效 迎九届全球健康促进大会[J].上海预防医学,2016,28(10):671-672.

[52] 舒程.黑龙江省高校大学生健康状况及影响因素分析:基于体育健康促进理论视角[J].当代体育科技,2014,32(4):194-195.

[53] 王玉秀,顾伟铭,陈嵘,等.基于健康行为改变理论的学生体质健康促进策略:以浙江省为例[J].浙江工业大学学报(社会科学版),2014,13(1):60-65.

[54] 魏志真,鱼素琴.甘肃省学校健康教育及健康促进工作的现状及展望[J].教育研究,2005,23(17):42-43.

[55] 李卫东,王健,朱斌,等.湖北省青少年体质健康促进政策研究[J].武汉体育学院学报,2016,50(6):13-16.

[56] 罗鸣春,苏丹.国外健康促进政策对我国心理健康服务体系建设的启示[J].西南大学学报(社会科学版),2008,34(5):48-53.

[57] 陈培友,孙庆祝.青少年体质健康促进管理模式的创新[J].体育学刊,2014,21(2):34-39.

[58] 高鹏程.西方知识史上利益概念的源流[J].天津社会科学,2005(4):21-27.

[59] 冯国有.利益博弈与公共体育政策[J].体育文化导刊,2007(7):62-64.

[60] 张庆宪.利益在政策制定中的影响作用[J].桂海论丛,2002(3):37-42.

[61] 刘畅.从利益角度看我国地方政府间竞争[J].天水行政学院学报,2006(1):64-67.

[62] 新华社.中共中央关于全面深化改革若干重大问题的决定[J].学理论,2014,34(1):4-12.

[63] 王毓江.充分发挥各类社会利益主体在公共政策制定中的作用[J].中共合肥市委党校学报,2014(3):9-11.

[64] 王建平,纪湘懿.美国国家标准学校健康教育课程模式及评价[J].外国教育研究,2004(10):26-30.

[65] 廖文科.我国中小学健康教育回顾与展望[J].中国学校体育,1997(3).

[66] 史曙生.新课改后中小学健康教育课程面临的问题及对策[J].中国学校卫生,2009,30(3):261-262.

[67] 新华社.中国教育改革和发展纲要[J].中国高等教育,1993(4):2-7.

[68] 陈润,马迎华.健康促进学校活动的现状及展望[J].中国学校卫生,2004,25(1):114-116.

[69] 孙静.健康促进学校模式[J].中国健康教育,2004,20(3):243-245.

[70] 教育部,国家体育总局,共青团中央.教育部 国家体育总局 共青团中央关于开展全国亿万学生阳光体育运动的决定[J].中国学校体育,2007(1):16.

[71] 杨贵仁.中央7号文件实施5周年的回顾与展望[J].首都体育学院学报,2012,24(3):196-199.

[72] 杨成伟.青少年体质健康政策的有效执行路径研究[J].体育科学,2014,34(8):56-63.

[73] 丁俊武,黄宝宏.体育教育思想的分析与展望[J].安徽师范大学学报(自然科学版),2001,24(2):153-155.

[74] 李忠堂,阎智力.我国基础教育体育课程改革60年回顾[J].体育学刊,2010,17

(12):52-56.

[75] 教育部.学生体质健康监测评价办法[J].教育院/系/研究所名录,2014.

[76] 廖文科.当前学校卫生工作的主要任务[J].中国学校卫生,2008,29(1):1-3.

[77] 王向军,杨漾,杨璨.上海市学生体质健康工作的创新与发展[J].中国学校卫生,2017,38(2):164-165.

[78] 郭姝,马坤,张广文.高校职员制政策实施过程中的利益博弈研究[J].北京航空航天大学学报(社会科学版),2012,25(5):109-112.

[79] 汪元乐.基于博弈论的合作竞争战略理论研究[J].中山大学学报论丛,2006(4):186-189.

[80] 曾钊,刘娟.中共中央 国务院印发《"健康中国2030"规划纲要》[J].中华人民共和国国务院公报,2016(32):5-20.

[81] 董宏伟.家庭社会资本对青少年体育锻炼意识与行为的影响及反思[J].沈阳体育学院学报,2010,29(2):33-37.

[82] 李彬彬,符明秋.家庭影响青少年体育参与的研究进展[J].成都体育学院学报,2004,(1):12-15.

[83] 章建成,张绍礼,罗炯,等.中国青少年课外体育锻炼现状及影响因素研究报告[J].体育科学,2012,32(11):3-18.

[84] 韩慧,郑家鲲.西方国家青少年体力活动相关研究述评:基于社会生态学视角的分析[J].体育科学,2016,36(5):62-70.

[85] 乐生龙,陆大江,夏正常,等."家庭-社区-医院-高校"四位一体运动健康促进模式探索[J].北京体育大学学报,2015,38(11):23-29.

[86] 李小涛.试论新课程背景下的学校健康教育及体育教师的作为[J].魅力中国,2009(29):77-78.

[87] 申艳.房地产公共政策制定过程中的利益博弈分析:以重庆房地产利益集团为例[J].产业与科技论坛,2009,8(10):191-194.

[88] 王建容.我国公共政策评估存在的问题及其改进[J].行政论坛,2006(2):40-43.

[89] 张文显.法哲学范畴研究[M].北京:中国政法大学出版社,2001:220.

[90] 陈振明.政策科学原理[M].厦门:厦门大学出版社,1993.

[91] 李晋裕,滕子敬,李永亮.学校体育史[M].海口:海南出版社,2000.

[92] 中华人民共和国教育部.体育(1～6年级)体育与健康(7～12年级)课程标准(实验稿)

[M].北京:北京师范大学出版社,2001.

[93] 张金马. 政策科学导论[M]. 北京:中国人民大学出版社,1993:17.

[94] 胡伟.政府过程[M].杭州:浙江人民出版社,1998:254-255.

[95] 谢识予.经济博弈论[M].上海:复旦大学出版社,1997:30-31.

[96] 安德森.公共决策[M].唐亮,译.北京:华夏出版社,1990.

[97] 格林斯坦,波尔斯比.政策与政策制定[M].台湾:台湾幼狮文化事业公司,1983.

[98] 琼斯.再思民主政治中的决策制定[M].李丹阳,译.北京:北京大学出版社,2010.

[99] 德罗尔.逆境中的政策制定[M].王满传,译.上海:上海远东出版社,1996.

[100] 金登.议程、备选方案与公共政策[M].丁煌,方兴,译.北京:中国人民大学出版社,2004.

[101] 陈振民.政策科学:公共政策分析导论[M].北京:中国人民大学出版社,2004:160.

[102] 胡宁生.现代公共政策研究[M].北京:中国社会科学出版社,2000.

[103] 陈振明.政策科学[M].北京:中国人民大学出版社,1998:318.

[104] 严强.公共政策学[M].南京:南京大学出版社,2002.

[105] 张国庆.现代公共政策导论[M].北京:北京大学出版社,1997:193-194.

[106] 曾爱玲.公共政策评估实证分析:以成都市全民健康体检政策评估为例[D].成都:四川省社会科学院,2012.

[107] 黄敬亨.健康教育学[M].上海:复旦大学出版社,2003:41.

[108] 朱家雄.教育卫生学[M].北京:人民教育出版社,1998:246.

[109] 齐华勇.我国中小学健康教育课程目标、内容体系的探究及建构[D].长沙:湖南师范大学,2005.

[110] 马晓.健康教育学[M].北京:人民卫生出版社,2004.

[111] 马克思,恩格斯.马克思恩格斯全集(第1卷)[M].2版.北京:人民出版社,1995:187.

[112] 王建平.健康教育:世纪的呼唤[M].北京:中国青年出版社,2001:31.

[113] 顾荣芳.学前儿童健康教育论[M].南京:江苏教育出版社,2004:71.

[114] 世界卫生组织加强和促进学校健康教育专家组.学校健康教育指南[M].王翠华,王金雪,译.北京:人民卫生出版社,1999:7.

[115] 体育与健康课程标准研制组.普通高中体育与健康课程标准解读[M].武汉:湖北教育出版社,2008:60.

[116] 萨克.运动健康完全手册[M].长沙:湖南文艺出版社,2001:19.

[117] 吕姿之,常春.健康教育与健康促进[M].北京:北京大学医学出版社,2002:144-145.

[118] 张维迎.博弈与社会讲义[M].北京:北京大学出版社,2014.

[119] 凯利.决策中的博弈论[M].李志斌,殷献民,译.北京:北京大学出版社,2007.

[120] 李帮义,王玉燕.博弈论及其应用[M].北京:机械工业出版社,2010.

[121] 俞可平.治理与善治[M].北京:社会科学文献出版社,2000:16-17.

[122] 周伟.省域科技资源配置效率评价研究[M].北京:中国科学技术大学出版社,2014.

[123] 谢庆奎.中国地方政府体制概论[M].北京:中国广播电视出版社,1998:1.

[124] 周振超.当代中国政府"条块关系"研究[M].天津:天津人民出版社,2009:30.

[125] 李善阶,王振海.省级行政管理[M].北京:中国广播电视出版社,1991:40.

[126] 郑频频,史慧静.健康促进理论与实践[M].上海:复旦大学出版社,2011.

[127] 顾朝林,赵民,张京祥.省域城镇化战略规划研究[M].南京:东南大学出版社,2012:28.

[128] 欧阳康.省级治理现代化[M].北京:中国社会科学出版社,2016:37.

[129] 赵玉明,王福顺.中外广播电视百科全书[M].北京:中国广播电视出版社,1995:772-773.

[130] 中国社会科学院语言研究所词典编辑室.现代汉语词典[M].北京:商务印书馆,2002.

[131] 邱林.利益博弈视域下我国校园足球政策执行研究[D].北京:北京体育大学,2015.

[132] 伊娜娜.我国公共政策存在的问题及完善研究[D].湘潭:湘潭大学,2012.

[133] 冯振权."农村初中健康教育"校本课程开发与实施的研究[D].金华:浙江师范大学,2008.

[134] 王博.中国地方政府公共政策执行的问题与对策研究[D].大连:东北财经大学,2010.

[135] 高建华.区域竞争生态位研究[D].开封:河南大学,2007.

[136] 刘文军.从效率工资到效率成本:激励成本、劳动效率与自然失业率[D].北京:首都经济贸易大学,2006.

[137] 李占一.拓展的囚徒困境模型:以新农合为例[D].济南:山东大学,2010.

[138] 陈小华.城市农民工同住子女义务教育政策博弈的利益分析[D].上海:华东师范大学,2011.

[139] 亓俊国.利益博弈:对我国职业教育政策执行的研究[D].天津:天津大学,2010.

[140] 满婧.委托代理理论视角下中国公共政策制定问题分析[D].上海:华东师范大

学,2011.

[141] 李军. 基于生态位原理的中国高等学校生态竞争研究[D]. 天津:天津大学,2007.

[142] 唐丽萍. 我国地方政府竞争中的地方治理研究[D]. 上海:复旦大学,2007.

[143] 柳新元. 利益冲突与制度变迁[D]. 武汉:武汉大学,2000.

[144] 王春荣. 生态政治的利益研究[D]. 长春:吉林大学,2006.

[145] 谢炜. 中国公共政策执行过程中的利益博弈[D]. 上海:华东师范大学,2007.

[146] 胡亚斌. 利益相关者理论视角下中国网球运动员培养机制的研究[D]. 北京:北京体育大学,2012.

[147] 庞立昕. 当前中国中央与地方利益关系研究[D]. 济南:山东大学,2007.

[148] 吴海英. 学生体质健康促进的和谐观:西方体育与中华养生的辨析[D]. 南京:南京师范大学,2010.

[149] 陈水生. 当代中国公共政策过程中利益集团的行动逻辑:基于典型公共政策案例的分析[D]. 上海:复旦大学,2010.

[150] 金华. 我国公共政策制定中的公民参与研究[D]. 上海:华东师范大学,2007.

[151] 陈登. 我国公共政策绩效评价机制研究[D]. 广州:华南理工大学,2013.

[152] 党权. 我国青少年体质健康促进政策变迁研究[D]. 南京:南京师范大学,2014.

[153] 黄玲. 当代边疆省域社会治理政策绩效评价研究:以云南省的实践探索为例[D]. 昆明:云南大学,2011.

[154] 朱敏路. 江苏省、昆明市贯彻中央"七号文件"相关配套政策法规及实施现状研究[D]. 北京:首都体育学院,2013.

[155] 李林林. 学生体质健康促进政策的实施现状与改进策略研究:基于中国江苏与新加坡的经验[D]. 南京:南京师范大学,2014.

[156] 王军. 苏中地区高中学生体质健康促进行动实施现状与对策分析[D]. 扬州:扬州大学,2015.

[157] 杨燕国. 上海市青少年儿童体质健康促进的学校、家庭、社区联动模式研究:以卢湾区为例[D]. 上海:华东师范大学,2012.

[158] 喻瑶. 高校研究生群体的健康促进研究[D]. 武汉:武汉大学,2005.

[159] 白健. 美国南达科塔州高中"健康教育标准"研究[D]. 北京:首都师范大学,2006.

[160] 张兴华. 当代国家治理:现实困境与治理取向[D]. 上海:华东师范大学,2014:35.

[161] 牟云磊. 公众利益论[D]. 上海:复旦大学,2013.

[162] 尹小兰. 改革开放以来我国大学体育课程政策研究[D]. 长沙:湖南师范大学,2012.

[163] 曲志磊. 南京城区中学阳光体育政策执行情况的调查与分析[D]. 南京:南京师范大学,2014.

[164] 梁博. 我国健康教育与促进政策存在问题与应对措施研究[D]. 兰州:兰州大学,2012:20.

[165] 中华人民共和国教育部. 全国普通高等学校体育课程教学指导纲要[EB/OL]. http://old.moe.gov.cn//publicfiles/business/htmlfiles/moe/moe_28/201001/80824.html.

[166] 中华人民共和国教育部. 国务院关于加强青少年体育增强青少年体质的意见[EB/OL]. http://www.moe.edu.cn/publicfiles/business/htmlfiles/moe/moe_1778/200710/27692.html.

[167] 中华人民共和国卫生部. 中国农村实现2000年人人享有卫生保健规划试点阶段评价标准[EB/OL]. http://www.chinalawedu.com/falvfagui/fg22598/181664.shtml.

[168] 中共中央,国务院."健康中国2030"规划纲要[EB/OL]. http://www.gov.cn/xinwen/2016-10/25/content_5124174.html.

[169] 中华人民共和国教育部. 中小学健康教育指导纲要[EB/OL]. http://www.gov.cn/gzdt/2008-12/27/content_1189107.html.

[170] 中华人民共和国教育部. 教育部 国家体育总局 共青团中央关于开展全国亿万学生阳光体育运动的决定.[EB/OL]. http://old.moe.gov.cn//publicfiles/business/htmlfiles/moe/s3276/201001/80877.html.

[171] 薛立. 校园足球覆盖面变大 跨国比赛加深交流[EB/OL]. http://sports.qq.com,2011-12-06.

[172] 中共中央,国务院. 中共中央关于全面深化改革若干重大问题的决定[EB/OL].[2013-11-15]. http://news.xinhuanet.com/2013-11/15/c_118164235.html.

[173] 江苏省办公厅. 江苏省学生体质健康促进行动计划(2012—2015年)[EB/OL]. http://www.js.gov.cn/jsgov/tj/bgt/201207/t2012070460146.html.